南京大学中华民国史研究中心
宋美龄与近代中国研究系列
主编 张宪文等

新民新风

宋美龄与近代中国社会改造

郭红娟 著

人民东方出版传媒
東方出版社

图书在版编目（CIP）数据

宋美龄与近代中国社会改造 / 郭红娟著；张宪文主编 .
— 北京：东方出版社，2018.10
（“宋美龄与近代中国”研究系列丛书）
ISBN 978-7-5060-9520-4

Ⅰ . ①宋…　Ⅱ . ①郭…　Ⅲ . ①宋美龄（1897–2003）— 人物研究
②社会发展史 — 研究 — 中国 — 近代　Ⅳ . ① K827=7　② K250.7

中国版本图书馆 CIP 数据核字（2017）第 045148 号

宋美龄与近代中国社会改造
（SONGMEILING YU JINDAI ZHONGGUO SHEHUI GAIZAO）

作　　者：郭红娟
主　　编：张宪文
责任编辑：辛岐波
出　　版：东方出版社
发　　行：人民东方出版传媒有限公司
地　　址：北京市东城区东四十条 113 号
邮　　编：100007
印　　刷：北京汇林印务有限公司
版　　次：2018 年 10 月第 1 版
印　　次：2018 年 10 月北京第 1 次印刷
开　　本：640 毫米 ×950 毫米　1/16
印　　张：20
字　　数：340 千字
书　　号：ISBN 978-7-5060-9520-4
定　　价：58.00 元
发行电话：（010）85924663　85924644　85924641

总　序

20 世纪末至 21 世纪初，随着历史档案的不断开放，史学界对民国历史人物的研究，开始较多地关注蒋介石与宋耀如家族，对宋子文、宋庆龄发表和出版了较为丰富的研究成果。然而，学界对另一位宋氏家族的重要成员宋美龄却问津甚少。坊间虽然出版了关于她的一些著作、画册等，但是如何审视过去对她的一些误判并给予恰当的历史定位，无疑是历史学界应尽的责任。

2009 年 1 月，我与南京大学三位教授飞赴台北，在邱进益博士的引荐下，与“妇联会”辜严倬云女士相会，商讨合作研究宋美龄事宜。双方相谈甚为融洽，确认了积极开展宋美龄研究的学术计划。时间已经过去多年，《宋美龄与近代中国》研究丛书九卷、《宋美龄文集》五卷，均已顺利完成撰著和编纂工作。其中《宋美龄、严倬云与中华妇女》于 2012 年由台北黎明文化事业股份有限公司出版，《宋美龄文集》（五卷、繁体版）于 2015 年由台北苍璧出版有限公司出版。这是海峡两岸学术合作和宋美龄学术研究的大事，值得祝贺。

宋美龄是近现代中国历史上杰出的女性、著名的女政治家、中国妇女运动的推动者和指导者。2003 年 10 月 24 日（北京时间）逝世于美国纽约。时任全国政协主席的贾庆林于当日发去唁电，表示哀悼，并对这位成功跨越三个世纪的政治家给予了高度评价。

宋美龄祖籍海南文昌，出生于上海。幼时跟随家人赴美国读书，后转入韦斯理学院深造。受家族影响，笃信基督教，是一位虔诚的基督教信徒。

1917 年，宋美龄学成归国。作为一名深受西方文化熏陶的中国女青年，她进一步融合了中国的传统观念和伦理道德，成为中西文化交融的典范，彰显了中国现代女性的特质和风度。

1927 年，宋美龄与蒋介石成婚。之后走上政治舞台，与蒋介石东奔西走，逐步展现其政治才华。作为一名重要的民国政治人物，凭借第一夫人的特殊身份，宋美龄亲历了中国近现代各个时期的重大历史事件，并作出了她的历史贡献。

宋美龄较早地献身于中国的妇女运动，领导创办国民革命军遗族学校，安抚遗孤，培养教育为国捐躯壮士的后代。即使蒋介石在解放战争中兵败退台后，宋美龄仍对引导妇女服务军界、筹建军眷住宅、推动社会福利事业、扶助难童和残障人士等事业表现了特别的关切。

早在 19 世纪后期，中国开始了现代化的历程。辛亥革命的成功，标志着中国由传统社会走向现代国家的道路。然而革命后的社会改造却是更为复杂和长期的过程。20 世纪 30 年代，蒋介石掀起了新生活运动，尝试改良社会风气、移风易俗、改变不良习惯、规范国民生活，虽然这一运动并未取得明显效果，但宋美龄奔走呼号，成为此项运动的重要推动者。

1936 年发生的西安事变，是中国国共两党走上团结抗日的重要转折点。宋美龄亲赴西安，力劝蒋介石转变态度，为事变的和平解决发挥了特殊的作用。

宋美龄一生最光辉的政治亮点是在抗日战争时期。她不仅亲赴前线、引导妇女投入战地救护工作、着力建设中国空军、陪同蒋介石出访印度、拓展中国在南亚的影响，而且还远赴美国，争取美援。其在美国国会的演说，震动了美国政坛，展现了她的外交风范和智慧。抗日战争后期陪同蒋介石出席具有重要历史意义的开罗会议，更加显示了中国女政治家的才能。

晚年，宋美龄逐步脱离台湾政坛，赴美久居，放手让蒋经国治理台湾。终宋美龄一生，其政治生涯既辉煌，又曲折。她为推动中华民族的复兴事业，奉献了智慧和力量，是一位值得浓笔重写的杰出女性。

南京大学中华民国史研究中心组织多位历史学教授，依据大量原始史料，撰著的这套宋美龄研究丛书，有《我将再起：宋美龄的后半生》《家国春秋：宋美龄与宋孔家族》《历史关口：宋美龄与西安事变》《东方魅力：宋美龄与战时中国外交》《新民新风：宋美龄与近代中国社会改造》《陪都岁月：重庆时期的宋美龄研究》《美丽哀愁：宋美龄年谱》《吾心吾力：政治视阈中宋美龄的思想历程》。这些著作的撰写，作者虽然努力做到尊重历史事实，给宋美龄以客观的、实事求是的评述，但毕竟受学术水平和掌握史料所限，因此，著作中疏漏及不当之处，尚请各方人士给予指正。

南京大学荣誉资深教授　张宪文

前　言

北京时间，2003 年 10 月 24 日，横跨三个世纪的风云人物宋美龄在美国寓所离开人世。全国政协主席贾庆林对宋美龄女士的逝世表示深切哀悼的同时，发表谈话说，“宋美龄女士是中国近现代史上有影响的知名人士，她曾致力于中国人民抗日战争，反对国家分裂，期盼海峡两岸和平统一、中华民族兴盛。”的确，历史的风云际会，成就了宋美龄不可复制的传奇人生。

宋美龄一生拒绝作口述历史和撰写回忆录，虽然对中国史而言是个无法弥补的损失，但通过梳理史料，我们仍然能够看到她对中国近代史作出的多方面贡献，尤其是为“中华民族兴盛”的鼓与呼唱响了她前半生的主旋律。本书正是从缔造崭新民族的视域来审视宋美龄思想及实践中的新民新生活样貌。

全书分为八章，分别从宋美龄的社会改造思想、宋美龄社会改造思想的经济基础、宋美龄与国民精神培育、宋美龄与传统道德下的公民文化建设、宋美龄与妇女改造及儿童素质教育、宋美龄与改良服饰文明和生活方式、宋美龄倡导公共卫生与人的健康、宋美龄与礼俗改革等方面，详细论述了宋美龄对近代中国社会改造的基本认识，以及民族国家建设中“人”及其生活应该如何改造——以“唤起同胞一致的注意，一致的奋起”，“使中国随时代潮流的进展而进步”，从而“改进中国的地位，使她光荣地存在于列国之间”。

宋美龄有关社会改造的思想与实践，通过倡导、助推新生活运动而展开，但又不完全等同于新生活运动。她将现代公民文化建设与社会生活融合起来，以传统文化为底蕴，以世界潮流为标杆，随着中国社会环境的变化，在“复兴民族”的主线下，裁夺应兴应革之事。既然如此，其进步性显而易见，同样，其不切实际的一面也不容忽视，我们应该正确看待与评价。

目　录

第一章　宋美龄的社会改造思想

思想引领行为，宋美龄对中国社会的改造活动源于她对中国社会的理解和认识。家庭教育、求学经历、婚姻生活等都给她的思想提供了素材；领袖夫人的地位、中西交融的文化、战争的环境又使她能够在世界坐标系中定位中国、思考中国、探索中国的出路与未来；她立足中国现实状况，追逐世界潮流趋势，以其绚丽多彩的人生轨迹，映衬出波澜壮阔的社会改造画卷。

第一节　宋美龄社会改造思想的形成

一、家庭教育的影响

宋美龄于 1899 年 3 月 23 日（农历二月十二日）诞生于上海一个基督教家庭。这个家庭与近代中国风云变幻的革命形势密切相连。

父亲宋耀如（1864—1918 年），名嘉树，字耀如，原名韩教准，祖籍广东琼州（今海南省）文昌县。1875 年他远渡重洋，前往美国投靠堂舅谋生，被其收为义子，从此改名为宋嘉树。在那里，他受到了民主思想的启蒙教育，并以查理·琼斯·宋（Charles Jones Song）的名字接受洗礼，加入基督教会。他在北卡罗来纳州的圣三一学院（后改名为杜克大学）学习两年后，于 1882 年转入田纳西州范德比尔特大学神学院学习。1885 年，以优异的成绩毕业。不久，便被任命为北卡罗来纳州监理会见习牧师，派往中国传教，在上海林乐知牧师手下工作。

1886年，宋耀如回到上海后，在南方卫理公会布道团任传教工作，同时，还在教会学校任英文教师。1887年，与上海徐家庄园一位圣公会教徒倪桂珍结婚。1892年，他创建了华美印书馆，与美国圣经协会订立合同，出版《圣经》中文本，并借机大量翻印出版英文书籍，包括西方历史、政治、科学和技术书刊，宣传民主思想；此外，还兴办面粉厂等其他企业，逐渐开创了宋氏家族的基业。《宋家王朝》中这样评价道："一八九三到一八九四年两年间，宋查理由无名小卒一跃而为一位举足轻重的人物，一位成功的出版商和工业家，同时也是公共租界首屈一指的教会属下的显赫牧师。西方人不再把他看做是不三不四的中国牧师了。他成了上海的一个大名人了。"①

宋耀如早年在美国接受了"民有、民享、民治"的思想影响，仇视专制、渴求民主。大约在1892年，他结识孙中山并加入兴中会，成为孙中山的亲密战友。他曾担任孙中山的一部分秘书工作，经常与流亡国外的革命党人保持联络，在经济上也全力支持革命，利用华美印书馆大量印制进步书刊和宣传革命的小册子。"二次革命"失败后，孙中山流亡日本，不久，宋家也举家迁往日本。宋霭龄与孔祥熙的婚礼就是这时在日本举行的。

倪桂珍，出身于士大夫家庭，三四岁的时候就开始读私塾，8岁上小学，14岁升入培文女子高等学堂，17岁毕业。她擅长数学，喜爱弹钢琴。与宋耀如结婚后，料理家务、教育子女，并支持丈夫的革命事业。

父母是子女的第一任老师。父亲乐观的性格、富有传奇色彩的人生经历、从事民主革命百折不挠的坚强意志，以及追求国家富强的理念和勇于开拓的精神，无不在潜移默化中影响着子女的性格、品德、意志力等。据记载，"宋耀如是个很会讲故事的人。他讲的故事细致入微，使故事富于戏剧性和幽默感。他给霭龄和

---

① ［美］斯特林·西格雷夫：《宋家王朝》，丁中青、于永安、张益庭、戴树乔等译，中国文联出版公司1986年版，第97页。

图 1-1　宋美龄全家福

（转引自师永刚、林博文编著：《宋美龄画传：1897—2003》，作家出版社 2008 年版，第 11 页。）

她的弟妹们讲过无数的故事，其中有许多是关于他在美国多年的经历。”① “他常常给孩子们讲述他的冒险经历。告诉他们，对有胆识的人来说，天下无难事，他本人就是一个活生生的例子”；“他扩大了孩子们的志趣，让他们希冀纷呈，树立了只有以超常的干劲与进取精神才能实现那些希冀的信念”；② 宋耀如有意识地去培养子女们的才能和思想，“培养起他所尊重的并认为中国所必需的一些美国人的品德，如准时、说话直截了当、工作讲效率、尊重能力和品格而不是只重关系和等级”③。他要求孩子们，除了自治、独立外，还要关注社会、献身事业，宋家“孩子们从小就接受树

① ［美］罗比·尤恩森：《宋氏三姐妹——宋霭龄、宋庆龄、宋美龄》，赵云侠译，世界知识出版社 1984 年版，第 12 页。

② ［美］斯特林·西格雷夫：《宋家王朝》，第 140 页。

③ 伊斯雷尔·爱泼斯坦：《宋庆龄——二十世纪的伟大女性》，沈苏儒译，人民出版社 2008 年版，第 26 页。

立责任心的教育”①。为此，他不顾保守、封闭的社会环境，以超乎常人的胆识，送女儿出国留学。难能可贵的是，宋母也能像宋父一样，“认为对所有的孩子都应一视同仁、男女平等”②。宋母曾经为穷人的孩子开办了一所“街道学校”，“只收走读生，而且只收女孩子”③。宋家父母经常向女儿们说，“身为女人不应妨碍自己成为祖国有成就、有作为的公民”④。

与宋父不同，宋母主要是通过宗教来影响孩子们。宋母是一个虔诚的基督教徒。“她笃信祈祷的效应和个人行善的永恒价值，并把行善发展成为社会性的服务。”⑤ 母亲虔诚的祈祷，给幼年的宋美龄留下了深刻的印象：“她常常自闭于三楼的一间屋子里，举行祈祷，祈祷的时间很长，有时天没有亮就开始了。”⑥ 在母亲的严格管束之下，宋家兄弟姊妹在很小的时候，就开始跟着母亲做祈祷。孩子们不仅要参加家庭祈祷活动，而且必须常常到教堂去做祈祷。这使宋美龄养成了“作事的恒心”，也使她在不断感悟母亲宗教生活的过程中，养成了乐观、坚强的性格。她检讨历史，认为“从前沙（所）罗门祈求上帝的时候，他并不要上帝赐给他财富、名誉和权利，他所要的是智慧——是救国的智慧，这正足以看出沙（所）罗门的伟大”。因为相对于世俗人们有限度的智慧而言，“上帝的智慧是无限度的”。在自己走向宗教信仰的道路上，有一件事使她难忘：一天，她同母亲谈到了日本对中国威迫的急切，就对母亲说：“母亲，你的祈祷很有力量，为什么不祈求上帝，用地震或类此的灾祸惩罚日本呢？”母亲用严肃的目光看着她说：“当你祈祷，或求我替你祈祷的时候，切不要拿这种要求侮辱

---

① ［美］罗比·尤恩森：《宋氏三姐妹——宋霭龄、宋庆龄、宋美龄》，第14页。

② ［美］罗比·尤恩森：《宋氏三姐妹——宋霭龄、宋庆龄、宋美龄》，第14页。

③ 《宋美龄给艾玛的信》（1918年3月6日），见《宋美龄文集》（未刊稿），南京大学中华民国史中心藏。

④ ［美］罗比·尤恩森：《宋氏三姐妹——宋霭龄、宋庆龄、宋美龄》，第24页。

⑤ ［美］埃米莉·哈恩：《宋氏家族——父女·婚姻·家庭》，李豫生、靳建国、王秋海译，新华出版社1985年版，第28页。

⑥ 宋美龄：《我的宗教观》，见王亚权主编：《蒋夫人言论集》上集，台北：“中华妇女反共联合会”1977年版，第2页。

上帝，我们凡人尚且不应当有此存心，何况祈求上帝呢?”这件事对她的影响很深，她开始用心灵去感知上帝，其宗教灵性得以升华——“宗教是很简单的事情。其意义就是尽我心、我力、我意，以实行上帝的意志。”如此一来，强大无比、智慧无限的上帝，就给了宋美龄不竭的精神力量：尽管“中国目下所有的问题，都是十分艰巨，诚为从来所未有的”，但是她“丝毫不再沮丧，不再消极”，她坚信“我信仰的上帝，他有无限力量可以帮助我们，他的恩惠，简直会超出我们的想望和祈求”。[①]

正是这份对上帝的挚爱，使宋美龄在无论多么艰难困苦的条件下都能满怀着信心去勇敢面对。西安事变，她不顾生命危险，飞抵西安，救夫于危难之中；前线慰问伤兵，路遇车祸，摔断肋骨，仍咬紧牙关，坚持完成慰问任务；抗战的关键时刻，以患病之躯赴美求援，架起了东西沟通互信的友谊之桥……尤其是 1943 年她在美国的巡回演说，在美国上下掀起了一股“宋美龄旋风”：“驱使美国各界人士打开耳目，注意中国人的困境，并且解囊相助。”[②] 她慷慨的演说里没有摇尾乞怜，有的只是直面战争、绝不逃避的勇气！“我中国人民根据五年又半之经验，确信光明正大之甘冒失败，较诸卑鄙可耻之接受失败，更为明智。”[③] 她以中国“磨砖成镜”的故事告诫美国友人：“吾人不但应有理想，并应宣布此种理想，而且应以行动实现此种理想。”[④] 这种必胜信念为中国赢得了西方世界情感上的广泛认同！正如 1943 年 3 月 1 日的《时代》杂志封面上宋美龄巨幅画像下方的标题所显示的：“她和中国懂得坚韧不拔的含意”[⑤]。这就是她带给世界的中国形象！这

---

① 宋美龄：《我的宗教观》，见王亚权主编：《蒋夫人言论集》上集，第 2—9 页。

② ［美］罗比·尤恩森：《宋氏三姐妹——宋霭龄、宋庆龄、宋美龄》，第 103 页。

③ 宋美龄：《在美国众议院演说》，见王亚权主编：《蒋夫人言论集》下集，第 1060 页。

④ 宋美龄：《在美国参议院演说》，见王亚权主编：《蒋夫人言论集》下集，第 1064 页。

⑤ ［美］罗比·尤恩森：《宋氏三姐妹——宋霭龄、宋庆龄、宋美龄》，第 110 页。

一形象对当时的中国和西方国家的意义是不言而喻的。

综上所述，我们可以看出，这个家庭对其子女的影响是多方面的：对民族国家强烈的历史使命感、对事业的执着追求、坚韧不拔的毅力等优秀品格以及卓越的智慧。这些为宋美龄的生命之舟提供了不竭的动力源泉。

二、西方教育的熏陶

1907 年，年仅八岁的宋美龄追随着两位姐姐来到美国。她在美国度过了她的中学和大学生活，直到 1917 年毕业回国。

初到美国时，由于年龄太小，还不能上大学，宋美龄先是在新泽西州萨密特城波特温学校学习一年；1908 年，宋庆龄入乔治亚州梅肯（Macon）的卫斯理安女子学院（Wesleyan College）学习后，宋美龄以旁听生资格被允许住在学院的宿舍，跟两个差不多年龄的小女孩一起读书。1909 年，宋美龄被大姐宋霭龄的一个校友的母亲——莫斯夫人托管，在乔治亚州的皮德蒙特学校待了一段时间。[①] 她在这里和小伙伴们一起玩耍、游戏，学习哲学、自然科学、英语语法、音乐等，很快适应了这里的生活。据她后来的回忆，“我住在莫斯夫人家中，她是男生宿舍的负责人。我和她一起住在楼下的一套房间里，和我们同住的，还有她的女儿罗西娜和鲁比。罗西娜启发我学会了颤音、半颤音、和弦以及五指练习的复杂弹奏。那时，我学会了演奏诸如‘小耗子田野四处跑’一类的小调，每首小曲都有一段和它相关的故事。另外还学会了‘小羊倌’一类的曲子。”“以后我再没回过皮德蒙特，但是，我在那种环境中度过的岁月，给我留下了美好的回忆”。[②]

在皮德蒙特几个月之后，1910 年，宋美龄又回到了卫斯理安女子学院学习。这是全世界第一所女子大学，以人文教育为主。宋美龄在这里，度过了“无忧无虑和快乐童年时代”，在这些“平

① 李又宁：《蒋夫人在美国卫斯理女子学院》，见秦孝仪主编：《蒋夫人宋美龄女士与近代中国学术讨论集》，台北：财团法人中正文教基金会 2003 年版，第 91—92 页。

② ［美］埃米莉·哈恩：《宋氏家族——父女·婚姻·家庭》，第 69—70 页。

静欢悦的日子里”，她和同学们采用“当时认为庄严崇高、富有理想、而回想起来亦含深意的格言‘实事求是’”，组织了她们“自己的俱乐部”；除了学习知识外，她还受到了“做人的道理”的洗礼，“我记得奎瑞博士每天十五分钟的教堂讲话，有时对我们是件苦事——学期里每天早晨必须默默背起的十字架；这好像就是昨天的事。然而回想起来，他那些谈话却为正心、力行及端正举止的金玉良言。无疑地，他有许多寓意深长的精短证道词，塑造了我们的观念和思想……以后在我自己运用思考和推究事理之际，给我极大的帮助”。如，女士应该高雅，而不应该仅仅为了标新立异追逐时髦，华而不实。再如，生活中工作应该是第一位的，“工作，更努力地工作，永不失望沮丧”。[①] 美国文化的滋养，使宋美龄学会了这里的方言、行为举止、生活习惯、思维方式等。宋美龄的巧言善辩曾给人们留下深刻的印记。据该校的档案管理员、校友媞娜回忆，“宋美龄从小就伶牙俐齿，有次上历史课，她没有预习，却被老师点名问起南北战争中有关北军的问题，宋美龄不说自己没准备，反而机巧地说‘很抱歉，我是坚决支持南方的，要我回答关于北军的问题，我会很难受，不能也不愿回答’！”[②]

1913 年，宋美龄从卫斯理安女子学院转到了马萨诸塞州的威尔斯利学院（Wellesley College）。“她是一个有才华的学生，主修英国文学和选修哲学。……在整个四年中，她学了法语和音乐（理论、小提琴和钢琴），还选修天文学、历史、植物学、英文写作、圣经史和讲演。此外，1916 年夏天，她在佛蒙特大学选修教育学，也获得了学分。”[③] 在大学四年级，她还“获得了杜兰特奖学金，这是学校授予学生的最高学术荣誉奖”[④]。大学期间，她广泛阅读《民族》《星期六晚邮报》《妇女家庭》《哈泼》《美丽家

---

① 宋美龄：《百感交集的旧地重游——民国五十四年十月廿日在乔治亚州梅康市魏斯里安学院演词》，见王亚权主编：《蒋夫人言论集》下集，第 1325—1331 页。

② 林荫庭：《寻找世纪宋美龄——一个纪录片工作者的旅程》，台北：天下远见出版股份有限公司 2004 年版，第 38 页。

③ ［美］埃米莉·哈恩：《宋氏家族——父女·婚姻·家庭》，第 103 页。

④ ［美］罗比·尤恩森：《宋氏三姐妹——宋霭龄、宋庆龄、宋美龄》，第 46 页。

庭》《新共和》《大西洋月刊》等书报杂志，[①] 对美国社会及时政给予高度关注。暑期的社会实践也使宋美龄有机会更深入地认识西方文明，“我游遍了整个美国，实际上，美国的每一个州我都去过。每年暑假，要么就是同我父亲的朋友们在一起，要么就是去拜访我的同学”。也许评价说“没有几个美国人敢说他们能像美龄那样了解美国”[②]，有些夸大其词，但这足以说明宋美龄的美国留学生活对其人生影响之深刻！1965 年 12 月 7 日，宋美龄在访问母校时发表演讲说：“在这里，我度过了我学生时代连续四年的快乐时光，我接受到的熏陶，是宁静的高尚气质，是体谅他人，是正直为人，是知识上的钻研，是交换那些发展丰富人生所必要的观念与理想等等。”[③]

对一个人的成长而言，8 到 18 岁是一个非常关键的黄金时期。个性、世界观、人生观、价值观以及思维方式等都在这一时期逐步形成。10 年的美国学习和生活，宋美龄不仅练就了一口流利、纯熟、地道的英语，这一语言表达能力使很多美国人都自叹不如；更重要的是通过学习和实践，她比同时代的中国人具有更加独立的个性和更为开阔的视野。

善于独立思考，不随波逐流是宋美龄的个性特点。她“总的说来是一个很有个性的人。曾在伍德村同她住在一起的安妮·克·特埃尔教授写道：‘她对许多事情都有了不起的见解。她常常提问，问各种思想的性质，今天跑来问文学的定义，明天跑来问宗教的定义。她思考伦理道德，并为自己探索某些准则，而人们对于准则往往是不问究竟地承袭相因，按现成的和盘接过来。她是一个坚持真理的人；一旦发现向她灌输传统的谬误，她就忿忿不满’”[④]。1918 年，宋美龄在给美国朋友艾玛的信中写道：“你知

---

① ［美］汉娜·帕库拉：《宋美龄新传——风华绝代一夫人》，林添贵译，台北：远流出版事业股份有限公司 2011 年版，第 106 页。

② ［美］埃米莉·哈恩：《宋氏家族——父女·婚姻·家庭》，第 115 页。

③ 宋美龄：《中华民国史实的鸟瞰》，见王亚权主编：《蒋夫人言论集》下集，第 1332 页。

④ ［美］埃米莉·哈恩：《宋氏家族——父女·婚姻·家庭》，第 104 页。

道，我是一个非常独立的人，多年来只是按照自己的意愿生活。”①这一个性特点使在异国求学的这位中国少女感情更加复杂：虽然她从头到脚、从里到外日益“美国化”，甚至自称“只有我的脸像个东方人”，但骨子里的中国血脉又使她不能忘怀自己是个“中国人”。尤其是随着年龄的增长，她的中国情结越来越浓。“教过美龄两年音乐的赫蒂·惠勒小姐说，她这位学生对东方文化及其遗产的思想感情，使她极为感动。美龄的这种思想感情似乎随着年龄的增长而越发强烈。……象（像）她通常所表现的那样，她最初似乎完全西方化了，但逐渐地她却越来越为中国的文学和艺术感到自豪。”②

强烈的民族主义情感、开阔的视野，使宋美龄在思考中国问题时能够以开放的思维方式来看待中国，即以世界的眼光来看待中国以及中国社会的发展。她认为：“中国现在的情况，与几百年前完全不同，那时中国能闭关自守，与世隔绝，可是如今世界已成为整个团体，谁都没法与别国绝缘，为了要改进中国的地位，使她光荣地存在于列国之间，一定要使中国随时代潮流的进展而进步。”③ 而能够引领时代潮流的，则是西方国家，特别是美国，于是，美国就成了中国社会改造的目标和范本。“她一直在为理想而努力工作，热衷于中国的改造事业……多年来，她一直把美国作为衡量中国的标准；她一直以西方民主国家为楷模劝诫中国学生为国家效力。”④

代议制民主是孙中山描绘的中华民国的建国蓝图，然而，民国成立后的军阀混战却给了民主共和国极大的讽刺！所以，宋美龄认为：“辛亥革命成功以后的几年，可说是完全虚度，毫无进步可言，因当局的人，不明了共和政体所授予他们的自由，其意义

---

① 《宋美龄给艾玛的信》（1918 年 8 月 16 日），见《宋美龄文集》（未刊稿），南京大学民国史中心藏。

② ［美］埃米莉·哈恩：《宋氏家族——父女·婚姻·家庭》，第 105—106 页。

③ 宋美龄：《中国的新生活》，见王亚权主编：《蒋夫人言论集》上集，第 23 页。

④ ［美］埃米莉·哈恩：《宋氏家族——父女·婚姻·家庭》，第 280 页。

是与放纵恣肆不同，且有许多人不知道国家并非为了发展他们个人私利而存在的。他们大都以为自己是人民的主人，而不是人民的公仆。”民主自由精神被曲解！她希望国民政府“实施宪政”后，“人民的公意将为一切问题的南针，国家进步也将划出一个新阶段”。在宋美龄看来，国民政府建立后，就开始通过各种设施使国家向着自由民主方向迈进。定都南京后不久，“就召集全国经济会议和全国财政会议。集全国银行界和工商界的领袖于一堂，共同讨论”，“这证明了政府确有诚意，断然革除从前阻遏人民言论的旧传统，而采纳公意，参酌了专家的意见，作为奠定良好政治的基础”。而且通过对县长的培训，“教他们了解人民权利”，“晓谕他们要帮助人民发表公意，申诉疾苦，还警告他们，倘有违反公众幸福，或戕贼人民权利的举动，就是不尽厥职，得受相当处分”，从而“使他们知道一个良好县长应有的作为”。她断定：中国“在她内忧外患之中，挣扎奋斗，已有极大的进步，而物质进步之外，还有一种社会的、精神的改革，它的重要性，并且凌驾于一切之上——那就是中国已有舆论的形成了”①。民众享有各种权利、政府代表“公意”进行措置，这是美国所一贯揭櫫的核心价值在中国的推广。因此，宋美龄认为，中美两国在民主自由精神追求上是一致的，“吾人具有相同理想，而贵国总统，向世界所宣告之四大自由，已遍传于吾广大国土，而成为自由之钟声”②。“对于共同原则之忠心，可以泯灭种族之差异，而且各种理想之相同，乃是对于种族分歧最强之溶解剂。”③ 无论在民主自由的道路上，国民政府还有多远的路程要走，也无论宋美龄的民主自由言论与实际的行为之间有多大的出入，宋美龄对中国民主自由的宣传推介至少赢得了急于将其价值观念推广到全世界的美国舆论的

---

① 宋美龄：《舆论的形成》，见王亚权主编：《蒋夫人言论集》上集，第 37—40 页。

② 宋美龄：《在美国参议院演说》，见王亚权主编：《蒋夫人言论集》下集，第 1063 页。

③ 宋美龄：《在美国众议院演说》，见王亚权主编：《将夫人言论集》下集，第 1055 页。

认可，“在她动人而优美的演说中，她证明的，不仅是她可以完美地用我们的语言，更是中国人在思想上和渴望上和我们如此相近”①。“罗斯福总统说，蒋夫人的到访，对于美国有极大的助益，因为美国和中国不仅在思想上和战争目标上相接近，而且具有共同的理想。他继续表示，经过了不到半个世纪，中国终于已经成为世界上最伟大的民主国家之一。”② 1943 年宋美龄访美之所以成为中美外交史上具有轰动效应的历史事件，原因之一就在于，美国人认为蒋夫人“是一个精通美国文化，爱好美国价值的中国代表”③。

由此可以看到，西方教育的熏陶，使宋美龄的思想闪耀着“现代”的光芒：开阔的视野、开放的思维方式、现代“国家意识”及“民族”观念。“现代”的标准成了她衡量中国进步程度的标尺，并据之对当下的中国进行改造，且强调了中国在追求历史进步的活动中，要与先进国家进行合作。这是宋美龄与其同时代的人相比得天独厚的条件，也为她的社会改造活动开拓了广阔的空间。

三、基督教信仰及其价值观

宋美龄的父母都是基督教徒，她自幼留学美国接受西方基督教文明，宗教信仰以及基督教价值观念给宋美龄的影响是深刻而久远的。

作为基督教徒的宋美龄能够成为 20 世纪世界历史舞台上了不起的女性，宗教信仰的力量不可低估。何谓宗教？施莱尔马赫认为，宗教不是形而上学，也不是道德，更不是形而上学和道德论的碎片拼凑起来的东西。“宗教的本质既非思维也非行动，而是直观和情感。它想直观宇宙，想聚精会神地从它自身的表现和行动

① 石之瑜：《宋美龄与中国》，台北：商智文化事业股份有限公司 1998 年版，第 267 页。

② 石之瑜：《宋美龄与中国》，第 263 页。

③ 石之瑜：《宋美龄与中国》，第 262 页。

来观察宇宙，它想以孩子般的被动性让自身被宇宙的直接影响所抓住和充实。”① 宗教信仰是一种特殊的社会意识形态，它是指信奉宗教的人们对所信仰的对象及其教理教义坚定不移的信念和全身心的皈依。这种思想信念和全身心的皈依表现于特定的宗教仪式、宗教活动中，并用来规范和指导自己在世俗生活中的行为。宋美龄这样看待信仰的本质，它“是比理性与自信更深刻的感觉”，“它度越我们用以了解事物的归纳力与演绎力以及各感官的知觉作用”，“是人类对未来希望的确据。人类的精神靠了它的撑持或支援，可以抵抗打击，以奋斗去克服那些阻碍他去路而似乎无法消除的困难和障碍”；它是“实际上存在的内在推动力，这一推动力当人们的信任和一向所依仗的凭借都失却真实性时，当人们更关心内心的安宁和精神的镇静，从而漠视已知及未知的恐惧以及物质的幸福的时候，它便高度涌现出它的活动和存在来。这种内在的动力，能把我们向前推动到一个我们世俗意识所不能达到的信任领域内”。“信仰是到达永生的交通工具”。宋美龄对信仰的本质与力量的感悟，来自于日复一日不断地对《圣经》故事阅读的体认，是追寻“肉体何以能够无所畏惧地毅然决然”地“向有组织的屠杀挑战”的意义得到的启示。② 来自信仰的这“至大之福”，给了宋美龄巨大的内在力量。

牺牲服务的精神是基督教的一项重要教理。基督教的外在表征是十字架，它寓意耶稣舍生以救赎众人，昭示基督徒：世俗生命的意义在于服务牺牲。如耶稣有谓：“盖人子至，非以役人，乃役于人，且舍生为众赎。”所以宋美龄在大学毕业回国后，积极参与各种社会服务活动。与蒋介石结婚后，又伴着丈夫，冒着各种危险，为“使中国强盛”而“不绝地工作”。③ 她鼓励年轻人要有

① ［美］施莱尔马赫：《论宗教——对蔑视宗教的有教养者讲话》，邓安庆译，人民出版社2011年版，第30页。

② 宋美龄：《耶稣受难节默念文》，见王亚权主编：《蒋夫人言论集》下集，第1163—1171页。

③ 宋美龄：《我要不绝地工作使中国强盛》，见《宋美龄文集》（未刊稿），南京大学中华民国史中心藏。

吃苦耐劳、为国牺牲的服务精神："一个国家要能转危为安，转弱为强，必须有一般好的青年出来牺牲个人，而为社会国家服务。"①她批评中国人不耐辛苦时说："我随伴丈夫巡历各省，往往遇到虔信的外籍教徒，深居边僻乡区，把新的生命灌注到他们所接触的群众里面；我们就深觉奇怪，为什么在这偏僻的地方，绝没有我国那些才识过人备受近代教育的男女同胞，从事同样的工作呢？甚至翼助那些勇毅教徒工作的也一个人都没有。"这说明"基督战士耐苦耐劳的美德，我们尚未习惯"，"暴露了我们柔弱无能的缺憾"。但"要晓得我们信仰的核心，就是艰苦、忍耐，和十字架所象征着的苦难。没有它们，就谈不到基督教信仰。我常听委员长说过，基督在年青的时候就愿为正道而牺牲生命，我们苟不追随这种精神，怎能解决当前一切的重大问题"。她号召大家"作耶稣基督苦斗的战士"，以"坚强的基督精神"，献身于民族国家的复兴，即使"有捐躯殉义的必要"，"也决不推诿"。②

基督教是关于生命的宗教，诚如耶稣所说："我来了，是要叫人得生命，并且得的更丰盛。"③ 它关注社会弱势群体的需要，体察贫弱、饥渴、受逼迫人的处境。因此，基督教会致力于教育、传道、社会服务等慈善事业，以解决人类生活的衣、食、住、行、疾、苦等现实问题。它同时又强调"施比受更为有福"④，让富有的人关爱贫穷的人，从而使整个人类共享文明成果。就这一点而言，基督教会的社会工作与政府国家建设、社会改造旨趣相同。"基督教训吾人援助较不幸之同类努力改善其情况，而勿自欺欺人，伪称人世间并无悲痛与丑恶。"⑤ 宋美龄认为正视中国存在的问题，并进行社会改造，是中国未来在国际上享有平等地位的

---

① 宋美龄：《国民牺牲精神与女界责任》，见《玲珑》第5卷第29期（1935年8月7日），第1920页。

② 宋美龄：《全国基督教协进会年会致词》，见王亚权主编：《蒋夫人言论集》下集，第678—680页。

③ 《圣经·约翰福音》（十），10。

④ 《圣经·使徒行传》（二十），35。

⑤ 宋美龄：《在纽约麦迪逊广场演说》，见王亚权主编：《蒋夫人言论集》下集，第1075页。

途径。

国外学者克拉克这样评价宋美龄："蒋夫人永远不会讲出令人沮丧、煽动仇恨，以及违背基督教义的言论。"完美的基督徒形象的塑造来自于1943年宋美龄访美给人们留下的视听感受。当宋美龄在洛杉矶好莱坞圆形剧场的演讲中提到，她在苏州火车站看到无数中国军民，倒卧在血泊中的悲惨情景时，"语调悲伤，许多听众不自觉的流下泪来"。[①] 面对战争带给中国人民莫大的牺牲和伤害，宋美龄并没有仇视日本的情绪，也没有诅咒日本的话语，反而在演说中要人们原谅敌人所造成的伤害，"对于伤害吾人者应加宽恕"，"无论吾人之经历与痛苦如何"，在战后世界的重建中，"不应有怨恨存在"，因为"基督教训吾人所憎恨者，乃人类之邪恶，而非人类之本身"。[②] 悲天悯人的人道主义关怀以及宽待敌人的胸襟使西方世界更加坚信，宋美龄是西方基督教文明熏陶的硕果，从而拉近了西方与中国的思想距离，既赢得了西方教会的支持，同时也赢得了美国政府的援助。

由此可见，基督教及其价值观念给了宋美龄宝贵的精神财富，使她不仅更加智慧地来理解"人性"，而且具有了博爱的胸怀、神性的坚韧等理性品质，这些都是后来成就她社会改造事业的强大精神支柱。

四、蒋宋联姻的影响

1927年12月1日，宋美龄与蒋介石在上海举行了盛大的结婚庆典。这场婚姻对近代中国社会产生了广泛而深远的影响，使它成为一个经久不衰的话题。无论时人还是后人，形容它最多的一个词汇就是"政治婚姻"。1927年12月2日上海的一家英文报纸《上海时报》做了如下的报道："这是近年来的一次辉煌盛举，也

---

① 胡春惠、陈红民主编：《宋美龄及其时代国际学术研讨会论文集》，香港：香港珠海书院亚洲研究中心2009年版，第47页。

② 宋美龄：《在纽约麦迪逊广场演说》，见王亚权主编：《蒋夫人言论集》下集，第1075页。

是中国人的一个显赫的结婚典礼。这次婚姻使得南京军队过去最强有力的领导人和新娘的哥哥、宋子文博士的家庭以及国民党创始人、已故孙中山博士的家庭联结成一体。”① 也有另一种观点认为：他们“走了一条基于政治目的而结合、结合以后又增进了感情的婚姻之路”②。难道结婚伊始，二者就没有爱情可言吗？

应该承认，蒋宋的结合，对近代中国政治产生了无与伦比的影响，但仅此并不足以说明这桩婚姻是政治的工具而缺乏爱情。首先，这桩婚姻是自由恋爱的结果，不是父母之命、媒妁之言，对双方而言，都不存在强迫和违背个人意愿的因素；其次，二人的婚姻生活虽也潜藏着暗流：磕绊、争吵，甚至一度发展到决裂的地步，但缠绵悱恻、生死与共的伉俪形象更为中外仰慕者树立了典范，“这的确是一门经久不变的婚姻。这种婚姻将成为人们彼此结合的榜样”③。西安事变中宋美龄的运筹帷幄、折冲调和更演绎了蒋宋爱情的交响乐，成为美丽动人的佳话。再次，爱情是两个人基于一定的物质条件和共同的人生理想，在各自内心形成的对对方的最真挚的仰慕，并渴望对方成为自己终身伴侣的最强烈、最稳定、最专一的感情。普通的男女可以因共同的事业追求而走进婚姻殿堂，领袖伟人、名门闺秀也可以因共同的理想信念而牵手红地毯。政治名人的爱情生活可能因政治而更加复杂，但它也绝不能超出一般男女情爱的制约，不能把政治的因素无限放大。

所有的资料都显示，在蒋宋婚姻中，蒋介石处于主动的地位。宋家显赫的地位固然是吸引蒋介石的一个重要因素，但作为留学生的宋美龄所具有的个人素质更是蒋介石所倾慕的：流畅的英语、国际的视野、进步的思想、热心并致力于社会工作等，这些都将是蒋介石成就未来事业的有力支持。这一心迹在蒋介石发表的结婚感想《我们的今日》一文中表露无疑：“余今日得与余最敬爱之宋美龄女士结婚，实为余有生以来最光荣之一日，自亦为余有生

① ［美］埃米莉·哈恩：《宋氏家族——父女·婚姻·家庭》，第 152 页。
② 佟静：《宋美龄大传》上册，团结出版社 2006 年版，第 93 页。
③ ［美］罗比·尤恩森：《宋氏三姐妹——宋霭龄、宋庆龄、宋美龄》，第 61 页。

以来最愉快之一日。余奔走革命以来，常于积极进行之中，忽萌消极退隐之念。昔日前辈领袖问余：汝何日始能专心致志于革命？其他厚爱余之同志，亦常讨论如何而能使介石安心尽革命之责任。凡此疑问，本易解答，未当时不能明言，至今日乃有圆满之答案。余确信余自今日与宋女士结婚以后，余之革命工作必有进步。余能安心尽革命之责任，即自今日始也。余平时研究人生哲学及社会问题，深信人生无美满之婚姻，则做人一切皆无意义。社会无安乐之家庭，则民族根本无从进步。为革命事业者，若不注意于社会之改革，必非真正之革命，其革命必不能彻底。家庭为社会之基础，欲改进中国之社会，应先改进中国之家庭。余与宋女士讨论中国革命问题，对于此点实有同一之信心。余二人此次结婚，倘能于旧社会有若何之影响、新社会有若何之贡献，实所大愿。余二人今日，不仅自庆个人婚姻之美满，且愿促进中国社会之改造。余必本此志愿，努力不懈，务完成中国之革命而后已。余二人今日之结婚，实为建筑余二人革命事业之基础。"[①] 很显然，蒋介石寻求的不仅仅是生活上的，更是事业上的伴侣。那么，宋美龄又如何呢？

宋美龄性格相当独立，"她在一些她以为重要的问题上，都有自己的见解，不随大流"[②]。对此宋美龄自己也直言不讳："别人承认的事情，我未必因而也加以承认。"[③] 对于自己的婚姻大事，她更不可能把决定权交给他人。因此，无论蒋介石的求婚持续多长时间，也无论宋家有多少人反对，或者宋霭龄如何从中牵线搭桥，但如果没有宋美龄的积极回应与允准，这桩婚事决然是不可能的。当有人说是宋霭龄包办了宋美龄的婚姻时，宋美龄当即反驳说："你想想，我是能够被人包办婚姻的吗？""这项婚姻自始至终是我

① 周美华编注：《蒋中正"总统"档案：事略稿本》第 2 册，台北"国史馆"2003 年版，第 155—157 页。

② ［美］罗比·尤恩森：《宋氏三姐妹——宋霭龄、宋庆龄、宋美龄》，第 46—47 页。

③ 宋美龄：《我的宗教观》，见王亚权主编：《蒋夫人言论集》上集，第 1 页。

自己做主，自己主动的”。[①] 应该说正是她的坚持与说服，才使除宋庆龄之外，原来持反对态度的家人最终同意了这门婚事。

在当时的上海，宋美龄不乏追求者。活泼的性格、博学的见识、广泛的社交和让异性心动的美貌，曾使无数的富家子弟怦然心动。宋美龄之所以花落蒋家，与她的择偶标准和价值观念密不可分。她对英雄有一份特别的情感，大学时期，“美龄宿舍的墙壁上挂着一把东方大宝剑”，“她特别喜欢亚瑟骑士传奇故事中的激烈战斗场面”。[②] 军人蒋介石的英俊潇洒、精明强悍、富有抱负，符合她的白马王子形象。尤以国民革命军势如破竹的北伐，使国民革命军总司令蒋介石几与“英雄”等同，因此，与北伐跟进的便是蒋宋二人爱情的不断升温，直到1927年三四月份，蒋介石的军事实力首次达到顶峰时，他爱情的玫瑰也已绽放。1927年3月21日，蒋介石在安庆，他当天的日记中记载：“今日思念美妹不已！”[③] 5月28日，蒋介石从南京抵达滁州，他自记说：“今日终日想念美妹不置！”对此，时人评价说：“公（指蒋介石——引者）近数月来，常与宋美龄女士通书，其情爱盖日增云。”[④] 也就是说，这个时候蒋宋二人已经到了“一日不见，如隔三秋”的地步。这样一来，即使8月份蒋介石在国内强大的政治压力下宣布“下野”，辞去所兼各职，宋美龄也能义无反顾地嫁给他：因为她坚信这是一个能够对中国社会有所贡献的人！

在蒋宋婚姻中，宋美龄的自主性是显而易见的。正如有人所评论的，“如果说美龄嫁给总司令是出于一种义务感，那是不公平的，因为她绝不是一个书生气十足的人。不过她确实期待着能够协助蒋介石统一中国，这无疑也是她与蒋介石结合的原因之一。美龄绝不愿意因为结婚，而失去从事建设性工作的机会。她曾经

---

① 张紫葛：《尘封的记忆——在宋美龄身边的日子》，团结出版社2003年版，第28、31页。

② ［美］埃米莉·哈恩：《宋氏家族——父女·婚姻·家庭》，第105、103页。

③ 黄自进、潘光哲编：《蒋中正“总统”五记·爱记》卷二，台北“国史馆”，2011年版，第29页。

④ 黄自进、潘光哲编：《蒋中正“总统”五记·爱记》卷二，第31页。

拒绝过为数甚多的追求者，她宁愿不结婚，也不愿意过当时中国上流社会妇女所过的那种自私生活。”① 所以，即使在与蒋介石结婚后，宋美龄也仍然希望保持自己的相对独立，“我认为婚姻不应该抹杀或者吞噬一个人的个性。正因为这个想法，我要做我自己，而不是将军夫人。这么多年来我一直是宋美龄，我相信我是个独立的人，我要继续发展我的个性，保持原来的身份。”②

图 1-2 宋美龄与蒋介石结婚合影

蒋宋婚姻之于宋美龄的影响在于，她所致力的社会事业变成了她对整个中国社会进行改造的信念和行为。少年时的宋美龄基于基督教“行善”的感知，就曾和小伙伴一起用凑起来的 1 美元

① ［美］埃米莉·哈恩：《宋氏家族——父女·婚姻·家庭》，第 151 页。

② 《宋美龄给艾玛的信》（1928 年 1 月 24 日），见《宋美龄文集》（未刊稿），南京大学中华民国史中心藏。

买土豆、牛奶、汉堡、牛排、苹果和橘子，施舍给铁路沿线的贫困家庭，“为他人谋求幸福”。异国求学的青年宋美龄对西方世界漠视当下落后的中国也曾“表示遗憾”。回国后的宋美龄有了更加广阔的展示舞台，她不拘泥于当时青年女子的行为规范，精力旺盛，“积极参与社会活动”。尤其是参加“童工委员会”的工作，使她对上海市各家工厂恶劣的劳动条件有了深入的了解，这对一位“纯粹是学校里培养出来的大学生来说，无疑是一种启蒙教育”，这种教育对之后“她人生道路的选择有着巨大的影响”。[①]

结婚连蜜月都没度，第二天，蒋介石就开始参加各种政治会议，大约一个月，他就恢复官职，回归军旅生涯，肩负起总司令的工作。这时的宋美龄没有像其他官太太一样，定居在热闹的上海，而是经常往返于宁沪之间，协助夫婿采购军需，有时还深入前线，陪伴在蒋的身边。1928 年 5 月，蒋介石在徐州督师，宋美龄于 16 日来到徐州，19 日与蒋介石一起，到郑州、开封、洛阳等地，蒋介石非常感慨地记下：“今日闷热非常，三妹（指宋美龄——引者）甚苦也!”[②] 这样的生活，既升华了夫妻感情，也使宋美龄体验了中国社会生活的方方面面。1934 年底，宋美龄随同蒋介石到福建督师，战场的惨败景象给宋美龄留下了深刻的印象，“毁灭和死亡，弥漫了整个村庄。中国乡村里往常那些小贩的叫卖声，儿童的嬉戏欢笑，街上的人们，怡然自得，摩肩接踵，以及牛羊奔突，鸡犬相闻等等景象——原是充满着生命、活泼、谐和的情调，可是这里连一只瘦狗也没有。举目所见，一片空虚，一片荒凉”[③]。1935 年，宋美龄随同蒋介石督师西南，历经川滇黔三省，既感知了这里落后的经济生活，也体味了别样的风土习俗，在昆明西山华亭寺参观后，她对中国的丧葬制度发表了自己的看法，“火葬恐怕比土葬好，尤其是在中国，因为许多可贵的土地，

---

① ［美］埃米莉·哈恩：《宋氏家族——父女·婚姻·家庭》，第 67、106、116—117 页。

② 黄自进、潘光哲编：《蒋中正“总统”五记·爱记》卷三，第 50 页。

③ 宋美龄：《闽边巡礼》，见王亚权主编：《蒋夫人言论集》上集，第 16 页。

都被坟墓占去了。中国中部尤其是东南各地方，把死人葬在田里，这种习惯是不好的，因为种植的土地，都变成无用的墓地，生产当然要减少”①。随着对中国社会情况的了解和知识的积累，宋美龄想“替国家做些事情”的渴望，突破了局部、点滴的改革范围，从而晋升到了对整个社会的改造，“其热心与爱国”也因有了蒋介石这一政治力量的支撑而变得更加实际，“我与丈夫合作，就不难对国家有所贡献了”，“我只要就丈夫的需要，尽力帮助他，就是为国家尽了最大的责任”。② 正如有人对宋美龄的评价：“她崇拜英雄，心怀苦难的中国，一心想为国家做些事。蒋宋二人的结合，于美龄是终能依上帝的旨意，去做该做的事；于蒋则‘即自今日始，确能安心尽革命之责任矣’！”③

我们在强调蒋宋联姻对宋美龄的社会改造思想和行为产生积极影响的同时，也必须看到，蒋介石的传统思想也对宋美龄的行为形成了另一方面的影响。比如妻子对丈夫的贞节观念。1930 年，奔波于国内征战的蒋介石筹款无着，7 月 19 日，他在日记中写道：“子文不肯筹发军费，内子苦求之，仍不允，乃指子文言曰：如尔果不肯募，则先将我房产积蓄，尽交尔变卖，以充军费；若军费无著（着），战事失败，吾深知介石，必殉难前方，决不肯愧立人世，负其素志，如此，则我如不尽节同死，有何气节！子文闻之心动，始允即日勉力发款。”④ 1936 年西安事变，宋美龄乘飞机抵达西安解救蒋介石，在飞机降落前，她拿出一把手枪交给端纳，请求他，如果到时军队无法控制，务必开枪杀了她，绝无迟疑，以免她受辱。⑤ 1943 年 12 月，美国的 *The American* 杂志，发表了一篇宋美龄的英文作品——“*The Wife of Chuang Chou*”（《庄周的

① 宋美龄：《西南漫游》，见王亚权主编：《蒋夫人言论集》上集，第 464 页。

② 宋美龄：《我的宗教观》，见王亚权主编：《蒋夫人言论集》上集，第 4、5 页。

③ 孙若怡：《传教士眼中的蒋宋美龄》，见胡春惠、陈红民主编：《宋美龄及其时代国际学术研讨会论文集》，第 57 页。

④ 黄自进、潘光哲编：《蒋中正“总统”五记·爱记》卷五，第 71 页。

⑤ 蒋中正、蒋宋美龄合著：《蒋委员长西安半月记　蒋夫人西安事变回忆录》，台北：“中央文物供应社”1977 年版，第 60 页。

妻子》），大意如下：

> 某日庄周在山上遇见一位年轻妇人，身穿孝服，坐在一座新坟旁，手持一把大扇子猛力扇着坟堆。她对庄周说，她的丈夫刚过世不久，丈夫在世时，夫妻俩曾相互许诺，如果一人先逝，另一人在坟土未干之时绝不再论及婚嫁；如今丈夫既已撒手西归，她希望坟土早干，所以迫不及待拿了把大扇子猛扇。庄周回家后，对妻子田氏慨叹这件事情，田氏激动地说："忠臣不事二主，烈女不事二夫，我绝对不会像她这样！"庄周却说："很难讲呀！"
>
> 未几，庄周病逝了，田氏遵礼披麻守孝。这时，来了位年轻秀才悼祭庄周，田氏一看到这位高大俊美、文质彬彬的男子，立即坠入了情网，且主动示爱，两人不久就行礼完婚。新婚之夜，新郎突然心脏病发，痛苦不已，仆人告诉田氏，只有一种药方才救得了他——将新逝之人的脑子泡在酒里，让他服用。田氏想起了还躺在棺木里的亡夫，拿斧头劈开了棺木；不料，一声叹息传出，庄周居然复活了，田氏惊吓不已。故事的尾声，作者告诉我们，原来秀才是庄周的化身，特地前来测试妻子对他的忠贞，最后田氏以自尽结束了生命。①

这则故事仍然体现了宋美龄对传统观念的认同，而与蒋介石共同生活、耳鬓厮磨所受影响应该是重要的因素。

归纳而言，蒋宋联姻对宋美龄的影响是双向的：既给她的治政理念和行为产生积极的影响，也给她的思想打上传统的烙印，从而对她的社会改造行为产生制约作用，这在后续的章节中将会进一步阐述。

---

① 林荫庭：《寻找世界宋美龄——一个纪录片工作者的旅程》，第51—52页。

第二节　宋美龄对近代中国社会改造的基本认知

一、20 世纪中国社会改造思潮的兴起

1. 20 世纪中国社会状况

1840 年鸦片战争后，中国开始逐步纳入资本主义的世界体系之中，传统的自给自足的封建经济不断解体。这一解体的步伐随着 20 世纪的来临而加快，特别是第一次世界大战前后，由于各帝国主义国家忙于战争，中国的资本主义发展出现了短暂的“黄金时期”。以纱厂为例，“1906 年所建的无锡振新纱厂，经营七八年，并无重要发展，惟到了 1919—1920 年，股东红利曾高达六分之多。又同年所建的宁波和丰纱厂，战前本难于维持的，但在 1919 年该厂竟以 90 万元的资本获净利达 1250000 元，1920 年获利尤在此数以上。江阴利用纱厂，一向出租出去，1915 年始由原股东收回自办，其后六年内以 720000 两（元）的资本，15792 枚的纱锭，获利达三百余万元之多。若天津裕元纱厂，1918 年完工时仅有资本二百万元，开工后四年内便盈利六百余万元……总之，地无分南北，厂无论大小，大都全能获得意外的厚利”①。面粉工业也获得了较快的发展。以荣家经营的茂新、福新面粉工厂系统而言，在大战爆发前，他们拥有四家面粉厂，1919 年增至八家，另外还在无锡租办了两家以两年为期的面粉厂。以生产能力而论，在 1914 年 8 月以前，茂新、福新系统各厂，每昼夜生产能力合计 13900 袋，1919 年增至 42000 袋。1916 年至 1917 年在无锡租办的两厂每昼夜生产能力合计 2800 袋。② 其他如火柴、水泥、卷烟、榨油、造纸、制糖、制皂、制烛等业，在战争期间和战后最初几年均有发展。

---

① 严中平：《中国棉纺织史稿》，科学出版社 1955 年版，第 185—186 页。

② 上海社会科学院经济研究所经济史组编：《荣家企业史料》上，上海人民出版社 1962 年版，第 49—50 页。

近代资本主义的发展，社会结构发生了重大变化——由传统的农业宗法社会开始向工业化和城镇化社会转变。

第一，工商业资产阶级建立起各种社会团体，并在社会生活的各个领域发挥作用。商会便是其中的代表。1903 年 9 月，清政府设立商部，后改称农工商部。商部鼓励各地商人建立自己的社会组织。1904 年清政府颁布《简明商会章程》，规定：凡是省城及各大城市，均设商务总会，府、厅、州、县设商务分会。到 1912 年，全国已建立商务总会 57 个，商务分会 871 个，以及为数更多的商务分所。全国会员总数达 196636 人，其中，会员超过 1 万人的省份有四川、广东、江苏、浙江、直隶、湖南、奉天、江西等。[①] 商会在各地的建立，既是资本主义经济发展的必然产物，反过来，它又促进了工商业的进一步繁荣，在密切工商业者的联系，畅通商业及各种信息、培养商业人才等方面，发挥了积极作用。

此外，如教育会、工商研究会、救火会、戒烟会、商船公会等工商业团体，也在不同程度发挥着良好的社会作用。[②]

第二，新型知识阶层开始出现。随着西学的传播和近代资本主义的发展，中国的教育制度开始逐渐变革。1862 年，自清政府在北京设立同文馆开始，全国各式各类新式学堂纷纷建立。官办的主要有：语言类学堂，如上海广方言馆等；技术类学堂，如福州船政学堂等；军事类学堂，如天津武备学堂等；普通类学堂，如上海南洋公学等。官办的第一所大学是 1898 年创办的京师大学堂。民办学堂多为普通教育类，如上海格致书院、绍兴中西学堂等。1906 年，清政府废除科举制度，下令各地开办新式学堂，加快了学堂的快速设立。加上中西交流的日益扩大，基督教、天主教教会办的各种学校也迅猛发展。到 1929 年，中国有小学堂 212385 所，小学生 8882077 人；中学堂 591 所，中学生 120551 人；

---

① 王迪：《关于清末商会统计的商榷》，见中国近代经济史丛书编委会编：《中国近代经济史研究资料》第 7 辑，上海社会科学院出版社 1987 年版，第 107—113 页。

② 朱英：《辛亥革命时期新式商人社团研究》，中国人民大学出版社 1991 年版。

高等学校34所，学生3762人。[①] 留学生更是知识分子中的佼佼者，从1872年清政府选派第一批留学生开始，先到欧美，继之日本，到20世纪初，留学已经成为一股热潮。其中留学日本的人数最多，“到1905年底，中国的留日学生的估计数已增至八千到一万人，1906年是人数最多的一年，估计人数为六千至两万人”[②]。之后，随着国内形势的发展，时多时少。民国建立以后，留学美国的学生逐渐增加，1925—1928年保持在2500人左右。[③] 此外，一些传统的士人通过再学习，投身于新式社会文化事业者，也不在少数。

这一新型知识阶层，与传统士人相比，他们开始学习西方的科学技术和现代科学文化，崇尚实用，追求自由、民主、平等，从道德伦理观念到知识结构都发生了巨大变化，这些变化有力地推动着中国政治、经济、社会的发展，尤其是强力推动着社会的变革。20世纪二三十年代，各种思想、学说、思潮和主义，令人目不暇接，呈现一种思想多元化发展的态势，即是这些知识阶层在借鉴国外经验的基础上，结合中国传统和现实进行多方位思考的结果。“尽管这种多元化造成了国人思想的混乱和政治生活的无序，但它给中国社会提供了试验、比较、选择的机会，也给各种学说思想提供了发展、改造、适应中国社会的空间，从而使最能适合中国需要的思想学说得以为人们所接受。”[④]

第三，出现了一些新领域、新职业。随着经济社会的发展，市场交换的活跃，中西文化交流范围的拓展，传统的士农工商的社会分层已经无法满足社会进一步分工的需要，于是，包括律师、医师、会计师、工程师、审计师、教师、新闻记者等在内的许多

---

① 喻本伐、熊贤君：《中国教育发展史》，华中师范大学出版社1999年版，第509—510页。

② 费正清、刘广京编：《剑桥中国晚清史》下卷，中国社会科学院历史研究所编译室译，中国社会科学出版社1993年版，第406页。

③ 王奇生：《中国留学生的历史轨迹》，湖北教育出版社1992年版，第45页。

④ 张开沅、马敏、朱英主编：《中国近代史上的官绅商学》，湖北人民出版社2000年版，第699页。

新行业——人们称之为“自由职业”诞生，相应地，新的社会群体——经过系统学习、具有某一专业的知识、在行业内具有垄断性并可以自由解雇的职业群体也应运而生。这些职业群体的活动，对中国经济的现代化、政治的民主化、现代知识的传播以及社会生活的多元化等诸方面都产生了重大影响。

第四，城市化得到了初步发展。工商业的发展对电力、煤炭、供水、排水、市内交通、市政建设等提出了新要求，推动了城市化的发展，于是，在现代工商业积聚的地方，不少新兴城市崛起，如无锡、南通、常州、苏州、宁波、杭州等因为棉纺织业的兴盛而闻名全国。1912—1927 年，中国城市化发展主要表现为：首先，城镇人口数量大增。1912 年城镇人口约为 3100 万，1928 年已达 4100 万，新增城镇人口 1000 万左右，相当于晚清 70 年间增加的人口总数。其次，城镇人口占总人口的比重上升。1912 年城镇人口占全国总人口的比重为 7.6%，1928 年增至 8.9%，增加了 13 个千分点，而晚清 70 年才增加了 16 个千分点。再次，大城市人口急剧上升。1927 年上海人口已达 260 多万，其他如武汉、北京、天津、广州等人口也超过百万，新增加的人口，除一部分为自然增长外，大部分来自农村。①

伴随着上述社会结构的变迁，社会生活方式和风俗习惯也发生了变化。人们的生活方式、风俗习惯既具有一定的传承性、延续性、地域性，同时也具有相当的融合性和演进性。进入 20 世纪，随着中外交往的扩大，城乡人们生活方式、风俗习惯都不同程度地发生了变化。如衣着，这是人们日常生活的基本内容，20 世纪初，城市的上层社会人士中，就有人开始穿西装，进入民国以后，穿西装的人群已经不再限于城市上层，一些平民百姓的服饰也开始西装与中装混搭。对于城镇女子而言，旗袍备受青睐。在首都南京，服饰变化呈现出三个特点：服饰等级制度被破除，服饰呈现多样性和多变性特征，如男子的西服、大衣、革履、手杖、眼

---

① 张景岳：《北洋政府时期的人口变动与社会经济》，见《近代中国》第 3 辑，第 94—95 页。

镜等，女子的高跟皮鞋、紫貂手筒、弯型牙梳、丝巾等；价廉物美的机器纺织衣料逐渐成为人们的生活必需品，如华达呢、哔叽呢、法兰绒等进口衣料为人们所抢购，古代的高级衣料绸缎销量大大降低；一些不文明的服饰习惯，如男子留辫，女子束胸、裹脚等被逐渐摈弃。[①] 再如饮食，西餐的传入，对传统的饮食方式、宴客习惯形成了一股冲击力：每人一套饮食用具，各吃各的，互不侵扰，与传统的三代聚集而食的进餐方式相比，更符合现代卫生的要求；节俭、朴素的西方宴席程序、规则，以及席面布置等，与铺张、排场、繁琐的中式宴席相比，更符合现代生活的节奏。

2. 社会改造思潮的兴起

市场经济的发展，社会结构的变化，生活方式和风俗习惯的演进，无不成为推动文化变革的积极因素。同时，第一次世界大战及国际共产主义运动的蓬勃兴起，又使资本主义制度下的社会问题充分暴露，而“强权战胜公理”后的冷静思考，使人们不得不重新考虑中国的出路问题：一些知识分子不约而同地开始从“社会改造”的视角来关注政治，健全社会制度，探索社会发展道路。因此，五四运动以后，“社会改造”思潮勃然兴起。当时的进步人士普遍认为，只有“社会改造”才是中国当下最迫切的任务。正如傅斯年所言，“五四运动过后，中国的社会趋向改变了，有觉悟的添了许多，就是那些不曾自己觉悟的，也被这几声惊雷，吓得清醒”，“以后是社会改造运动的时代”。[②]

当时的各种刊物几乎都参加了社会改造问题的探讨。1919 年创刊的《曙光》月刊，在其宣言中指出，“我们处在中国现在的社会里头，觉着四周的种种环境、层层空气，没有一样不是黑暗恶浊悲观厌烦，如同掉在九幽十八地狱里似的。若果常常不加改革，那么还成一种人类的社会吗？所以我们不安于现在的生活，想着

---

① 罗玲：《民国时期南京的社会风尚》，见《民国档案》，1997 年第 3 期，第 110 页。

② 傅斯年：《新潮之回顾与前瞻》，见《新潮》第 2 卷第 1 号，1919 年 10 月 30 日，第 203 页。

另创一种新生活；不满于现在的社会，想着另创一种新社会”；用“曙光”作为杂志的名称，就是希望处在“长夜漫漫”“迷梦惝恍”的社会，因一线“曙光”的贡献，而逐步觉醒，引导人民“从黑暗的深夜到了光明的白昼”，“大家协力向光明的前途走去”。[①] 又如《新社会》发刊词也指出，“中国旧社会的黑暗是到了极点了！他的应该改造是大家知道的了”。《新社会》的创刊，“就是想尽力于社会改造的事业”，“考察旧社会的坏处，以和平的，实践的方法，从事于改造的运动，以期实现德莫克拉西的新社会”。[②] 再如，《解放与改造》杂志宣言中也指出，“今天的世界不是以前的世界了！以前的世界早已过去了！今天我们的责任不是和往日一样了！往日的自我早已蜕化了”。但是，“今天的世界虽不是以前的世界，然而以前世界的‘残余’尚在那里支配现在的世界。今天的自我虽不是以前的自我，然而以前自我的‘残余’尚在那里蒙蔽现在的自我。所以我们当首先从事于解放”，而“解放不是单独的蜕掉，乃是‘替补’。替补就是改造，所以一方面是不断的解放，他方面是不断的改造”。[③] 除此以外，还有很多刊物，如《觉悟》《晨报副刊》《湘江评论》等刊物都把“社会改造”作为言论的主旨。

除杂志外，当时的一些团体也都积极地倡导“社会改造”。少年中国学会，曾受到李大钊、陈独秀、蔡元培等人的支持和影响，其主要的发起人王光祈在其起草的《少年中国宣言书》中说：“同人等欲集合全国有为的青年，从事专门学术，献身社会事业，转移末世风俗。……知改革社会之难而不可以徒托空言也，故首之以奋斗继之以实践；知养成实力之需时而不可以无术也，故持之

---

① 《曙光月刊宣言》，见中共中央马克思、恩格斯、列宁、斯大林著作编译局研究室编：《五四时期期刊介绍》第 1 集（下册），生活 · 读书 · 新知三联书店 1978 年版，第 407 页。

② 《新社会发刊词》，见中共中央马克思、恩格斯、列宁、斯大林著作编译局研究室编：《五四时期期刊介绍》第 1 集（下册），第 408—409 页。

③ 《解放与改造杂志宣言》，见中共中央马克思、恩格斯、列宁、斯大林著作编译局研究室编：《五四时期期刊介绍》第 1 集（下册），第 418 页。

以坚韧，而终之以俭朴。务使全国青年志士，皆具先民敦厚之风，常怀改革社会之志，循序以进，悬的以趋。”当他谈到“发展社会事业”时，他说：“现在中国一切腐败，皆待吾人改革，其所以独对于社会事业特别注意者，因国人等认为一切不良，皆原因于社会不良，故注意改革社会”。[①] 尽管团体成员所怀揣的“主义”有所不同，但“注意改革社会”这一奋斗目标是相同的。1920 年 8 月，由李大钊、张申府、邓中夏、周恩来、刘清扬、邓颖超发起，少年中国学会、觉悟社、人道社、曙光社、青年互助团等团体，为“谋从事社会改造事业各团体的大联合”[②]，多次集会，商讨组织“改造联合”事宜。联合后所拟《约章》也旗帜鲜明地表明：“本联合结合各地革新团体，本分工互助的精神以实行社会改造。”[③] 事实上，当时各派都把“社会改造”作为解决社会问题的一个根本方法。[④] 从此，各种探索社会改造的方案便不断涌现。

在各种社会改造的方案中，乡村建设派提出的方案是最有影响的。他们希望通过进行乡村改革和乡村建设实验，实现“民族自救”或“民族再造”。这是一个由知识分子发动并参与的民间社会改造流派，也是 20 世纪二三十年代重要的社会思潮之一。他们虽都把目光投放在中国的乡村，但由于各自的学识、思维方式、思考问题的角度等差异，形成了不同的拯救乡村危机的途径，主要有：梁漱溟的乡村建设派、晏阳初的平民教育派、陶行知的乡村生活改造派、黄炎培的职教派、卢作孚的民生派等。这些派别有一个共同的特点：重视文化教育的作用，“乡村建设知识分子大体上都设想通过平民或民众教育入手，谋求乡村的全面改造与建

---

① 《少年中国》，见中共中央马克思、恩格斯、列宁、斯大林著作编译局研究室编：《五四时期期刊介绍》第 1 集（下册），第 237—238 页。

② 《改造联合宣言》，见《少年中国》第 2 卷第 5 期，1920 年 11 月 15 日，第 65 页。

③ 《改造联合约章》，见《少年中国》第 2 卷第 5 期，1920 年 11 月 15 日，第 66 页。

④ “从五四运动到人民共和国成立”课题组：《胡绳论“从五四运动到中华人民共和国成立”》，社会科学文献出版社 2001 年版，第 55—62 页。

设，试图最终解决他们各自所看到的乡村问题”①。梁漱溟凭借着多年对中国文化的研究，认为当时的乡村危机在于“文化失调”：“中国问题并不是什么旁的问题，就是文化失调——极其严重的文化失调。”② 因此，乡村建设必须是一个文化运动而不是政治运动，“乡村建设除了消极地救济乡村之外，更要紧的还是积极地创造新文化。所谓乡村建设，就是要从中国旧文化里转变出一个新文化来。”③ 试图通过儒学的复兴，来拯救当时的乡村危机。主要途径是通过乡农学校和乡学、村学，实施农民教育。晏阳初认为当时中国乡村的基本问题是农民的“愚”“贫”“弱”“私”四大病害。1933 年他在《中华平民教育促进会定县工作大概》中写道：“在定县，我们研究的结果，认为农村问题是千头万绪。从这些问题中，我们又认定了四种问题，是比较基本的。这四大基本问题可以用四个大字来代表它，所谓愚、贫、弱、私。”于是，在定县推广平民教育——以“文艺教育”来“谋解决愚的问题”，以“生计教育”来“谋解决穷的问题”，以“卫生教育”来“谋解决弱的问题”，以“公民教育”来“谋解决私的问题”，从而展开其乡村建设。④ 陶行知认为当时中国乡村的主要问题是乡村教育的瘫痪，主张“乡村学校，是今日中国改造乡村生活之唯一可能的中心”，“我们的新使命，是要征集一百万个同志，创设一百万所学校，改造一百万个乡村。……一心一德的来为中国一百万个乡村创造一个新生命。叫中国一个个的乡村都有充分的新生命，合起来造成中华民国的伟大的新生命”。⑤ 试图通过乡村教育来改造乡

---

① 吴擎华：《陶行知与民国社会改造》，山东大学博士学位论文，2008 年，第 36 页。

② 中国文化书院学术委员会编：《梁漱溟全集》第 2 卷，山东人民出版社 2005 年版，第 164 页。

③ 中国文化书院学术委员会编：《梁漱溟全集》第 1 卷，山东人民出版社 2005 年版，第 611 页。

④ 宋恩荣主编：《晏阳初全集》第 1 卷，湖南教育出版社 1989 年版，第 247—248 页。

⑤ 华中师范学院教育科学研究所主编：《陶行知全集》第 1 卷，湖南教育出版社 1983 年版，第 654—655 页。

村社会。黄炎培在江苏昆山实施职业教育的实验。卢作孚认为："中国的根本办法是建国而不是救亡，是需要一个现代化的国家。"国家的现代化需要以乡村现代化为基础，因此，"我们的要求是要赶快将这一个乡村现代化起来"，以供中国"小至于乡村，大至国家的经营参考"。"现代化"是解救当时乡村危机的最好方药。在这个现代化的过程中，教育的改善和推进是其中的一个方面。①

有鉴于此，有的学者便从"文化革新"的视角来评价乡建派："20 世纪中国知识分子的文化革新之路大致在两种角色中展开：胡适、陈独秀等新文化运动旗手角色与陶行知、晏阳初等新文化躬耕者角色……20 世纪二三十年代发生在中国一场声势浩大的乡村建设运动，是中国民间知识分子的一次文化大躬耕。"②

乡建派的乡村改造运动，虽然属于知识分子的民间改造流派，但没有政府的支持是难于推展的。晓庄学院的建立、定县试验区的县政改革等，都不是单纯的知识分子力量能够做得到的。这说明重视平民、重视文化教育的社会改造思想理论被当时官民所一致认可，这对后起的政府推动的社会改造运动不能不起到一些潜移默化的作用。如蒋介石在讲新生活运动时，就曾经将国家的"贫、愚、弱、私"的改造与新生活运动联结起来，他指出，"我记得有许多人士，曾说我们国家大患在'贫''愚''私''弱'。其实我们国家并不贫穷，人民更不愚拙，而且并不是生成的'私'心，和生成的'弱'点"。他对贫、愚、私、弱的解释是："贫由于奢，愚由于懒，私由于无廉耻，弱由于不自强。""如果全国同胞，皆能实行新生活运动的项目，这几个病根都不难一律打消"，只有"荡除旧习转移风气"，才能"创造我们民族与国民的新风气"，而新生活运动的成功，正是建国成功的社会条件，"只要大家能够诚实的去厉行新生活，我深信在最短期内，就必能改造我

---

① 凌耀伦、熊甫编：《卢作孚文集》，北京大学出版社 1999 年版，第 353 页。

② 郑大华：《民国乡村建设运动》，社会科学文献出版社 2000 年版，第 456 页。

们整个的国家”，“为我们的民族开辟光明灿烂的前途”。①

二、宋美龄对近代中国社会改造的认知

1. 社会改造任务的艰巨性

1927 年南京国民政府建立后，国民政府在国内面临的最大的挑战来自于红军及其根据地势力的壮大。1927 年共产党人发动秋收起义后，在井冈山建立了第一个农村革命根据地。1928 至 1929 年，朱德、毛泽东率红四军转战赣南、闽西，开辟了以瑞金为中心的中央苏区革命根据地。经过两年多的发展，到 1930 年初，红军已经达到 6 万余人，其中三分之二的人有枪支装备，活动区域达 120 余县，苏维埃地区初步建立。② 为了“剿灭”红军，1930 至 1933 年，国民政府先后五次对红军及其根据地发动“围剿”。除了要对付来自共产党的斗争，国民政府还要整合各派军阀势力的纷争。1930 年“中原大战”之后，国民党军阀内部的冲突暂告缓和，1931 年 5 月，广州地方实力派又借胡汉民被扣汤山事件，另立“国民政府”，和南京国民政府处于对立状态，其军事力量也不断向湖南推进。7 月，长江流域发生了大水灾。这样的情况使国民政府疲于奔命。

国际上，日本乘英美等国忙于应付经济危机造成的恐慌无暇东顾之机，把侵略的矛头直指中国，不断在我国东北挑起事端，寻找战争时机，继 1931 年九一八事变之后，中日矛盾不断升级，演化为持续 14 年之久的大规模战争。

与蒋介石举行盛大婚礼后的宋美龄，甚至连蜜月都没来得及静心安度，丈夫就束装出发，她也不时随行，“南征北战”。她在 1934 年发出这样的感慨：“过去七年之中，不如意事十常八九”，“国家则内忧外患，交迫而来，最富饶的东北四省，给敌人夺了

---

① 蒋介石：《新生活运动七周年纪念训词》，见萧继宗编：《革命文献》第六十八辑，台北：中国国民党中央委员会党史委员会 1975 年版，第 84—85 页。

② 郭廷以：《近代中国史纲》下册，中国社会科学出版社 1999 年版，第 593 页。

去，人民则饱受水旱灾荒，原应团结一致的军政领袖，却又常常发生纠纷”。因此，她认为：“中国目下所有的问题，都是十分艰巨，诚为从来所未有的”。[①] 改革本来就不是件容易的事情，再加上中国人口众多，且长期受到封建社会的迷信、愚昧、保守等闭塞因素的阻碍，使得在中国“不必说作彻底的社会革命，就是推行一些改良方案，也须相当的耐心，非具极大理想和忍耐坚持的决心是不会成功的”[②]。

国事扰攘，加上母亲去世，宋美龄曾一度“失望悲观，颓废消极”，但很快她便从宗教信仰中为自己找到了一种精神力量——“人们必须有决心，有智慧，再加上努力，那么什么事都能完成”[③]。正是这种力量，使她以乐观的态度看待中国的进步。“我们中国，虽则多年来为死亡及毁灭所绕，却经常致力于完成一个政治及社会的体系，以期将来为最大多数人获致最大之幸福”。这个体系的根据就是孙中山的三民主义，“我们整个的政治思想原是以三民主义为依据的。所谓三民主义就是民族、民权、民生。民族主义的意义是一切民族及种族必须平等、互相尊重，及和睦相处。民权主义指的是人民必得有下列四种基本权利，即选举、罢免、创制、复决。民生主义便是说人民须有充分的衣、食、住、行的便利”。[④] 为此，政府一方面，“以切实的工作，昭示民众”，提高他们的“是非辩白力”；一方面，“按照了固定的计划，循序推进”物质建设的政策，并逐步取得成效。“在某种意义上，若干改革是成功的，若干步骤还有永久的价值”。[⑤] 如近代航空力量的出现，1935年时，中国只有6000英里左右的航空线，以供特别的邮件寄递和特殊的旅客往来，但它对中国的意义却非同寻常，它使中国

① 宋美龄：《我的宗教观》，见王亚权主编：《蒋夫人言论集》上集，第3—9页。
② 宋美龄：《舆论的形成》，见王亚权主编：《蒋夫人言论集》上集，第34页。
③ 宋美龄：《我的宗教观》，见王亚权主编：《蒋夫人言论集》上集，第6页。
④ 宋美龄：《新中国的出现》，见王亚权主编：《蒋夫人言论集》上集，第258—261页。
⑤ 宋美龄：《舆论的形成》，见王亚权主编：《蒋夫人言论集》上集，第34—39页。

"仿佛由中古的传奇里，一步就跨进了20世纪航空发达的现代"①。农民的生活也有了改善，"他们的孩子从前是很难得到一个求学的机会的，可是现在均已进了学校，他们的住屋以前是仅蔽风雨的，现在则已建得合乎卫生及安适"。因此，可以说"我们国内一般民众正走上进步和安乐的大道"。②

总之，在20世纪的二三十年代，中国历经战乱、外敌入侵、自然灾害的打击，社会改革与社会建设的任务异常急迫而艰巨，但宋美龄坚信，政府已在努力推进各项事业，社会正在不断走向进步，鼓励人们满怀自信地参与到政府倡导的各项改革活动之中。

2. 社会改造的主要任务

一个国家的进步与现代化，是包括经济、政治、社会、思想道德文化等各方面的综合工程。尤其是像近代中国这样的半殖民地半封建的国家，其现代化的步履更加艰难。民国建立以后，北洋政府时期走马灯似的政权更迭，虽然没有使民主化建设取得什么重大成绩，但也正是在这段任何国家政体改变之后都无法避免的动荡岁月里的量变积累，使人们对"中华民国"的认识逐渐地由模糊而清晰，新社会的因子也不断增长，如民间资本的快速发展、现代各级各类学校在全国的建立、新的社会群体的诞生等，都在潜移默化地对旧的传统进行着否定。南京国民政府建立之后，正是在这种渐变的基础上，逐步进行民主建国的各种措置。

国民政府建立之后的动荡局势，使得稳定社会秩序成为其压倒一切的首要课题。尤其是进入20世纪30年代，如何统一思想，鼓舞民气，提振国民精神，既是国家建设的需要，也是对日抗战的需要。有鉴于此，宋美龄认为："一个国家的基本进步也未必只限于物质方面，像伟大工程的建设，或者用汽车代替小车等等，未必就是一国进步的表征。"③"精神往往重于物质，所以仅仅经济

---

① 宋美龄：《闽边巡礼》，见王亚权主编：《蒋夫人言论集》上集，第10页。

② 宋美龄：《新中国的出现》，见王亚权主编：《蒋夫人言论集》上集，第260—261页。

③ 宋美龄：《舆论的形成》，见王亚权主编：《蒋夫人言论集》上集，第33页。

繁荣，尚不足完成中国大国的地位，同时一定要提高人民道德的水准。”①

宋美龄对于国民思想道德水平的提高等精神层面的重视与以下两个因素密切相关。

第一，宋美龄在跟随蒋介石赴江西的过程中，了解了中国内地民众的生活状况，认为相较于西方国家的国民，中国的老百姓缺乏担当新国家建设的能力，“在一种确定的制度之下，人民都习于辅助政府，推进着富国利民的事业。中国，尤其在清政府统治之下，从来没有这种机会存在”。因此，推翻帝制之后，“要他们起来建立新国家，既没有知识，又没有经验”，根本不知道“政治与公务，究竟是什么一回事”。这种“公民”素养的欠缺，为异己力量的活动提供了机会。因此，要建立稳定的社会秩序，仅靠“武力收复”，“尚不能视为完成使命”，“必须在那些饱经蹂躏的残破之区，继之以社会的和经济的复兴工作才行”。而欲谋物质的繁荣，“尤须先行发扬民族的道德，建立一种互助合作的精神，而纠正人民萎靡苟且的习尚，更是当务之急”。②

基于以上思考，蒋介石夫妇就将江西作为其进行社会秩序重建的试验区。一方面派经过训练的别动队帮助农村从事具体的复兴工作，如组织合作社，发放低利而长期的贷款，使人民得到工具、种子、修葺房屋的材料以及其他生活上必需的东西等等；另一方面，别动队联合全国经济委员会、江西省教育委员会、五省特别教育委员会、江西省基督教农村服务联合会等组织，对民众进行培训和教育，使当地“于卫生方面、经济方面以及社会意识方面，都有迅速的进展”③。

第二，中国的全面抗战及其由抗战而提升的国际地位也使得宋美龄将精神力量摆在了国家建构的首要位置。1937 年七七事变

---

① 宋美龄：《中国的新生活》，见王亚权主编：《蒋夫人言论集》上集，第 22 页。
② 宋美龄：《中国的新生活》，见王亚权主编：《蒋夫人言论集》上集，第 20—23 页。
③ 宋美龄：《中国的新生活》，见王亚权主编：《蒋夫人言论集》上集，第 29 页。

后，日本军国主义势力气焰嚣张，扬言在三个月内灭亡中国，然而，中国军民的同仇敌忾彻底粉碎了日本速战速决的战争方略，也使得 1840 年以来一向在国际关系中处于被动地位的中国获得了重新被审视的机缘。就战争装备而言，日本在任何方面，都远远超过中国。中国海军力量弱小，空军处于萌芽时期，陆军装备也是以步枪、机关枪、旧式大炮为主，而日本除强大的海军、空军外，还有机械化部队、工兵和配备齐全的医疗队。以空军为例，1937 年战事初起时，中国空军刚经改组，拥有的飞机数量很少，“总计其数不足三百架。其中战斗机与轰炸机，不满百架，余均供高级与初级教练之用者。而在日本方面，作战飞机约五千架”①。装备如此悬殊，难怪国际社会弥漫着一种对中国抗战的怀疑气氛，但中国不仅没有速战速亡，而且持久抗战，最终使战争形势发生逆转。是什么因素让中国不放弃、不屈服？这在西方世界是一个“迷思”。宋美龄在梳理近代中外关系的基础上，给西方国家这个“迷思”提供了答案——精神的力量。她说：“我们知道武器装备在战场上是重要的，但更须知道，打仗并不完全靠着装备就可以胜利的！”“习惯于用物质装备来衡量战争的西洋人”，“不能了解我们的武器是我中华民族的精神遗产”——由爱国心而激发的“斯巴达式尚武牺牲精神”。前线的士兵，“他们觉得负着神圣的使命”，“知道努力参与作战即可获得本国的自由，更进一点，且可以维护一切民主国家的自由”。这一“奋斗以求的目标，确乎值得牺牲他们的家园，值得割舍他们所爱的亲属，甚至人生一切所最宝贵的事物”。正是这种“中国的精神力量”使我们渡过了“最恶劣最艰辛的难关”，因而，“这种精神力量的价值”可以说是无法估量的，足以“改正西洋人根据优越感所造成的对华错误观念”，为中国赢得与“西洋平等”的地位。宋美龄不无骄傲地说：“大家都须认识各民族有各民族的长处，可供相互的借鉴。”东西民族应

---

① 宋美龄：《在洛杉矶演说》，见王亚权主编：《蒋夫人言论集》下集，第 1106 页。

该“互相了解，互相认识，达成我们大同世界的目的”。[①]

基于宗教信仰，宋美龄秉持这样一种“贡献观”：“国家要对国际贡献才成其为国家”，“贡献是取得地位的不二法门”。[②] 抗战以前，中国在国际舞台上缺乏话语权，就在于“在过去，中国的确未尝尽到作为国际社会一分子的义务”[③]。抗战爆发以后，中国不惜牺牲“民族之精华，并牺牲吾人所有之一切”，以求“有所贡献于此次大战争而建立一自由正义之世界”。[④] 因为，中国非仅为保卫其“邦家而战”，“且为维护信约与主义而战；盖违反一项信约，即等于破坏国际道德与荣誉之全部联锁”。[⑤] 中国人民的英勇牺牲，为其赢得了“国际社会一员”的身份认同而能够以“平等的”姿态进入国际社会。宋美龄呼吁联合国家应摒弃“过去之自私与自满”，“俾每一国家均能应用其本有之智慧与能力”，“建立一种以正义共存合作与互尊为四大柱石之世界”。[⑥]

当然，我们不应该忽视的是，宋美龄在重视精神建设的同时，也给予物质建设以关注。她曾经一再强调，“对于国家改组和重建的物质方面，必须要加以注意”[⑦]。1935 年，“国民经济建设运动”发动伊始，宋美龄给予大力的倡导，她在写给遗族学校学生的信中指出，“倘若你们考查世界上的大国，就知道他们强盛是因为能开矿产兴工业，制造他们所需要的一切物品，并且使人们有职业。中国人民大半只知道墨守旧法，所以我们要耗费许多金钱，向外

---

① 宋美龄：《如是我观》，见王亚权主编：《蒋夫人言论集》上集，第 249—257 页。

② 石之瑜：《宋美龄与中国》，第 92 页。

③ 宋美龄：《我将再起·前言》，见王亚权主编：《蒋夫人言论集》上集，第 134 页。

④ 宋美龄：《在纽约市政厅演说》，见王亚权主编：《蒋夫人言论集》下集，第 1071 页。

⑤ 宋美龄：《在洛杉矶演说》，见王亚权主编：《蒋夫人言论集》下集，第 1114 页。

⑥ 宋美龄：《在纽约市政厅演说》，见王亚权主编：《蒋夫人言论集》下集，第 1076 页。

⑦ 宋美龄：《我将再起——精神的需要》，见王亚权主编：《蒋夫人言论集》上集，第 184 页。

国购买大宗的舶来品。这种法子是不对的，所以委员长与我正努力提倡一种新运动，要来开发富源，倡办工厂，制造我们所需要的东西。改良农业增加生产，使我们的民食从此充裕。这个运动就叫作'国民经济建设运动'"，"现在是我们要努力教导民众的时候，使他们知道这个新运动的目的和重要，然后个个人都努力新式的生产事业，这个就是达到富强唯一的办法"。[①] 抗战期间，宋美龄指导"妇指会"努力从事生产事业以及大力支持"工合运动"，是她重视国家物质建设的重要体现。

经济基础决定上层建筑，人们的生活状况对思想道德、精神文化具有基础性的作用，但精神文化一旦产生，又具有一定的相对独立性。宋美龄尽管看到了社会经济建设在改善人们生活、充实国家实力方面的重要性，但她更侧重爱国心、民族精神等在一个国家的振兴中所起的"魂魄"作用、"脊梁"作用，它是任何现代化的武器也摇撼不动、摧毁不了的！

3. 社会改造的基本方法与途径

（1）教育与社会改造

在论述教育与社会改造的关系时，陶行知有这样一段论述："办学和社会改造是一件事情，不是两件事情。改造社会而不能从办学入手，便不能改造人的内心；不能改造人的内心，便不是彻骨的社会改造。反过来说，办学不包含社会改造的使命，便是没有目的，没有生气。所以教育就是社会改造。"[②] 的确，在社会改造方面，教育具有无可替代的作用，这一点也为宋美龄所熟稔："如果我们以坚决的努力，教导学生按照有利于国家的建设性路线去思想和行动，那么在造就有价值的公民方面，必能获致成功，这些公民能将他们之所学以及灌输给他们的一切主义，一一传授

---

① 宋美龄：《西南漫游》，见王亚权主编：《蒋夫人言论集》上集，第459页。
② 陶行知：《地方教育与乡村改造》，见华中师范学院教育科学研究所主编：《陶行知全集》第2卷，第352页。

给人民”，“以谋求改善他们同胞的福利”。[①] 在这里，教育的作用体现在两个方面：一是将在校学生造就成符合现代社会要求的合格公民，并通过学生的社会实践和社会服务，实施群众教育，使大部分民众“快速和简单地从文盲转变为有享受公民权的资格”，以“奠定建国的基础”。[②] 二是知识分子将知识和技能传授给民众，使他们的生活状况得以改良，生产能力得以提升。

要使教育的作用落到实处，知识分子肩负着重大使命：“启发舆论”和“启迪民众”。宋美龄认为如果大学的教职员将大学“作为个人生计的工具”，“是非常可耻的”，[③] 应该通过“一种刺激”，“让知识分子承认，我们对于我们的爱国同胞负有无限的加以提携的义务，我们应该帮助他们认识他们的公民责任，了解国家的问题所在，和获得运用投票权的能力”。知识分子的目标在于“教导人民如何阅读和写作，并训练他们如何思想；帮助他们改善他们的生活情况；增广他们的谋生之道；改进他们的农作物和家畜经济；生产更多的原料；发展农村工业和合作事业，并由他们的生产制造他们所需要的东西”。[④]

对于学校教育的方法，我们可以“国民革命军遗族学校”为例进行分析，因为“学校创办成立之后，是朝向一个独特的教育目标和一流学校的水准迈进”，加上时任校长宋庆龄较少关注校务，学校“实际由校董宋美龄全面管理”[⑤]，故而，不仅宋美龄自己，大家也都认为遗族学校是宋美龄一手创办的。

遗族学校在教学内容上，遵守教育部的规定，设置相关课程，

---

① 宋美龄：《我将再起——抗战的教育中心》，见王亚权主编：《蒋夫人言论集》上集，第152页。

② 宋美龄：《我将再起——群众的教育》，见王亚权主编：《蒋夫人言论集》上集，第156、157页。

③ 宋美龄：《我将再起——抗战的教育中心》，见王亚权主编：《蒋夫人言论集》上集，第154页。

④ 宋美龄：《我将再起——群众的教育》，见王亚权主编：《蒋夫人言论集》上集，第157、158页。

⑤ 阎沁恒：《蒋夫人与国军遗族教育》，见秦孝仪主编：《蒋夫人宋美龄女士与近代中国学术讨论集》，台北：中正文教基金会2003年版，第456页。

与一般学校差别不大。但该校“有一项教育的特色”，那就是依照孙中山先生“知难行易”和“双手万能，手脑并用”的教导，“强调劳动实习与社会服务的重要性”。除农科学生外，一般学生也要接受农业课程的教育并且安排到农场和牧场进行实务操作；教室、寝室以及校园的清洁整理工作，都由学生轮流去做，“以养成手脑并用与劳动服务的习惯”。当有学生向宋美龄反映，说劳动服务既消耗体力、浪费时间，也与将来升学无关，没有办理的意义时，她便以“很严肃的语气”指出，之所以有这样的安排，是因为担心学生在优良的环境下过着安适的校园生活，会产生心理上的养尊处优和不知人间疾苦，“将来不能成为国家真正需要的人才”。[①] 据该校毕业的学生回忆，遗族学校在服务社会方面的确做了不少工作。在战前，“夫人要我们高年级同学组织‘遗族学校乡村服务团’，为学校附近农村老百姓做些医疗卫生服务，儿童识字教育，成人补习夜校及文娱活动等工作，并经常叫我们到夫人官邸汇报，并给予指导。要我们从服务中建立与老百姓打成一片的感情”[②]。正是这一教育特色，厚植了学生们“成年后学业和事业的扎实基础。德、智、体兼备，为国家社会作全心全力的服务贡献”[③]。毕业生在各行各业也都得到了很高的评价。

对民众教育的方法，宋美龄认为有两种。一种“是由大中学校的学生和一般人民作私人的接触”，一种是“依仗成年民众的教育制度”。两种方法相较，她更偏好前者。承平时期，或是趁学期中间，学生“向住在校园附近的人民作实地有系统的服务”，或是在假期中“到学生家庭附近的邻居”中做实地的服务。如南京的“国民革命军遗族学校”的学生，就曾实地参加为乡村服务的工作，已如上述。战争时期，他们的工作范围扩大，“所在皆是——

① 阎沁恒：《蒋夫人与国军遗族教育》，见秦孝仪主编：《蒋夫人宋美龄女士与近代中国学术讨论集》，第457—458页。

② 汤鹤松：《难忘的回忆》，见秦孝仪主编：《蒋夫人宋美龄女士与近代中国学术讨论集》，第458页。

③ 文思荣：《慈母恩师刻骨铭心》，见秦孝仪主编：《蒋夫人宋美龄女士与近代中国学术讨论集》，第461页。

在村民中间，乃至在难民中间”，他们或利用各种实物进行知识传授，或用无线电广播，或用幻灯讲演等多种方式唤醒民众。[①] 利用学生对民众进行教育的办法在新生活运动中也得到了实施和检验，在新生活运动的最初两年，学生“不但指导民众实行‘规矩’‘清洁’，注意交通秩序，进行募捐赈灾等，而且基本上承担了南昌市举行的普及简易教育运动”[②]。有的学生还利用假期，回到家乡，“有的为村童办理幼稚园，有的在成人补习学校里担任课程，或者发起驱除蚊蝇运动，预防疾病的发生”[③]。

（2）大规模运动与社会改造

官僚制虽因其准确性、连续性、纪律性、严整性、可靠性而成为人类理性化的组织形式，能使政府的政策执行，产生行政效率最大化。但不可忽视的是，官僚制也因其严格的等级制、专业化和科层化所带来的循规蹈矩、按部就班、谨小慎微等而使它的行政效率大打折扣，甚至与“官僚主义”成为同义语。国民政府建立后，在完善官僚体制、健全社会法制、增加政府权威，以及执行效能方面有所作为，但长期的封建统治遗留以及地域辽阔的超大规模社会，都使得政府在依靠官僚模式进行政府执行的同时，不同程度地选择动员模式，即依靠政治动员来推动政府执行的方式，来贯彻各项措施。

所谓政治动员，就是在国家利益、民族利益、人民利益等名义下，运用大众舆论和宣传教育等政治社会化手段调动民众对执政者及其政策的认同、支持和配合，从而加强政治体系的施政能量，促进政策的贯彻执行。舆论宣传、政治教育、群众运动是主要的政治动员方式。在社会改造和变迁过程中，政治运动能够使国家在必要的时候集中精力于既定的目标，并有效地动员群众及

---

① 宋美龄：《我将再起——抗战的教育中心》，见王亚权主编：《蒋夫人言论集》上集，第151—153页。

② 温波：《重建合法性——南昌市新生活运动研究》（1934—1935），学苑出版社2006年版，第182页。

③ 宋美龄：《中国的新生活》，见王亚权主编：《蒋夫人言论集》上集，第30—31页。

社会资源为之奋斗；同时政治运动，有利于政府对社会进行整合并加强思想上和政治上的严密控制，一定程度上和一定范围内弥补官僚模式的缺陷与不足。[①]

增加民众的政治认同和政治参与是政治体系合法性的重要资源。然而20世纪30年代初期，在宋美龄看来，无论是官僚还是广大民众，虽经过了20年的“共和国”岁月，但对于以“国家”为主体的“公民”权利、义务缺乏足够的认识，官僚“承袭了旧式衙署的习气”，“大都以为自己是人民的主人，而不是人民的公仆”[②]；民众愚昧无知，对于政治冷漠、隔阂，“全国民众，都顺受环境，在自己的事物之外，一切都不敢问津”。他们“大都没有群众生活的责任观念，在民主政体中他们究竟处什么地位，也完全茫然”；“文盲到处皆是”，人民的精神“衰退与堕落”，“社会麻木如死，人民苟安成习”。这种现状的形成绝非一日之功，而是由于“十数世代”的积淀，“已经根深蒂固”。因此，要加以改变，必须通过大规模的运动，给予强烈的刺激，“倘欲重振精神，不仅有赖于爱国人士的齐心合作，共图改良，还需要一种新的刺激，来推动我们的工作，于是就发起了新生活运动”。[③] 随着新生活运动由江西向全国的展开，国民政府将其统治力量逐步推展到社会和公共领域；而运动的宣传，也使得民众的政治行为能力得到一定的培育和提升。

---

① 胡伟：《政府过程》，浙江人民出版社1998年版，第312—317页。

② 宋美龄：《舆论的形成》，见王亚权主编：《蒋夫人言论集》上集，第37页。

③ 宋美龄：《新生活运动》，见王亚权主编：《蒋夫人言论集》上集，第41—42页。

第二章　宋美龄社会改造思想的经济基础

无论和平时期还是战争时期，经济一直都是各项事业的基础。尤其是在持久战中，经济的支撑力是战争最终取胜的关键。所以利用各种形式充实战时国家经济，争取最后胜利，是国家的急迫任务。宋美龄指出："妇女的总动员，应以生产建设为中心思想，应以生产为训练主要的目标，务使全国有资产的、有知识的、有特能的、有劳力的妇女同胞，每个人拿出她最后的所有，特别从事于生产建设。"① 宋美龄积极支持工业合作（简称"工合"）运动、领导新生活运动促进总会妇女指导委员会（简称"妇指会"）生产事业，为其社会改造事业奠定了坚实的经济基础。

第一节　宋美龄与"工合运动"

一、日本的侵略与"工合计划"的酝酿

1. 日本的侵略破坏与持久抗战的需要

近代中国是一个半殖民地半封建的社会，自给自足的农业经济虽然已经在逐渐解体，但现代的工矿业体系并没有完全建立起来，而且由于帝国主义和封建经济的双重压迫，使得近代工业经济在建立伊始，就带着先天的不足，其中一个致命的弱点，即在地区分布上极不合理，其中大部分企业集中在沿江沿海地区。

① 《福建妇女》，第1卷第2期，1942年，第2页。

1937 年全面抗战开始前，实业部登记的工厂共有 3935 家，广东、浙江、江苏、福建、山东、河北六省及上海、天津、青岛、威海四市，工厂数有 2998 家，占 76%；而上海、江苏、浙江三角地带工厂尤为密集，有 2336 家，占到总数的 56%；仅上海一地即有工厂 1235 家，达总数的三分之一以上。[①] 全面抗战爆发后，尤其是"八一三"上海战役之后，日本对东南沿海工业的肆意摧毁、劫掠使中国的工业基础遭受严重摧残，集中在沿江沿海的工业几乎损失殆尽。全国 96 个华商纱厂损失了 60 个，面粉厂损失了 50% 以上，盐酸和制碱业损失了 80% 和 82%，河北、山东、山西的煤矿和龙烟、石景山、太原、阳泉、马鞍山、大冶等铁矿铁厂，也相继陷于敌手。[②] 中国的工业日趋瘫痪。

图 2-1　"八一三"日军飞机轰炸上海

---

① 陈真编：《中国近代工业史资料》第四辑，生活·读书·新知三联书店 1961 年版，第 94—97 页。

② 时事问题研究会编：《抗战中的中国经济》，中国现代史资料编辑委员会 1957 年翻印，第 121—123 页。

与沿海工业集中相对的，是内地工业的异常薄弱，尤其是作为抗战后方的西南、西北地区，工业更是少得可怜。据抗战前的统计，地域辽阔的西南、西北地区只有工厂200多家，经济最发达的四川也才有工业115家，占全国的2.93%，拥有的工业资本和工人数量，分别占全国的0.58%和2.85%。[①] 有鉴于此，为了抢救战火下的工业，国民政府曾发起了工厂内迁活动，但由于时间仓促，运输困难，到1940年6月底，迁入内地各省的民营厂矿总共有452家，设备12万吨。[②] 因长途跋涉受到严重损失以致无法复工者，又占内迁厂总数的三分之一左右。[③] 我国的工业状况显然是很难支持进行长期抗战的。如何动员后方的人力物力，改善军需民用，成为有识之士思考的重要问题，也成为“工合运动”兴起的内在动力。

“工合运动”既为抗战的客观形势所需要，同时抗战也为“工合运动”的兴起提供了人力资源的条件——大批难民、失业工人向后方的流转。全面抗战爆发后，工厂的大量倒闭和沦陷，造成了数以百万计的工人失业，他们为生活所迫，纷纷从华北、华东、华中等沦陷地区向西南、西北迁移。据抗战初期的估计，全国至少有3497963个失业工人[④]，同时，失去家园的难民也大规模地涌入内地，据1939年国民政府的统计，已经流入内地的难民有1500万。[⑤] 此外，还有从前线转移下来的伤残军人，都嗷嗷待哺，等待着救济。如何安排这些人的生活，关系着后方社会的稳定，牵动着抗战的前途命运，不可小视。因此，必须通过某种形式把他们组织起来，使这些人力资源得以充分发挥，既能使他们自食其力，

---

① 陈真编：《中国近代工业史资料》第四辑，第94—97页。

② 林继庸：《民营厂矿内迁纪略》，见中国人民政治协商会议全国委员会文史资料研究委员会编：《工商经济史料丛刊》第二辑，文史资料出版社1983年版，第136页。

③ 吴文建：《中国工矿业之内迁运动》，见《新经济》半月刊，第1卷第9期，1942年8月，第171—174页。

④ 韦风：《抗战中的失业问题》，见《群众》第17期，1938年4月10日出版，第297页。

⑤ ［美］尼姆·威尔士：《中国为民主而建设》，肯尼·威尔士出版有限公司1941年版，第173页。

又能减轻政府的压力，于是，简单、便捷、机动灵活的小规模工业合作便成为最为适宜的一种战时经济形式。

2. “工合计划”的酝酿

“工合运动”的倡议，源自于三位国际友人，新西兰人路易·艾黎、美国记者埃德加·斯诺和他当时的夫人尼姆·威尔士，他们当时都在上海。面对着日本的大举进攻，他们和上海的一些爱国进步人士，就如何促进后方生产以支援抗战的问题不断地交流意见，而且也收集了不少有关内地发展工业的材料。首先提议的是斯诺的夫人，一天，在讨论中国后方工业的论题时，她提出：“中国当前需要到处都有工业。中国必须有工业。要广泛发展工业，就得搞一个工业运动。”并建议艾黎辞掉当下的工作，“出来做些当前有用的事”。[①] 对这一提议，艾黎和斯诺均表示同意，并从多方面讨论其可能性。他们认为，工业合作，“可以把迅速的建设和生产的难民救济、劳工的训练和军事动员、民主政治的经济基础、保卫游击区的反抗封锁，与反抗日货经济侵略的方法放在一起”，由此可以“在战争进行中，产生一种新社会”。[②] 于是，艾黎着手草拟计划。

在原有收集的资料基础上，艾黎按照在整个非敌占区建立一系列小工业合作社的设想来拟订计划。经过三个人的讨论修改后，斯诺把计划与几张上海工厂遭到破坏的照片放在一起出版了一本小册子，“内容包括对中国生产问题的调查和建立工业合作社以解决一些问题的总战略”[③]。这一战略将全国分为三大经济防线，从后方到战区依次为：第一道防线，是最大的单位，设于中国的西部、西南部和西北部，每个合作社都利用较大的机器，雇佣多数工人从事生产。第二道防线，设在战区和大后方之间，组织单位

---

① ［新西兰］路易·艾黎：《艾黎自传》，路易·艾黎研究室译，甘肃人民出版社1987年版，第92页。

② ［美］埃德加·斯诺：《斯诺文集·为亚洲而战》，宋久、柯楠、克雄译，新华出版社1984年版，第64页。

③ ［新西兰］路易·艾黎：《艾黎自传》，第93页。

较大，利用半手工半机械从事生产，发展轻工业。第三道防线，设在战区，组织单位最小，利用比较容易移动的工具或机械，活动于战区之间，以发展手工业和家庭工业为主，也称为游击式的合作社。这种合作社有两种特殊的功用，即：第一，能够供给军队或游击队所急需的物品；第二，成为各种经济组织的中心，将制造品供给农村民众，以防止接敌区变为日本货物的市场。他们设想，以第二种组织为主体，在全国建立 3 万个工业生产合作社。①

这一计划在当时上海各界人士中传阅，引起了人们的极大兴趣。在由各界爱国人士组成的“星期一聚餐会”上，人们对这一计划达成了共识：大家认为沿海一带工业区已经沦陷，抗战将是长期的，而且主要是游击战，因此应以合作社方式动员后方的人力物力，从事日用工业品和简单武器的生产，供应军需民用，支持游击战争。② 于是，一个筹备性质的工业合作社设计委员会，于 1938 年 4 月在上海成立，艾黎被推为这个委员会的召集人。

二、宋美龄与“工合计划”的实施

1. 宋美龄与“工合总会”的诞生

要在全国范围内开展大规模的经济运动，没有国民政府的支持是难以顺利进行的。因此斯诺和艾黎通过英国驻华大使馆的秘书约翰·亚历山大的帮助，说服了具有较强反日思想的英国驻华大使卡尔，借助他到武汉的机会，把计划带给国民政府。他们认为宋美龄和澳大利亚籍顾问 W. H. 端纳是那里的“抗日派中最强有力的人物”，就把这一计划告诉他们，并取得他们的认同。③ 事

---

① 魏宏运：《抗战时期工合运动的力量》，见《史学月刊》，1997 年第 4 期，第 72 页。

② 卢广绵：《抗日战争时期的中国工业合作运动》，见中国人民政治协商会议全国委员会文史资料研究委员会编：《文史资料选辑》第七十一辑，中华书局 1980 年版，第 108 页。

③ ［新西兰］路易·艾黎：《艾黎自传》，第 93 页。

实上，宋美龄对“合作社的潜在重要性”[①] 是有认识的，因此，她希望艾黎能到武汉去负责这一运动的筹划工作。

当时，在国民政府内部，对开展这一运动存在着不同的看法，人们从不同的角度来考虑问题。由于宋庆龄的介绍，宋子文了解这个计划后，愿意以私人身份给这个计划以财政援助，同时，他还建议最好使这个计划“取得蒋介石的正式同意”，“如果得到政府正式的许可文件，就易于得到更多同盟军的协力”。[②] 而时任经济部长的翁文灏则有不同的看法。他认为：“中国当然需要工业，但不需要一个合作社工业的运动。”[③] 况且，“工合运动”还涉及游击区，会不会因此而使国民政府失去对经济发展形势的控制，都是一个未知的东西。当时的行政院院长兼财政部长孔祥熙对此也不热心，他想建立一个由实业家穆藕初领导的委员会，在敌后安全地区建立由银行投资的较大规模的工业。后来由于宋美龄的干预，事情才有了转机。宋美龄要求孔祥熙“马上给‘工合’开绿灯，让它开始工作”，并要给艾黎“全部授权”，安排建立工业合作社组织的各个步骤。[④] 很快，政府同意了这一计划，并给予500万元的财政支持。正如有人评价的，如果没有宋美龄、宋霭龄的支持，“这个计划决不会得到政府的赞同”[⑤]。

1938年8月5日，中国工业合作协会在武汉正式成立。国民政府行政院长孔祥熙担任总会理事长，艾黎代理总干事，同时，国民政府任命艾黎为行政院技术顾问，以组织“工合运动”，并准许他随意到敌后区的任何地方履行职务。[⑥] 由于协会缺乏办公场地，所以，宋美龄领导的新生活运动妇女指导委员会的办公地点

---

① ［美］埃米莉·哈恩：《宋氏家族——父女·婚姻·家庭》，第290页。

② ［西德］王安娜：《中国——我的第二故乡》，李良健、李希贤校译，生活·读书·新知三联书店，1980年，第190页。

③ ［新西兰］路易·艾黎：《艾黎自传》，第94页。

④ ［新西兰］路易·艾黎：《艾黎自传》，第94—95页。

⑤ ［美］罗比·尤恩森：《宋氏三姐妹——宋霭龄、宋庆龄、宋美龄》，第100页。

⑥ ［新西兰］路易·艾黎：《艾黎自传》，第96页。

就挂起了工业合作协会的牌子。同年底，“工合总会”组织机构在重庆建立，刘广沛任总干事。8 月 24 日，中国“工合”的第一个合作社宝鸡打铁社正式成立，此后，各地合作社陆续建立，“工合运动”广泛开展起来。

2. 宋美龄对“工合运动”的支持与宣传

工业合作协会成立后，艾黎吸取上海工业被炸毁的教训，希望在战火来临以前，把武汉的工业撤往西北。这一想法得到了宋美龄的支持。艾黎向武汉的实业家说明上海工业企业遇到的情况，取得他们对迁往西北的理解和支持。最后国民政府每天派六列火车担负撤出工厂的任务。申新第六棉纺厂一直撤到宝鸡，其他两个纺织厂撤到西安附近。大部分小厂机器都被送到西安以西的蔡家坡。[①] 这些机器设备的撤出，为之后的“工合运动”奠定了一些物质基础。

宋美龄不仅在机器设备向西北迁移的过程中对工业合作协会的工作给予支持，之后，她也能够在协会提出请求的时候给予大力帮助。如，工业合作社进入西北后，因为合作社是税收的来源，所以，当地各种官员都试图插手。为了排除干扰，派一个能干的县长到宝鸡，以维护合作社的利益很关键。为此，艾黎“通过端纳和宋美龄做工作”，如愿以偿地将自己中意的人——一位能干的铁路工程师委任为县长。他到任后立即把堆放在宝鸡铁道边的、从武汉运过来的工业设备安装起来，使工厂重新开工。[②] 此外，对于工业合作社，“蒋夫人推动西北妇女界捐募经费”[③]。

除了对“工合运动”的实际支持外，宋美龄还进行“工合运动”的宣传工作。1941 年 7 月宋美龄在马尼拉出版的“*Theb Fookien Times*”上发表题为《值得国际赞助的工合运动》一文，指出，“工合运动”“是暴日侵略中国的直接产物。他们并不是替代其他工业生产形式，他们完全是为着适应当前的迫切需要”应运

① ［新西兰］路易·艾黎：《艾黎自传》，第 97 页。
② ［新西兰］路易·艾黎：《艾黎自传》，第 96 页。
③ 《孙蒋孔三夫人参观工业合作社》，见《新华日报》，1940 年 4 月 6 日，第3 版。

而生，“其目的在招募事业灾工，集中一切各种可能到手的机械工具，建立小型工业，利用当地所产原料，就地制造，以应战时军民之迫切需要”。她为外国朋友们描述了“工合运动”的开展情况：“合作社的数目，现在在各地方不断的增加着，我们到处都可以见到热烈与兴趣的现象，这不仅是一些和合作事业有关的人们才如此，整个社会都是如此。所有出售‘工合’出品的地方，对于各色各样的顾客都会感到兴趣。合作社的工人们因自己的产品获利而感到合作社的好处，顾客们都由他们所买得的物品而领悟了一种新的生产制度。”她对“工合运动”的历史意义给予高度赞誉，“工合运动，不仅促进生产，而且因为它使难民们找到了职业，不必依靠赈济费而生存，保存了他们的自尊心。它又帮助战士们的家庭，在解决了生计问题之外，且出卖盈余的生产品以获利。它更对于维持人民的精神方面，起了很大的作用。总而言之，工合运动既养成了自尊而独立的公民，也制造出了优良的工人和重要的物资。”她向全世界爱好和平的人们发出呼吁，希望“一切愿意帮助中国抗战的人们，或者抱有人道主义的人们”，给予中国工业合作协会“慷慨施助”，“这种国际的正义与崇高的同情援助所产生的民胞物与的精神”，将“帮助中国难民们开辟他们自己的才干和资源，因而保存他们的自尊心”，使之“成为可敬的公民”。①

因为支持“工合”与参加各种抗战后援活动，政治上长期分道扬镳的宋家三姐妹，也终于重新聚首。1940 年 4 月，三姊妹在重庆、成都相伴相随，出现在各种公共场所，给人们以团结御侮、共同抗敌的昭示。她们一起对“工合运动”的视察，也给人们留下了难忘的记忆。4 月 5 日，宋氏三姐妹相偕到重庆郊区，参观工业合作社所属的军毯合作制造厂、印刷合作社等；4 月 25 日，三

---

① 蒋宋美龄：《值得国际赞助的工合运动》，见《工业合作月刊》第 1 卷第 5、6 期合刊，1941 年 12 月 15 日出版，第 1—2 页。

姐妹一起，视察中国工业合作协会成都事务所。① 她们以实际行动表明她们对“工合运动”的支持，对那些图谋破坏“工合运动”的行为起到了一定程度的约束作用。

图 2-2 1940 年宋氏三姐妹在重庆相聚

三、“工合运动”的作用

作为抗战艰难岁月中兴起的群众性生产救亡运动，“工合”的作用巨大。1939 年 12 月 10 日，宋庆龄在香港一家电台做了《中国工业合作社之意义》的广播演讲，指出，“中国工业合作协会的重要性，不单只是重建社会，它更可以促成经济的改善”，“若从社会和经济的立场上说，它是无价之宝，由于这种扩大的组织，人民的经济程度一定迅速高长”。② 的确，在资源利用、技术开发，以及供应军需民用方面，“工合运动”都作出了巨大贡献。

“工合运动”是在沿海工业区沦陷、敌人进行经济封锁和大规

---

① 尚明轩主编：《宋庆龄年谱长编》上，社会科学文献出版社 2009 年版，第 406、411 页。

② 卢广绵、寿祝衡、齐福霖编：《回忆中国工合运动》，中国文史出版社 1996 年版，第 336—338 页。

模狂轰滥炸的形势下，采用合作社的方式，发展小型手工业或半机器工业，利用大后方的丰富资源从事各种人们迫切需要的日用工业品的生产。这样，因地制宜、就地取材、投资小、见效快的特点，既使后方资源得到了开发利用，也便利了军需民用，所以工业合作社迅速兴起。从 1938 年 8 月第一个合作社建立到 1941 年 10 月，“工合”工作区域推进至 16 个省区，建立合作社将近 2000 所。[①] 一条漫长的“工合线”，从东南敌后游击区直伸入西南、西北大后方，从蒙古高原直至云南山地，工业合作社星罗棋布地遍布在中国的广阔大地上。从事的行业主要有：纺织、服装、化学、矿冶、机械、五金、土木、卷烟、制糖、印刷、燃料、手榴弹、军服、农具等，包括了军需民用的各个方面。“工合”生产的物资，一方面源源运往抗战前线，直接支援着抗战事业。如 1939 年下半年，战士急需军毯，“工合总会”同西北“工合”与军政部军需局签订了第一批承制军用毛毯 40 万条的合同，1940 年内完成；1941 至 1945 年，又连续签订了三批合同，承制毛毯 60 万条，总计为 100 万条。[②] 另一方面，“工合”产品，被不断销往后方市场，满足内地人们的日常生活需要。如在川康地区，“荣昌的陶瓷合作社在为重庆市场供应家用器皿方面十分成功”；在西南地区，“有一段时间‘工合’的火柴在桂林一带销路很好”。[③] 正如宋庆龄所指出的，“工业合作社能够维持经济稳定，能够维持内地市场，避免乡村的紊乱与匪患”，能“使我们的士兵获得衣食，并且免除饥荒，以及别种经济不稳定”，“工业合作社能够支持长期抗战，使日本对于占得城市丝毫无利可图”。[④] 它已经成为战时中国经济的重要力量，被誉为“经济国防线”。

---

① 孔祥熙：《论中国工业合作运动之现在与未来》，见《工业合作月刊》第 1 卷第 4 期，1941 年 11 月 15 日出版，第 1—3 页。

② 陈仙樵：《宝鸡工合的产生、发展与结局》，见卢广绵、寿祝衡、齐福霖编：《回忆中国工合运动》，第 140 页。

③ ［新西兰］路易・艾黎：《艾黎自传》，第 117、124 页。

④ 《孙夫人宋庆龄女士向美国世界青年大会播音演讲词》，见《新华日报》，1938 年 8 月 24 日，第 2、3 版。

工业合作社资金少、规模小以及手工作坊式的生产，存在着技术含量和产品质量偏低的问题，因此，技术改造和推广成为关系“工合”命运前途的重大问题，“工合”组织者及时人都意识到了这一点。“工合事业要在战时能够增加产量，战后能够存在，最重要的还是决定于技术，工合社要有优良的生产技术，才能够健全，才能够发达，如果永远停滞于手工业的阶段是不会有甚么前途的。”① 中国工业合作协会为提高“工合”技术采取了一系列的措施，并取得了相当的成绩。

“工合总会”设有技术组，各大区办事处一般都设有技术室，技术人员经常分赴各社实地指导，各地合作社出现技术问题时，总会也会设法解决。同时，“工合总会”还通过各种方式引进与培养技术人才，从事技术改良。由于技术指导和改进，工人的技术水平普遍提高，生产的制品，也由粗陋而精致，由不能制造变为大量制造。如湖南新化造纸生产合作社，起初仅能造粗糙蒲纸等，后来能不假外来原料及药品制造 25 磅、35 磅、45 磅等各种牛皮纸，以及 22 磅的白报纸、40 磅的证券纸；四川梁山盐井口造纸生产合作社，原来生产的报纸用纸，品质低劣，后来能制不浸水之报纸用纸；湖南零陵火柴生产合作社，初期制造安全火柴发生困难，出品缺点甚多，后来能每日生产 150 箱质量较高的安全火柴；陕西凤县双石铺耐火砖生产合作社，生产的耐火砖由原来的耐高温 1100 度达到后来的耐高温 1400—1500 度；陕西三合村榨油生产合作社，原来生产的蓖麻油，不仅杂质多，而且含有毒物质，到后来发展到能制医药用之蓖麻油及机器用之蓖麻油；凤县双石铺关帝庙华一炼铁生产合作社，从不能制造铸铁，到后来能大量生产；其他如江西赣县、福建长汀、广东曲江、陕西凤县、四川华阳、重庆和成都机器合作社等，初仅能从事于机器修理、零件配置，后来能制印刷机、铸字机、碾米机、纽扣机、织袜机、切面机、车床刨床等工作机器、工具，以及印度纺纱机与化学工业所

① 杨汉平：《工业技术在工合事业中的重要性》，见《西北工合》，1942 年第 5 卷 6、7 期合刊，第 7 页。

用之机械等，成效都很显著。[①]

除了对各种原有机器、设备及制造方法进行改良外，工业合作协会还进行了一些新的设计，以资利用。如四川荣昌各麻织合作社用棉麻交织，江西赣县及其他各处麻织合作社用丝麻交织，成本低，质地好；湖南邵阳之运输合作社，采用新设计之轻便马车，以50辆新马车组成运输队，代替汽车运输；陕西宝鸡益门镇机器合作社，制造的半机器化磨面粉机器，全套价格低廉，可完全采用动力转动，为各方所乐购；西北区襄城酒精合作社，全部设备均为工业合作协会新设计，为陕南第一大酒精厂。[②]

在化学工业的试验方面，工业合作协会也取得了不少成果。如，利用土产蕃莨，制成用作硝皮的原料——制革烤胶；利用茶子桐壳制成土碱，以代舶来的烧碱；完全利用国产原料，如土制烧碱、牛油、松香、木油等原料，可制成上品肥皂；能制成很好的灰口铁；用新法进行麻织品漂白；用太行山所产槲树皮制丹栲，用于制革等，都是效果较为显著的成绩。[③]

除了在上述经济方面发挥作用而外，“工合运动”在难民救济方面的作用也是巨大的。艾黎记载了“工合运动”中有关难民的一个故事：“一个灰头发的河南农民领着一批难民不顾艰险，逃到了宝鸡。然而，到了那里，他已陷入绝境。他们钱尽粮绝，无法维持生活。后来，有人出主意，叫他去找‘工合’。他壮着胆子去了，满以为将遭到当官的一口回绝。但当他说他的那伙人都会织布时，他被告知马上可以开始造织布机，盖住棚，并可先拿到一笔贷款，以度过初期的困难。他绝处逢生，如释重负，感动得扒在桌上哭了起来。他的合作社一连几年都办得很好，生意兴隆。事实证明，凡是由这些人当社员办起来的合作社大多是非常成功

① 任兆和：《本会四年来之技术工作概况》，见《工业合作月刊》第3卷第6期，1942年12月15日出版，第32页。

② 任兆和：《本会四年来之技术工作概况》，见《工业合作月刊》第3卷第6期，1942年12月15日出版，第32页。

③ 任兆和：《本会四年来之技术工作概况》，见《工业合作月刊》第3卷第6期，1942年12月15日出版，第33页。

的。蒋夫人在提到那里的工作时，常对我说‘依格宝鸡’（‘你的宝鸡’）。”像艾黎提到的这样的难民安置，在“工合”中是非常普遍而重要的，“工合”总部之所以将第一个地区办事处设在宝鸡，便是“由于武汉和河南的难民流入宝鸡城里”，“没有地方容纳他们”，而造成“古城一片混乱”。随着宝鸡地区合作社的建立，“‘工合’的思想像燎原之火蔓延，并从宝鸡扩大到其他难民中心”。在东南地区办事处，从 1939 年初开始，在一年多的时间里，赣州及其附近地区建立了约 130 个合作社，“有各种技能的难民们都被组织在机械、造船、印刷、制革、制鞋、毛巾、袜子、砖瓦等各行业的合作社里工作”。① “工合”对难民的安置，不仅解决了他们及其家庭的生存问题，关键还在于这些难民因为有了职业而赢得了做人的“尊严”！因此，宋美龄认为造就了“自尊而独立的公民”，也是“工合”的作用之一。宋美龄能够在众说纷纭时，坚定地对“工合”给予支持，并且发挥第一夫人的影响力，尽量地排除干扰，充分说明了，在她的意识里，民生与社会是不可分离的，给流离失所的民众提供尽可能多的工作机会，是保持社会稳定的基础；经济上的独立是造就现代公民首要的必备条件！

第二节 “妇指会”的生产事业

随着青壮年男子纷纷上阵杀敌，后方妇女在生产事业上的重要地位日益凸现。“本会指导长，鉴于提倡生产事业，乃是增进国家资源的唯一途径，于是设立生产事业组。”② “妇指会”生产事业组动员广大妇女加入生产阵营，围绕着蚕丝、纺织、工艺三项展开工作。

---

① ［新西兰］路易·艾黎：《艾黎自传》，第 97—101 页。

② 《生产事业的一斑》，见《新运妇女指导委员会三周年纪念特刊》，1941 年 7 月 1 日出版，第 55 页。

一、蚕丝实验

抗日战争全面爆发后不久，江、浙、粤、鲁、皖等产丝区域，纷纷陷落，蚕丝来源顿时枯竭。而蚕丝作为服饰和降落伞的制作原料、换取外汇的经济作物，具有重要的军事意义、经济意义和民用意义。于是，国民政府积极协助后方各省增产蚕丝。其中“妇指会”出面组建的为川南乐山蚕丝实验区。

1938 年“妇指会”指导会和四川省政府商定选择了处于西南中心位置气候温和、土壤肥沃、宜植桑蚕的乐山作为实验区，并划定乐山、井研、青神、夹江、峨眉、眉山、犍为等七个县作为推广范围，后应实际需求，工作扩展到洪雅、丹棱、仁寿、荣县四个县。这样，实验区的范围包括川南 11 个县。开展的主要工作有下列几个方面：

第一，增产大量桑苗。对原有桑木，除指导农民肥培及采摘方法外，实验区还购置了大量桑苗，交与蚕户培育，并制订奖励蚕户、代育及特约章则，同时派遣会员定时巡察，以扩大桑苗的产量。①

第二，推广优良蚕种。川南地区，老百姓养蚕原来用土种，实验区建立后，鉴于蚕丝统制，先是将四川丝业公司的改良蚕种分配给蚕户。1941 年能够自由制造后，建立苏稽、嘉阳两个蚕种场，用原江苏的优良原种、原原种制成杂交蚕种，并培育推广秋蚕养殖。

第三，指导科学养蚕。在实验区，每县设立几个指导所，指导员长期驻守，进行技术指导；交通阻塞的县份，采取巡回指导办法，指导员每周一次或两次巡回指导。指导蚕户清洁蚕室蚕具，应用石灰水及日光消毒，并派人代蚕户施行硫酸消毒，以促进蚕

---

① 《本会五年工作之回顾》，见《妇女新运》第 5 卷第 7 期，1943 年 7 月出版，第 40 页。

作安全。[1] 经几年努力，原来在川南流行的白僵蚕病被基本消灭。

第四，辅导组织蚕辅产销合作社。为防止蚕商垄断业务，保障蚕农福利，实验区辅导蚕农组织产销合作社，包括养蚕、烘茧、缫丝、运销四种。到 1944 年 7 月，已经成立的产销合作社有 17 社，社员 5105 人。中国农民银行给予蚕丝贷款 1500 万元，使得蚕农免去了高利贷的盘剥，便利了业务开展。[2]

第五，推动制丝。为改良缫丝，实验区大力推广应用木制多条缥丝车，并设置实验丝厂，研究改良设备以及制丝革新等事项。尤其是当英美等国军事用丝紧张之际，实验区协助政府增产外销丝，“计三十年秋，制造外销丝九十担，交由贸易委员会统销”[3]。1943 年又组织“制丝督导委员会”，辅导当地规模较大的铁机丝厂，“联合制造黄白丝 390 关担，交由贸易委员会复兴公司统销盟邦”[4]。

第六，指导屑物整理。对于不能制丝的双宫茧和蛾口茧，实验区训练技工制造丝棉，“品质洁白轻软，远近争购”[5]。

第七，技术训练。实验区施行的技术训练包括两种：一种是培训各级技术人员，用来推广蚕业；一种为利用农闲时刻，训练蚕农，使之熟悉技术经营。前者招考各地中学生，培训期满投入服务，后者从基本识字教育入手，同时授以蚕丝改良常识并进行技术实习。到 1942 年，培训各地中学生参加服务者共 84 名，参加识字训练者 1566 名，另外，还有专门学习制丝者 96 名，学习制棉者 83 名，练习桑苗接木者 137 名。[6]

---

① 《妇女指导委员会工作概况》，见《妇女新运》第 3 卷第 4 期，1941 年 12 月出版，第 39 页。

② 《一年来本会工作概况》，见《妇女新运》第 6 卷第 7 期，1944 年 7 月出版，第 33 页。

③ 萧继宗主编：《革命文献》第六十八辑，第 313 页。

④ 《一年来本会工作概况》，见《妇女新运》第 6 卷第 7 期，1944 年 7 月出版，第 33 页。

⑤ 《一年来本会工作概况》，见《妇女新运》第 6 卷第 7 期，1944 年 7 月出版，第 33 页。

⑥ 《本会五年工作之回顾》，见《妇女新运》第 5 卷第 7 期，1943 年 7 月出版，第 40 页。

乐山实验区不断探索设备更新、技术改良以及管理的完善，生产业绩渐有起色，并逐年上升，随着抗战的胜利和内战的爆发，实验区的生产又不断滑落，具体情况见表2-1。

抗战结束后，除继续在川南推广蚕丝外，“妇指会”还在蚕丝业最发达的江浙地区扩大推广，着重于经营方式的指导。1946年9月与江苏省立女蚕校合组蚕丝推广委员会，分别在浙江的吴兴，江苏的吴江、武进、无锡、吴县等分设指导所，辅导组织蚕业合作社，实施蚕种的共同催青、杂蚕共同饲育以及鲜茧共同烘干，借合作的力量，使生产消费减低，生产利益增高，1948年春天有农家10096户，分成98组，实行各项养蚕合作事业。

由于制丝设备资本浩大，不是蚕农的力量短期间可能办到的，所以，“妇指会”竭力提倡合作制丝。在蚕丝推广委员会成立之后，首先设置苏州实验代缫丝厂，以代缫合作社生丝为主要对象。1947年委托代缫的有吴县之光临与西山、吴江之霞泽与严慕等养蚕合作社，农民都得到不少实惠。不过养蚕合作社尚在倡导期间，能供合作缫丝的原料不多，1948年该厂预定缫丝600担，合作社约占三分之一强。①

二、松溉纺织实验区

松溉位于长江上游，属四川永川县的一个小镇，因境内有松江和溉水环绕而得名。这里交通方便，从重庆到松溉，上水轮行一天半，下水轮只要六小时。镇上农产丰富，过去大多数妇女从事土纺手织，基础较好。

鉴于其重要地理位置和优良的自然条件，“妇指会”于1938年10月1日，在这里成立松溉纺织实验区。

实验区工作的开展，首先是训练妇女骨干。这一任务由妇女生活学校负责完成。妇女生活学校是训练妇女生产技能和提高妇女文化水准的中心机构，分技训班和补习班两个部门，招生以当地

① 《生产事业》，见《新运妇女指导委员会十周纪念特刊》，1948年7月1日出版，第3页。

表 2-1　乐山蚕丝实验区历年工作情况表（1938 年 9 月—1948 年 6 月）

项目＼年份	1938	1939	1940	1941	1942	1943	1944	1945	1946	1947	1948	总计
培育桑苗（株）		500000	2147800	2461992	1435082	1251560	1217010	782502	242057	179602	191153	10408758
推广桑苗（株）		10000	271300	271300	4922622	290427	423800	140429	477257	78651	14790	6833116
制造改良蚕种（春张）				1449	14972	33764	37657	25454	16326	20559	16708	166889
制造改良蚕种（秋张）				6733	16748	24932	16090	9462	6340	16404		96709
共计（张）				8182	31720	58696	53747	34916	22666	36963	16708	263598
推广改良蚕种（春张）		20000	27000	15938	27432	16471	22004	15869	9141	7884	11785	173524
推广改良蚕种（秋张）		18000	30096	21300	11451	38906	26033	26672	10404	20860		203722
共计（张）		38000	57096	37238	38883	55377	48037	42541	19545	28744	11785	377246
领种户数（春）		6757	4368	4254	6858	3374	7230	5582	2565	2328	3025	46341
领种户数（秋）		3838	6053	3085	6075	6783	6519	5588	3111	6285		47337
共计（户）		10595	10421	7339	12933	10157	13749	11170	5676	8613	3025	93678
生丝（担）	4. 90	42. 00	61. 00	26. 35	83. 21	385. 40	284. 74	79. 13				966. 73
丝棉（市斤）	503	813	542	744	1647	2643	5653	2764	763	1181		17253
丝絮（市斤）						669	1856	2966				5491

资料来源：《乐山蚕丝实验区》，见《新运妇女指导委员会十周纪念特刊》，1948 年 7 月 1 日出版，第 7 页。

和附近乡镇的妇女为主。技训班：半天读书，半天做工，手脑并重，且做且学，两个月毕业。至“妇指会”成立三周年时，已经前后举办六期训练班，毕业了 615 名学生，其中出征军人家属占 41.7%。补习班：针对技训班毕业的学生，继续教育，白天做工，晚间读书，给予较高深的学识，六个月毕业。① 这些毕业生，毕业后就参加合作组织或工场工作，是该区开展工作的中坚分子。

生产的方式，分集中的和分散的两种形式。所谓集中生产，就是在区内设立各种工场，妇女们到工场里来工作。工场主要有六个，分别为准备工场、纺纱工场、织布织巾工场、纱布工场、整理工场和毛纺织工场。所谓分散生产，是妇女们学到了纺织技术后，可向合作社贷借机械、领取原料，回到自己家庭中去工作。合作社计有四种：棉纱产销合作社、棉布产销合作社、毛巾产销合作社、羊毛纺织物产销合作社。合作社所有盈余，20% 作为公积金，10% 作为公益金，10% 作为社员奖金及社内职员酬金，其余 60%，按照出品之多寡优劣，分配给全体社员，充分体现了各尽所能、各取所值的分配原则。

机器设备方面，不断得到改良。棉纺织部门，自开始只有八架 32 锭的脚踏棉纺机，到后来增加到有了自纺、自织、自印、自染等完成纺织全部生产过程所需的机器。毛纺织部门，从一架每天只能织六两羊毛线的纺毛机，改良到每天每机能纺四斤。此外，还有织毯和缩绒的机械。至“妇指会”成立三周年时，工厂本部连同合作社社员的机械，总计共有 968 架。② 所以松溉的所有家祠古庙、大街小巷，以及四周的穷乡僻壤，到处充满着机杼之声。

该区的产品，棉纺织部门，主要是纱布、药棉、布匹、毛巾；毛纺织部门，主要是绒线、羊毛毯。此外还有独幅印花被单、毛巾毯、水龙皮带、大衣呢、制服呢等。到“妇指会”成立三周年

① 《生产事业的一斑》，见《新运妇女指导委员会三周年纪念特刊》，1941 年 7 月 1 日出版，第 56 页。

② 《生产事业的一斑》，见《新运妇女指导委员会三周年纪念特刊》，1941 年 7 月 1 日出版，第 55—56 页。

时，共出纱布48336磅、药棉10549磅、布匹2177匹、毛巾5427打、绒线994磅、羊毛毯1183条，供应军需民用。[①] 到1941年12月，生产纱布增加到49248磅，药棉增加到11004磅，布匹增加到2305匹，毛巾增加到5832打。[②]

为了把这种生产事业，推广到四川省其他各县，“妇指会”特别举办了干部训练班，招收中学文化程度的女学生50名，授以技术的训练，同时讲解相关的理论，如纺织原理、漂染整理概要、工作法、合作组织、乡村建设等等，两个月上课，三个月实习，毕业后分到油溪、永川、合江等处，组织生产服务队，推进该处的妇女纺织生产事业。

为了向工场供给原料，该区还附设了一个农场，占地200余亩，分园艺、作物、畜牧、森林四部，种植油桐、美棉、燕麦、水稻，繁殖昂哥拉毛用兔，饲畜盘克猪、来克杭鸡等。

尽管该区工作，是一个小规模的试验，目的在于“使大家重视手工纺织事业，重视以教育为起点的生产事业”[③]，但在资源匮乏的战争年代，对于增加物资供应起到了积极作用。

三、新运纺织厂

新运纺织厂最初筹设是在七七事变后，目的在于解除前线战士的后顾之忧，同时增强抗战力量。“七七卢沟桥战事发生之后，许多壮丁，被征入伍，遗下老弱无能的妻儿，每多无以为生”，“指导长为关怀她们的生活，特着令总会筹设抗属工厂，并由全国妇女慰劳自卫抗战将士总会拨发经费”，“务使一般抗属，除有归宿以外，能从事一种技能生产事业，以增强战时的力量”。[④] 经过

---

① 《生产事业的一斑》，见《新运妇女指导委员会三周纪念特刊》，1941年7月1日出版，第56页。

② 《生产事业》，见《妇女新运》第3卷第4期，1941年12月出版，第37页。

③ 《生产事业的一斑》，见《新运妇女指导委员会三周纪念特刊》，1941年7月1日出版，第56页。

④ 《本会五年工作之回顾》，见《妇女新运》第5卷第7期，1943年7月，第42页。

一段时间筹备，1939 年 7 月，新运纺织厂在四川江津白沙设立，因为这里纺织风气浓厚，纺织机件多，易于组织和推展工作。

工厂内部管理部门，原来只有总务、工务、教育三股，1941 年 1 月，加以改进和调整后，增设了营业、会计两股，并订立了各项规章制度。产品以布匹、毛巾两种为主。

抗属入厂后，不论技能、知识水平如何，都必须接受四个月的基本训练，半日工作，半日读书，生活费用由厂里解决。四个月训练结束后，开始工作，根据工作情况发给工资。最初建厂时，有抗属 100 多人，来自于松溉纺织实验区和永川乡村服务队，后来积极动员，发展到 1000 多人。[①]

产品质量和数量都不断地得到改进提高。工厂开始时只能生产简单的原白布和白色毛巾，后来逐渐能生产各色细布、条子、格子、提花等布匹，以及提花、翻花等毛巾。产量方面，布匹由原来的每天数十匹增加到每天数百匹，毛巾自数十打增加至数百打。产品原只供应白沙一县使用，后销至重庆、河北、北碚、合川、合江、赤水、泸县、永川、叙府、荣昌等十余县。[②] 历年来的具体产量情况见表 2-2：

表 2-2　新运纺织厂产量统计表（1939 年 1 月—1948 年 4 月）

产品＼年份	1939	1940	1941	1942	1943	1944	1945	1946	1947	1948	总计
布匹（匹）	12	660	2014	4667	5565	7133	5230	5484	4587	1821	37173
纱布（匹）				406	85	265					756
毯子布（匹）				69	22						91
毛巾（打）	105	2568	3258	3668	7522	7897	9535	2294	1720	189	38756
袜子（打）						6486	3663	637	30		10816
毛巾布（码）				634	1500	642	502	942			4220

① 《本会五年工作之回顾》，见《妇女新运》第 5 卷第 7 期，1943 年 7 月，第 42 页。

② 《妇女新运工作概述》，见萧继宗主编：《革命文献》第六十八辑，第 316 页。

（续表）

产品＼年份	1939	1940	1941	1942	1943	1944	1945	1946	1947	1948	总计
毛巾毯（码）						125	80	188	198	27	618
浴巾（条）								56	127	92	275
药棉（磅）								612			612
卷花（市斤）								227			227
毛线（市斤）								317	398	142	857
新运纱（井）								194	212	144	550

资料来源：《新运妇女指导委员会十周纪念特刊》，1948 年 7 月 1 日出版，第 15 页。

就解决千百万抗属生活而言，区区一厂，实不足挂齿，但在物资极度匮乏、供不应求的战争年代，有这么一个生产单位，对于缓解物资紧缺、补充经济力量，仍有其不可磨灭的贡献。

抗战胜利后，除白沙新运纺织厂继续维持生产外，“妇指会”又于 1946 年 11 月设立了无锡生产工作区。先训练乡村穷苦妇女织造技能，后积极辅导她们组织织布、织毛巾等合作社。希望能通过这样连续不断的训练与组织，使合作社逐渐普遍发生效力，从而使农村慢慢地繁荣起来。到 1948 年 7 月止，经该区辅导组织的合作社，已成立的有两个，有社员 300 余人。①

四、妇女工艺社

手工艺是我国妇女固有的技能，尤其是挑绣，作为一种艺术特长，早为世界所重视。抗战期间，妇女们可以充分发挥传统手工艺的优势，以赚取外汇。因此，“妇指会”在 1939 年春设置新运妇女工艺社于重庆南岸之野猫溪，后因工作日益开展，人员逐渐增多，房屋不敷应用，于 1940 年 2 月迁址于沙坪坝小龙坎大杨公桥。随着业务推进，以及适应环境的需要，后该社设了三个分

① 《生产事业》，见《新运妇女指导委员会十周纪念特刊》，1948 年 7 月 1 日出版，第 4 页。

社和四个支社，三个分社为：北碚、南岸、永川；四个支社为：黄桷、临江、王坪、茶店。分社直辖于总社，由总社发给原料，指定花样，分配技术人员推动当地妇女参加工作；支社受其附近的分社管辖，原料和人员，由分社供应分派。由于空袭以及焚烧等原因，北碚分社于1941年3月底撤销，南岸分社于1942年年底改为合作工场，唯有永川分社自1940年2月成立以后，业务进展迅速，临江、王坪、茶店三支社均属该分社管辖。黄桷支社由北碚分社管辖，分社撤销时该支社也同时停止。

妇女工艺社采取以工代赈方式，训练流亡妇女并救济难胞，使她们能够自食其力的同时，有组织地进行生产，产品销往国外，对国家经济建设也不无小补。妇女工艺社建立以来，开展的主要工作有以下几个方面。

第一，开展训练工作。为推动该项事业发展，首先进行人员培训。到1943年“妇指会”成立五周年时，开办的训练班主要有：（1）基本技工人员训练班。先后开办三期，第一期为初级训练班，受训期三个月，第二、三两期为高级班，受训期六个月。共计学员200名，分发本部及分支社工作。（2）空袭特别救济班。1940年空袭频繁，为救济空袭被灾的青年妇女，特设空袭救济特别班，招生50名，授以手工艺的技能，三个月结束，为了维持她们以后的生活，设法开办缝制合作社，分派工作。（3）儿童缝制训练班。1942年，战时儿童保育会把渝市附近各保育院的女生中年龄较大的72名，送该社受训半年，每天半工半读，使她们学到实用谋生的技能，以减轻公家负担。①

第二，指导妇女成立合作社。指导员分派到目的地后，经过宣传展览、家庭访问，以及当地社会团体协助推动，激发妇女们的兴趣，之后，辅导她们组织合作社。至1942年底，总计动员社

---

① 《本会五年工作之回顾》，见《妇女新运》第5卷第7期，1943年7月出版，第41页；《三年来的新运妇女工艺社》，见《妇女新运》第5卷第1期，1943年1月出版，第28页。

员 2129 名。①

第三，制作部门。妇女工艺社主要的生产部门分挑绣、编织、缝制、皮革四部，1939 年、1940 年以挑绣为工作中心，后来太平洋战争爆发，国际运销困难，该社工作目标转向国内，积极扩充缝制、皮革两部，以应国内需要，不过挑绣方面，为了储备干部，准备战后复兴，并供应侨居我国人士以及访华友邦之采购，仍然保存一定的生产能力。主要出品有卧单、枕套、台布、茶布、窗帘、挂屏，及中外儿童服装等。

除了制作部门的出品外，工艺社还有代制品——代制部专开缝衣合作社，有中服西服两部，代制各种棉、毛、皮、革以及内、外服装。工价一律按市价八折计算，每星期三特派技师进城到总会生产品供应部接洽。②

第四，创立合作工场。为了利用家庭妇女闲散的力量，从事生产事业，1943 年元旦在重庆南岸成立合作工场。凡有生产技能而缺乏资金的妇女，可来场申请登记，经调查核实，予以工作。有经济能力的则欢迎投资，内部为股东制。原料由供应部及总社供给，或与其他工厂特约制造，出品分日用品、食品两种。日用品有布鞋、袜子、毛巾、布匹、牙刷、肥皂、头油、雪花膏、内衣裤等。食品有酱油、肉松、香肠、酱肉、豆酱、咸菜、面包、饼干等。③

抗战结束后，妇女工艺社从重庆迁到汉口，继续负责培训穷苦妇女和失学女青年，以挑绣、编织、缝纫为三大训练项目，三个月期满后即论工给资。此外，1947 年 7 月在四川永川成立挑花工作区，使抗战期间该社训练的一部分川籍技术人员，得用其所学，并指导家庭妇女利用闲暇，从事挑绣工作，因为这里原是夏

---

① 《三年来的新运妇女工艺社》，见《妇女新运》第 5 卷第 1 期，1943 年 1 月出版，第 28 页。

② 《本会五年工作之回顾》，见《妇女新运》第 5 卷第 7 期，1943 年 7 月出版，第 41 页。

③ 《本会五年工作之回顾》，见《妇女新运》第 5 卷第 7 期，1943 年 7 月出版，第 41 页。

布生产区域，挑绣技术，素有基础，办理推广，易见成效。新运妇女工艺社主要产品历年出产情况见表 2–3：

表 2–3 新运妇女工艺社成品产量统计表（1939 年 4 月—1948 年 4 月）①

产品名称 年份	挑绣（件）	皮革（件）	缝制（件）	军鞋（双）	麻布（尺）
1939 年	2158				
1940 年	9558				
1941 年	7027	382	160		
1942 年	3633	515	652		
1943 年	3080	522	3903		
1944 年	4093	538	980	5534	1812
1945 年	9465	38	7259	14353	8000
1946 年	2354	3	4290		
1947 年	4235		703		
1948 年 1—4 月份	1403		376		
总计	47006	1998	18323	19887	9812

为了救济难民，“妇指会”还都后，采取以工代赈的办法，先与善后救济总署合办手工场，招收难民妇女，缝制赈济衣服。1947 年救济总署结束后，“妇指会”继续接办，先后成立南京、广州、汉口等缝制工场，并协助北平、东北分会接收工场，督导开工。经过训练，这些难民不仅能缝制粗陋的赈济衣服，而且能缝制普通服装，如制服、童装、男女衣服等。不仅“妇指会”的供应部及各商场、各公司，有她们的成品销售，而且各机关、学校也有大批制服委托她们代做。

五、新运乡村服务队

广大农村蕴藏着无限的人力物力资源，抗战要持久进行，就必须通过宣传、指导，让一般民众了解个人与国家民族的关系，

① 《新运妇女工艺社》，见《新运妇女指导委员会十周纪念特刊》，1948 年 7 月 1 日出版，第 8 页。

激发他们的热情和义愤，才能动员他们参加抗战建国工作。为此，“妇指会”组织了乡村服务队，肩负起深入农村、唤起民众、指导民众、组织民众的使命，努力开展工作。

乡村服务队的队员是“妇指会”历届干训班的学员。最初队员人数只有 37 名，分为四队。到 1943 年 7 月时，有服务队员 416 人，工作队员 346 人，开辟过工作的县份共 56 个：綦江、彭水、璧山、潼南、合江、宜宾、内江、资中、铜梁、江津、荣昌、南川、隆昌、永川、资阳、新都、新繁、威远、泸州、简阳、自贡、富顺、眉山、崇宁、徐永、广汉、彭县、金堂、什祁、南充、犍为、荣县、大足、乐至、澧县、崇庆、遂宁、彭山、梓潼、德阳、绵竹、岳池、青神、绵阳、中江、南溪、合川、江安、武胜、罗江、剑阁、祁县、纳溪、新津、三台、巴县等。①

乡村服务队工作内容十分广泛，与生产有关的事项有：为征属组织小本无息贷款，解决征属部分困难；协助地方改良并推进农业，改进农村副业，推行农村工艺，举办妇女手工业训练班、妇女生产及消费合作社，改善妇女生活，增加生产等。②

到 1943 年 7 月份，其各项工作业绩如下：

第一，宣传所及人数。妇女 283991 人，男子 533480 人，儿童 339500 人，共计 1156971 人。

第二，组织所及人数。妇女 204950 人，男子 39991 人，儿童 177447 人，共计 422348 人。

第三，慰劳所及人数，共计 289075 人。

第四，小本贷款的经费，（最近两年的统计数字）共计有 15000000 元。

第五，借小本贷款之人数，共计有 10125 人。

---

① 《本会五年工作之回顾》，见《妇女新运》第 5 卷第 7 期，1943 年 7 月出版，第 28—29 页。

② 《本会五年工作之回顾》，见《妇女新运》第 5 卷第 7 期，1943 年 7 月出版，第 29 页。

第六，征募款项，共计313002100元。[①]

以上这些成绩，虽然有些与经济并不直接发生关系，但都从各个方面提升着农村人员的素质，强化着他们对国家命运的认知，反过来也间接地促进着生产事业的发展。

“妇指会”的生产事业组，在民族复兴根据地四川，先后举办了松溉纺织实验区、乐山蚕丝实验区、妇女工艺社、新运纺织厂以及生产服务队，广泛动员农村妇女，参加生产阵营。一方面加以技术上的指导，使品质不断改进，产量逐步增高，同时施以基本教育，提高妇女文化水准；另一方面指导合作经营，养成互助精神。几年来，出品供应军需民用、换取外汇等，对国家经济建设贡献了相当的力量。所以，宋霭龄在评价中国妇女对抗战贡献时认为，在救护、慰劳、儿童保育、宣传、募捐等“各种与抗战直接有关的工作上，我们都可以看见妇女同胞的活动痕迹”，但她们“可能的最伟大的贡献，还是在生产工作方面”。[②] 然而，这些成绩的取得，宋美龄的倡导、推动之功不可磨灭。1941年7月1日，“妇指会”三周年成立纪念时，宋美龄对妇女同胞提出几点希望，其中之一便是“倡导生产”，“际此抗战现阶段中，经济的日增重要，我们除推进原有各种工作之外，更应切实策动妇女劳动生产”[③]。

妇女参加生产，除了满足抗战经济需要这一意义外，其更重要的价值在于对于妇女自身解放的意义。恩格斯在论述私有财产制度的发生所引起的妇女地位变化时曾经分析指出，由于分工的变化，在外谋生的劳动由男子肩负，他们也因拥有财产而居于家庭中的支配地位，相反，妇女在家中的劳动则完全成为一种附属品而失去了意义，妇女因此只能处于从属的地位。那么，“只要妇女被摈弃在社会的生产劳动以外而只限于家中私人劳动，那妇女

---

① 《本会五年工作之回顾》，见《妇女新运》第5卷第7期，1943年7月出版，第31页。

② 孔宋霭龄：《促进妇女生产事业》，见《新运妇女指导委员会三周纪念特刊》，1941年7月1日出版，第7页。

③ 蒋宋美龄：《中国妇女抗战的使命》，见《新运妇女指导委员会三周纪念特刊》，1941年7月1日出版，第5页。

底解放，要使他们跟男子平等，便是不可能的，而且永久是如此的。妇女底解放，只有在妇女可以大量地、社会规模地参加生产，而家中工作仅占有她们很少功夫的时候，才有可能”[①]。列宁在论述苏维埃女工运动的任务时也指出，“妇女要是忙于家务，她们的地位总不免要受到限制。要彻底解放妇女，要使她与男子真正平等，就必须有公共经济，必须让妇女参加共同的生产劳动。这样，妇女才会和男子处于同等地位”[②]。因此，组织妇女进行社会化的生产，是妇女走向解放的必由之路，“中国的女性挣脱了古旧习惯的严酷羁勒，不仅从家庭的牢笼中走了出来，并且带着她们的才干和勇敢，进入了以前只有男性效力的，职业与经济的圈子”，这便开启了一个新的时代，“在这新时代里，女性用新的确信自立了起来，并且用新的眼光来批判人生”。[③] 妇女不仅有爱国意识而且敢于担当“国民”的责任和义务，在使自身个体地位得以改变的同时，其作为一个群体在国家社会中的地位也得到了提升。

---

① ［德］恩格斯：《家庭、私有制和国家的起源》，人民出版社 1954 年版，第 156 页。

② 列宁：《论苏维埃共和国女工运动的任务》，见中国妇女杂志社编：《马克思、恩格斯、列宁、斯大林论妇女解放》，中国妇女杂志社 1958 年版，第 102—103 页。

③ 宋美龄：《战争与中国女性》，见王亚权主编：《蒋夫人言论集》上集，第 94—95 页。

第三章　宋美龄与国民精神培育

精神，是指人的意识、思维活动和一般心理状态。国民精神是一个国家全体国民共有的价值取向、思维方式、生活态度、行为习惯等方面的精神现象的总和，它基于民族的传统文化和社会环境而形成，反映的是一个国家全体国民的集体意识和内在精神风貌。在这里，它与民族精神同义，我们在使用这一概念的时候经常与民族精神、国民性等概念通用。

优秀的国民精神体现着国家独特的个性特征，包含着一个国家历史文化的积淀，是国民认同的精神纽带和行为向导，有利于塑造国家的形象，激发国民的自豪感，推动国家的发展。相反，国民精神的缺位和疲弱，将会给社会的进步造成极大的障碍，甚而导致国家精神支柱的坍塌。因此，一个社会的改造与进化，国民精神的培育是一项重要的任务。

第一节　宋美龄对国民精神痼疾的揭露与批判

一、近代民族危机与国民精神批判的兴起

中国古代没有国民精神这一概念，它通用于民族精神而源于近代。在西方，民族精神是挑战神学的启蒙运动的产物，但在中国，它却是随着西方的坚船利炮而传播开来的，伴随的是民族屈辱、民族危机和生死存亡。因此，唤醒国民精神、民族精神，改造国民性，是近代先进的知识分子挽救民族危亡的一种途径。

梁启超是近代中国国民性改造思想的先驱之一。当1894年甲午战争失败和1895年中日《马关条约》签订后，这个激进的“士大夫”在“小日本”打败了“大中国”的巨大心理反差中，开始从日本崛起的启示中，寻找中国走出危机、走向富强的道路：由立人而立国。在《新民说》的开篇，梁启超指出：“国也者，积民而成。国之有民，犹身之有四肢、五脏、筋脉、血轮也。未有四肢已断，五脏已瘵，筋脉已伤，血轮已涸，而身犹能存者；则亦未有其民愚陋、怯弱、涣散、混浊，而国犹能立者。故欲其身之长生久视，则摄生之术不可不明；欲其国之安富尊荣，则新民之道不可不讲。”国家由国民组成，国民素质状况决定着国家的状况。根据这样的思想理路，他反观之前的制度变革，认为“苟有新民，何患无新制度，无新政府，无新国家。非尔者，则虽今日变一法，明日易一人，东涂西抹，学步效颦，吾未见其能济也。夫吾国言新法数十年，而效不睹者何也？则于新民之道未有留意焉者也”，从而大声疾呼“新民为今日中国第一急务”。[①] 与之秉持同一思想理路的思想巨人陈独秀、鲁迅等也同样希冀中国由立人而达到立国的目标。陈独秀认为，当时，对国人的启蒙是“国家民族根本存亡”的大问题，“此种根本问题，国人倘无彻底的觉悟，急谋改革，则其他政治问题必至求远纷扰，国亡种灭而后已”[②]。鲁迅在仙台学医时，“幻灯片事件”对他的灵魂刺痛是巨大的，那是正当日俄战争的时候，“有一回，我竟在画片上忽然会见我久违的许多中国人了，一个绑在中央，许多站在左右，一样是强壮的体格，而显出麻木的神情。据解说，则绑着的是替俄国做了军事上的侦探，正要被日军砍下头颅来示众，而围着的便是来赏鉴这示众的盛举的人们”。这件事使他决定弃医从文，“因为从那一回以后，我便觉得医学并非一件紧要事，凡是愚弱的国民，

① 梁启超：《新民说》，见李华兴、吴嘉勋编：《梁启超选集》，上海人民出版社1984年版，第206—207页。

② 陈独秀：《今日中国之政治问题》，见生活·读书·新知三联书店编辑：《陈独秀文章选编》上册，生活·读书·新知三联书店1984年版，第268页。

即使体格如何健全，如何茁壮，也只能做毫无意义的示众的材料和看客，病死多少是不必以为不幸的。所以我们的第一要著，是在改变他们的精神”。[①] 此后，“立人”便成为他的救国方略。着眼于“新人”，归宿于“立国”，国民改造成为挽救民族危亡的手段和工具。

人的素质，涉及德、智、体、群、美等诸多方面，“新民”从何入手？先哲们不约而同地将伦理道德的教育放在了首要的地位。陈独秀曾说“伦理的觉悟，为吾人最后觉悟之最后觉悟”，鲁迅对民众的体验是“惟‘黑暗与虚无’乃是‘实有’”，对中国道德的堕落表现出极大的焦虑与痛苦。于是，对国民性的审视与批判成为“新人”逻辑的起点。麻木冷漠是大家公认的国民性弱点的一个方面，而“旁观者”的心态则是它最典型的表现。梁启超认为，“各人自扫门前雪，不管他人瓦上霜”这句熟语，是旁观者的经典口号，“而此种经典口号，深入于全国人之脑中，拂之不去，涤之不净”，已成为“吾全国人之性质”，为“吾全国人所专有”。[②] 对此，陈独秀、鲁迅都深有同感。陈独秀说：“积成今日国家危殆之势，而一般商民，犹以为干预政治，非分内之事；国政变迁，悉委诸政府及党人之手；自身取中立态度，若观对岸之火，不知国家为人民公产，人类为政治动物。”[③] 鲁迅说：“群众，——尤其是中国的，——永远是戏剧的看客。牺牲上场，如果显得慷慨，他们就看了悲壮剧；如果显得觳觫，他们就看了滑稽剧。”“对于这样的群众没有法，只好使他们无戏可看倒是疗救”。[④]

由此而及的是人的“奴性”。1899 年 12 月，梁启超在《清议报》发表《国民十大元气论》，发出“我中国奴隶根性之人何其多也”的叹息，认为：“此根性不破，虽有国不得谓之有人，虽有人

---

① 鲁迅：《呐喊·自序》，见鲁迅：《鲁迅全集》第 1 卷，人民文学出版社 1981 年版，第 417—418 页。

② 梁启超：《呵旁观者文》，见李华兴、吴嘉勋编：《梁启超选集》，第 128 页。

③ 陈独秀：《吾人最后之觉悟》，见生活·读书·新知三联书店编辑：《陈独秀文章选编》上册，第 107 页。

④ 鲁迅：《娜拉走后怎样》，见鲁迅：《鲁迅全集》第 1 卷，第 167 页。

不得谓之有国。”① 因为这样的国民，既“不敢”也“不能”爱国，而只能“性奴隶之性，行奴隶之行”，久而久之，养成“漠然视之”“袖手而观之”的习性。② 在《论中国国民之品格》中，梁启超将中国国民性的痼疾总结为四点，即“爱国心之薄弱”“独立性之柔脆”“公共心之缺乏”“自治力之欠阙”。③ 在《中国积弱溯源论》中则分析了造成这种积弱的根源：一曰奴性；二曰愚昧；三曰为我；四曰好伪；五曰怯懦；六曰无动。④ 而奴性则为腐败之“大原”，“中国数千年之腐败，其祸极于今日，推其大原，皆必自奴隶性来；不除此性，中国万不能立于世界万国之间”。而根除之“良药”在“自由”，或“自治”更为确当，表示既“不受制于他人”，又“真能治自己”。⑤ 梁启超对国民性弱点的揭露和批判可谓淋漓尽致。

五四时期的陈独秀、鲁迅等人继承了梁启超国民性批判的思想余绪，并推而广之。鲁迅沉痛地指出：“中国人向来就没有争到过‘人’的价格，至多不过是奴隶，到现在还如此，然而下于奴隶的时候，确是数见不鲜的。”⑥ 华老栓用革命者夏瑜的鲜血当作医治儿子痨病的灵丹妙药，更让人感到心灵的战栗！陈独秀则认为，“中国人民简直是一盘散沙，一堆蠢物”，“完全没有公共心”。⑦ 他认为被外人讥笑而我们又不得不承认的国民劣根性主要有：“好利无耻”“老大病夫”“不洁”“游惰”“工于诈伪”“放纵卑劣”“贿赂”等等，“一国之民，精神上，物质上，如此退化，如此堕落，即人不我伐，亦有何颜面，有何权利，生存于世界？”

---

① 梁启超：《饮冰室合集》第1册，《饮冰室文集之三》，中华书局1989年版，第64、65页。

② 梁启超：《饮冰室合集》第1册，《饮冰室文集之五》，第17页。

③ 梁启超：《饮冰室合集》第2册，《饮冰室文集之十四》，第2—4页。

④ 梁启超：《饮冰室合集》第1册，《饮冰室文集之五》，第18—27页。

⑤ 梁启超：《致康有为书》（1900年4月29日），见李华兴、吴嘉勋编：《梁启超选集》，第136—139页。

⑥ 鲁迅：《灯下漫笔》，见鲁迅：《鲁迅全集》第1卷，第217页。

⑦ 陈独秀：《卑之无甚高论》，见生活·读书·新知三联书店编辑：《陈独秀文章选编》中册，第132页。

“欲图根本之救亡，所需乎国民性质行为之改善”。①

启蒙、救亡是近代中国的两大主题，二者之间的交融变奏使得启蒙都深深地刻上救亡的烙印。对国民性的批判、国民精神的倡导不可避免地带有强烈的民族主义情感和意识形态倾向，甚至很多时候，人们将民族精神与民族主义、民族意识、国民性、民族性等概念混同使用。在19世纪末20世纪初，改造国民性思潮初起时，学者们所谈的民族精神更多的是一种民族主义情绪的体现，并且带有民族精神决定论的偏弊。1904年《江苏》杂志第七、八期发表的《民族精神论》一文曾说：“民族之倏而盛倏而衰，回环反复兴废靡常者，皆其精神之强弱为之也。”可见论者认为，民族的盛衰，全在于民族之精神如何。这里的“民族”，是一个复数概念，它以“整体”“群”的面貌出现，而这个“群”又不是在个体基础上建立起来的“整体”，是一个超越单个个体的抽象表述，在“群己”关系上，“群”是至上的。在《余之生死观》一文中，梁启超将群体的集合体称为“大我”，个体的物质存在称作“小我”，认为人的个体物质存在没有任何内在的价值，因为它很快便会湮没无闻；真正可以依赖的是群体、集合体，因为在这个集合体中包含了每一位成员的精神价值，是一个永久的存在物。这是在内忧外患的民族生死面前，一个爱国者保国保种的民族主义的激情澎湃。1921年10月10日谈辛亥革命的意义时，梁启超把这种民族主义情感继续放大，将其等同于民族精神。他说辛亥革命的意义，“一面是现代中国人自觉的结果”，这一自觉“叫做民族精神的自觉”，其内涵：“第一，觉得凡不是中国人，都没有权来管中国的事”；“第二，觉得凡是中国人，都有权来管中国的事”。当异族入侵的时候，“这民族站得住或站不住，就要看民族自觉心的强弱何如”。尽管历史上，中国有五胡乱华，有满蒙统治，但“我们到底把他们撵了出去”，原因就在于“我们自古以来就有一

① 陈独秀：《我之爱国主义》，见生活·读书·新知三联书店编辑：《陈独秀文章选编》上册，第132页。

种觉悟，觉得我们这一族人像同胞兄弟一般，拿快利的刀也分不开”；“这种观念，任凭别人说我们是保守也罢，说我们是傲慢也罢，总之我们断断乎不肯自己看轻了自己，确信我们是世界人类的优秀分子，不能屈服在别的民族底下”，“这便是我们几千年来能够自立的根本精神”：“觉得自己是‘整个的国民’，永远不可分裂、不可磨灭。”① 很显然，这里，梁启超所说的是一种民族意识，渲染的是民族主义的色调，与国民精神、民族精神应该还有一定的差别。

此后，虽然国人在一轮又一轮的改造国民性思潮中不断深化着对国民精神的理解和认识，但对国民精神的理解仍然怀有深厚的民族主义情结，每当遭遇民族危机或欲重振民族雄风之际，民族精神就会成为一股强大的精神动力，成为号召民众的旗帜和武器。

二、宋美龄对国民精神痼疾的揭露与批判

宋美龄自幼留学国外，早期接受的是比较纯粹的西方教育。“只有我的脸像个东方人”是她留学时期较为真实的写照。她对中国社会、文化的广泛涉猎和深入了解应该是在大学毕业回到祖国之后。最初的几年主要是对中国文化的知识补缺，对社会生活实际的接触算是浮光掠影。1927 年与蒋介石结婚之后，无论是作为蒋生活上的伴侣，还是政治上的助手，她跟随蒋介石去过了中国很多地方，所过之处，人民的生存状况、行为习俗等无不给她留下深刻的印象，并引发了她的思考。1936 年，宋美龄在为纪念新生活运动两周年所做的《新生活运动》一文中，述说了她对国民性认识的轨迹：“过去数年来，我在国内巡游了许多地方，亲眼看见，人民的生活状况，不但困苦艰难，不但简单原始，并且充满着绝大的危机；社会麻木如死，人民苟安成习。”正是这种“人民精神的衰颓与堕落”，促成了新生活运动的兴起。她把新生活运动

---

① 梁启超：《辛亥革命之意义与双十节之乐观》，见李华兴、吴嘉勋编：《梁启超选集》，第 762—764 页。

当做是“改良生活习惯，发展民众精神的现实努力”。希冀通过这一运动，提高民众的“道德与精神，给予他们以深深的感动，使他们不论对人对己，以及对于地方团体或整个国家的事业，都发生极大的兴趣”。[①] 据此，我们可以判断，1927—1934 年是宋美龄国民性认识逐步形成的时期。她对国民性痼疾的揭露和批判是与新生活运动相伴随的。

图 3-1　蒋宋二人合影

前已述及，近代中国知识分子对国民性的批判总是伴随着不解的民族主义情结，新生活运动中对国民性的揭露也抛不开此种情愫。新生活运动的目的在于通过国民道德的振刷来达到“民族复兴”的目标。对于这一点，国民党人有着强烈的认同和共识。蒋介石不惜笔墨来阐释“新生活运动”。他认为：“我们现在所提倡的新生活运动，就是一种建设国家复兴民族之基本的革命运动。”[②] “新生活运动的目的，就是要使我们一般同胞，个个人都能做健全的现代国民！要做健全的现代国民，第一就是要有强健的

① 宋美龄：《新生活运动》，见王亚权主编：《蒋夫人言论集》上集，第 42—43 页。

② 蒋介石：《新生活运动之中心准则》，见萧继宗主编：《革命文献》第六十八辑，第 25 页。

身体，有了强健的身体，就有强健的精神，有了强健的精神，就可学会一切强国的本领，有了各种强国的本领，自然可以保卫国家，发扬民族！使我们国家和民族能够永远适存于世界，不再受外国人的侵略压迫，或遭受任何的轻蔑和欺侮！”① 陈果夫对新生活运动与民族复兴的关系解释得也非常详细，他说：“在表面上看，新生活运动，似乎只是国民生活的改善，其实国民道德的建立，与国民精神的训练，都可以说是复兴民族的基础。所以推行新生活运动，也可以说是复兴民族最基本的工作。”② 因此，可以说，新生活运动是服务于国民政府“民族复兴”这一总目的的。

新生活运动，之所以会以“民族复兴”作为动员民众的口号，是与国民政府当时所处的内外环境有关的。对内，蒋介石国民党对红军及其根据地第五次“围剿”取得胜利后必须考虑如何收拾并抚慰“收复区”民众的思想情绪，使之成为一种合法的政治资源；对外，虽然中日《塘沽协定》的签订，使日本侵华的脚步有所放慢，但来自于民族危机的潜在压力依然巨大。于是，借“民族复兴”稳固国家的政治统治，使中国立于不败之地就成为新生活运动倡导者们的深层意蕴。对于这一点，作为蒋介石夫人的宋美龄不能不受到感染。

在新生活运动的倡导过程中，宋美龄虽然也触及了民族精神疲弱的一面，如乡间的“冷漠自私”，官吏的“漠视民瘼”等，但她对国民精神疲弱面的全面总结却是在全面抗战爆发以后。我们知道，每当战争将一个国家推到生存死亡的边缘之际，这个国家为了求生存就不得不反思本民族的优点与缺陷，以纠偏救弊，提振民族精神。宋美龄认为“对于我们国家有害”“阻碍着我们向目标前进的痼疾”有七种：自私自利、面子、朋党、失败主义（没有法子）、不求正确（差不多）、缺乏律己性、规避责任等。这几

---

① 蒋介石：《愿人人力行新生活》，见秦孝仪主编：《先“总统”蒋公思想言论总集》卷十二，台北：中国国民党中央委员会党史委员会1984年版，第112页。

② 陈果夫：《新生活运动之展望》，见《海外月刊》第31期，1935年4月出版，第1页。

种痼疾有时是单独表现而起作用，有时则是结合起来起作用的。而在诸种痼疾之中，自私自利乃是“最坏的一种”。清代，由于政治不良，“官吏们具有一种极不道德的发疯一般的贪婪劣根性”，“他们常藉种种扩充我们经济生活的正当计划而自肥”，如果得不到“肮脏的佣金”或者“回扣”，他们“就设法使令谈判失败”，或者将发展经济的“计划搁置”，即便“这些计划的实施可能对国家有利”，也在所不惜。这样的自私以及与之伴随的愚昧，“结合在一起”，迁延遗留，给国家造成了巨大影响。首先，它使国家弥漫于暮气之中——“这种暮气多少世纪来阻碍了我们经济生活的自然开发，而且像一个注定毁灭的狰狞魔鬼一般挡着我们的视界”，“使令我们的国家——至少直到此次战争使我们醒悟的时候为止——一直处于未经开发的状态，而且使令我们的民众陷于贫困的深渊”。其结果“不仅妨碍了我们的国家，使其无法获得我们应有的优越国际地位和繁荣”，而且“因为我们已经几乎完全依赖外在世界的供援”，从而“威胁着我们的存在”。[①] 其次，它造成“官吏们的欠缺忠心、明智和诚信”。而这种不当心理的遗传影响，在民国建立之后的岁月中，我们仍然可以看到。由于“承袭了旧式衙署的习气，在政治界往往可以听到‘人民是什么东西’的疑问”。“当局的人，不明了共和政体所授予他们的自由，其意义是与放纵恣肆不同，且有许多人不知道国家并非为了发展他们个人私利而存在的。他们大都以为自己是人们的主人，而不是人们的公仆”。[②] 既然如此，予取予夺，可以随心所欲。战争中，“发国难财”者不乏其人，他们“冒着继续使人民贫困的危险，利用他们的地位，在爱国主义的庞大外衣之下隐饰他们的罪恶，以便自肥”。[③]

与自私自利密切相关的另“一种祸根”是中国人特别讲究

---

① 宋美龄：《我将再起——建立新中国的基石》，见王亚权主编：《蒋夫人言论集》上集，第161—164页。

② 宋美龄：《舆论的形成》，见王亚权主编：《蒋夫人言论集》上集，第37页。

③ 宋美龄：《我将再起——七大痼疾》，见王亚权主编：《蒋夫人言论集》上集，第169页。

“面子”的问题。作为一种特有的文化心理现象，“面子”在中国人的社会交往中有着特殊的作用。这一作用最早被具有异质文化的外国人所感知，美国传教士明恩溥1894年就指出，中国人的性格，“爱‘面子’甚过于性命，这对我们西方人来说，是不可理解的”①。深受传统文化影响的林语堂指出，“面子”、命运和恩惠，是“统治着中国的三位女神”，是“不变的中国法则”。而“面子”又是“中国人社会心理最微妙奇异之点”。② 鲁迅也曾多次谈到“面子”。不过，人们在谈论“面子”问题的时候，基本上都指向中国人的日常生活方面，宋美龄则不同，她所指的“面子”，其主体指向不是普通老百姓，而是有一定地位、职权和社会影响力的社会上层人物，这样，“面子”所造成的影响也就不再是一般“社会层面”上的，而是“政治层面”上的。她认为，讲究“面子”，给中国政治带来的主要问题有以下几个方面。

第一，为了保全上司的“面子”，下属不敢对相关的问题加以讨论或给出正确的建议，从而使国家蒙受损失。宋美龄指出，“在遭遇到一个问题，甚至具有国家重要性的问题的时候”，一些“怀具缪见的人”，“‘不肯降尊纡贵’地去就商于他的属员，虽然后者可能是一个专家，而且能够轻易地将那个问题解决”。于是便出现了这样的结果：上司方面，顾全了地位，保存了“面子”，但却作出了“最重大和最愚蠢的决策”；属员方面，“他可能充分认清那种错误的后果”，但为了保存他上司的“面子”，或者自己的工作，习惯于“什么也不讲”，甚至于“当后来的发展在其他各方面暴露了那些决策的愚昧”，“仍然没有人敢于呼吁对那个错误加以注意”。久而久之，为顾全上司的“面子”，便产生了虚伪、矫饰——寻找为之掩饰的各种借口，而且使矫正那个错误的调查也将“受到重重阻碍和挫折”，“因而对于国家的损害愈来愈为严厉，

① ［美］明恩溥：《文明与陋习：典型的中国人》，舒杨、舒宁、穆妳译，书海出版社2004年版，第4页。

② 林语堂：《中国人》，郝志东、沈益洪译，学林出版社1994年版，第199、203页。

愈来愈为深邃”。[1]

第二，热狂的保存“面子”的制度，阻碍了“外国技术专家及其他方面的专家”“经验和学识加以充分和明智的利用”。晚清政府和国民政府曾“花了很多的钱，在许多方面，从很多国家延聘”专家，来帮助我们进行各方面的建设，但一些“所谓负责的政府官员”却认为，“接受或觅取专家的建议，牵涉到‘面子’的问题”，于是，“他们浪费时间，不厌其烦地致力于污蔑专家所提供的建议的价值，并设法证明他们自己所具备的学识和能力，远较专家为优越”，“使令专家为之沮丧而趋于懈怠”，从而影响了政府目标的实现，“无可补偿地延缓了工业的扩展”。[2]

第三，除了上述牺牲国家的荣誉、财富及利益之外，过分致力于保存“面子”的习性，还使国家在精神方面饱受影响。碍于“面子”，作为属员，不能对自己感兴趣或者熟悉的问题发表意见，使得他们在不知不觉中失却了自己的主见，在敷衍潦草中以上司之是非为是非，“变成毫无灵性的机器人，仅能像器械般执行他们的任务”。在日复一日的时光流逝中，“青年的热烈爱国情绪为之沮丧”，“他们的理想”被“摧毁了”，“他们的士气消沉了”，他们“创造的能力”甚而发生裂变，成为“破坏性的愤恨、冷酷和不平”——“叛乱更由此种现状取得它的动力和主要的支持”，造成“整个社会精神颓丧”，社会显得暮气沉沉。[3]

除了揭露自私自利、“面子”引起的败坏后果之外，宋美龄还指出了中国人的保守、缺少爱国团结的观念等等。她认为清政府政治不良是扼杀国人爱国精神的主要因素。她指出，“在满清统治之下”，“政府竭力限制人民过问政事”，于是，人民“只能盲目地服从官僚统治，倘有非议，或受死刑，或遭流放，或被监禁”，

---

① 宋美龄：《我将再起——七大痼疾》，见王亚权主编：《蒋夫人言论集》上集，第 170 页。

② 宋美龄：《我将再起——七大痼疾》，见王亚权主编：《蒋夫人言论集》上集，第 171—172 页。

③ 宋美龄：《我将再起——七大痼疾》，见王亚权主编：《蒋夫人言论集》上集，第 170—171 页。

“人民参与公务，参与政治的热忱，既受如此摧残，如此压迫，结果他们把国家两字的意义，也完全遗忘了”。[①] 他们的兴趣“便仅限于家庭生活的小小范围之内了”[②]。“满清政府统治下的几世纪，人民除了完纳赋税，获得压迫的报偿以外，与政府再没有其他关系了”，“在满清专制时期，爱国思想和合群精神是受着压迫而不会发生的”。[③]

上述宋美龄对“民族的弱点和瑕疵”的批评，招致了一些人的反对。他们认为这种“公开扬恶的举动”，“看不出有什么裨益”，而且“这些作为中国人特征的缺点远非我中华所独有，而是人类的通病”。[④] 也有一些人认为，宋美龄“对我国民族的批评”，是为了“追风”：发泄心中一时的牢骚，获致心理上的满足而已。对此，蒋介石坚决站在宋美龄一边，他在为宋美龄《我将再起》一书作序时特别指出，作者“曾极力指出中国民族的许多缺点”，是“由于她的宗教热忱和爱国心驱使”，“掩饰和隐蔽她的同胞的弱点的诱惑并非没有，但她的良知不容许她那样作”。因为“欲求中国复生，这些缺点是必须要加以匡正的”。[⑤] 在此，蒋介石对宋美龄的评价不是溢美之词，而是真实了解基础上的一种客观公允的看法。宋美龄也坦言，“在揭发我们肉身上所继承的痼疾方面，我可能过分的粗率坦白”[⑥]，但是，“为求建立一个强大统一的新中国，我们应该全体从事一番深刻的反省，对于我们过去的种种缺点的评价，应该恪守诚实的原则，并应坦白承认我们以往的错误，

① 宋美龄：《中国的新生活》，见王亚权主编：《蒋夫人言论集》上集，第 20 页。

② 宋美龄：《我将再起——爱国之路》，见王亚权主编：《蒋夫人言论集》上集，第 147 页。

③ 宋美龄：《中国的青年运动》，见王亚权主编：《蒋夫人言论集》上集，第 49—50 页。

④ 宋美龄：《我将再起——前言》，见王亚权主编：《蒋夫人言论集》上集，第 133 页。

⑤ 宋美龄：《我将再起——序》，见王亚权主编：《蒋夫人言论集》上集，第 129 页。

⑥ 宋美龄：《我将再起——精神的需要》，见王亚权主编：《蒋夫人言论集》上集，第 183 页。

俾求在将来一一加以匡正”[①]。

为了让更多的人了解宋美龄有关国民性批判的思想，蒋介石“不惮其烦，将其中若干篇剪辑成册，寄往他认为能收获良好效果的各个地区”[②]。同时，他还通过给宋美龄的文章写序来深化提升宋美龄的国民性批判思想。他不仅希望读者们在阅读宋美龄的作品时能像她在写作时那样态度“真挚”“热诚”，而且更用一系列的心灵拷问来督促国人觉醒，“每一读者都应自问：我所深恶痛绝的那些品性——无耻、自私、怠惰、虚伪、矫饰、敷衍——我自己有没有呢？我自称为爱国者，但我是真心诚意的吗？而且当真没有什么不可告人的动机，和我的爱国主义混淆在一起吗？我有贯彻我的信仰的充分力量吗？我是以纯洁的心地去为我的国家从事牺牲吗？我能为了我的同胞而历尽磨难吗？我能抵御和不屈服于虚荣、权力以及物质利益的诱惑吗？我曾否预计过损失而发现自己不堪胜任呢？”这些问题可谓尖锐、深刻！但当一个国家面临生死存亡的时候，这些问题又是不容回避的。所以，蒋介石认为：“倘使一个人能正视这些问题；洗涤他的心灵，清除过去品行上的污迹；决心面对将来以赓续这种向善之战，那么在中国复兴的战斗中，他就是惟一应该获得战士令名的人了。”[③] 不言而喻，若人人都是“战士”，中华民族的复兴将指日可待！经蒋介石的凝练升华，宋美龄有关国民性批判的思想大放异彩！蒋宋二人的互相辅佐、提携也由此可见一斑。

第二节　宋美龄与民族精神的张扬

民族精神是一个民族赖以生存和发展的精神支柱，“一个民

---

① 宋美龄：《我将再起——认清你自己》，见王亚权主编：《蒋夫人言论集》上集，第141页。

② 宋美龄：《我将再起——前言》，见王亚权主编：《蒋夫人言论集》上集，第133页。

③ 蒋中正：《我将再起——序》，见王亚权主编：《蒋夫人言论集》上集，第130页。

族，没有振奋的精神和高尚的品格，不可能自立于世界民族之林”①。中华民族历经危机，能够一次次渡过难关，凭借的就是民族精神。尤其是近代中国，能够在物质文明相对落后的情况下，最终打败强敌，赢得民族独立，民族精神的强大黏合力与支撑力功不可没。

一、民族国家认同与爱国主义

国家是一个历史范畴，是社会历史发展到一定阶段的产物。产生于西方的民族国家是现代国家的典型形态。英语中的“nation”既代表民族，也代表国家。由于国家形成过程中的民族融合或大量移民的迁入，所以，在西方人的国家观念中，民族的概念是比较淡化的。“新出现的这些民族，从一开始就与拥有主权的政治国家同义；毋宁说，民族是独立国家的有机体，是政治斗争和政治机器的产儿。”② 国家成为民族的保护伞，对民族国家的认同实质上是对国家的认同，而相反，任何对民族的认同都可能产生使国家动乱或分裂的隐忧。

宋美龄的求学生涯基本上都是在美国度过的，而且是在几乎对中国传统文化一无所知的基础上像一张白纸一样地接受西方教育的熏陶，因此她的国家观基本上是西方的国家观，国民对国家效忠而不是对民族效忠。就现有的资料来看，我们可以断定在新生活运动以前的较长时段内，宋美龄的民族国家观中，重点所在是“国家”的强盛。她不仅自己致力于“为国家努力”“替国家做些事情”“为国家出力”，而且对于遗族学校的学生寄予的希望也是“使他们将来对社会对国家都有宝贵的贡献”。③ 1934 年新生活运动开展以后，其所揭示的“民族复兴”的旨趣不能不给宋美

① 江泽民：《全面建设小康社会，开创中国特色社会主义事业新局面——在中国共产党第十六次全国代表大会上的报告》，见《人民日报》，2002 年 11 月 18 日。

② 王逸舟：《民族主义概念的现代思考》，见李世涛主编：《知识分子立场——民族主义与转型期中国的命运》，时代文艺出版社 2000 年版，第 6 页。

③ 宋美龄：《我的宗教观》，见王亚权主编：《蒋夫人言论集》上集，第 1—9 页。

龄深刻的影响。起初，在推动新生活运动的宣传中，她只是以“转述人”的角色介绍蒋介石发动新生活运动的要义时才会涉及“民族复兴”这一话题。在1935年6月发表于《美国论坛》杂志的《中国的新生活》一文中，她指出：“委员长深究中国过去的历史，觉得先人遗传的良好品性，足以补救目前种种的颓风恶习，相信我国固有的礼义廉耻四种美德，是复兴民族的良药——因为从前中国实行这美德的时候，确确实实是个伟大的国家呢。得到了这个结论之后，就以礼义廉耻四维为基础，创导新生活运动，重复发扬那堙没已久的强国因素。”① 在这里，她发挥的仅仅是个“扬声器”的作用。之后，在她个人关于新生活运动的观点里，我们虽然看到的仍然是通过新生活运动，以革新国民的“内在精神”，达到“渴望的国家进步”的思想，② 但有时候，她也会将“民族”与“国家”联系起来使用。在1936年元旦上海基督教广播协会电台的揭幕演讲中，她认为，“我们已奠定了中华民国稳固的基础”，希望在“上帝扶助”之下，“我们在这艰难的道路上，继续前进”，“由此创导出国家民族的新生命”。只有人人都能尽到自己的责任，才能“使我们的国家强盛繁荣，而恢复我们民族从前的光荣”。③ 这里，民族、国家虽然并称，但有先后次序之别，国家的强盛繁荣是民族从前的光荣得以恢复的前提，因而我们看到的是民族附着于国家之上的国家观。尽管如此，与先前相比，她的国家观里已经有了“民族”的地位，这是一个不小的变化。

宋美龄的国家观中“民族”地位的大幅提升是全面抗战不断深入推动的结果。1937年8月1日在南京“中国妇女慰劳自卫抗战将士总会”成立大会上的发言中，宋美龄以“国家认同”号召民众，“凡是自爱的民族所能忍耐的，我们已经忍受了，我们不能

---

① 宋美龄：《中国的新生活》，见王亚权主编：《蒋夫人言论集》上集，第21—22页。

② 宋美龄：《新生活运动》，见王亚权主编：《蒋夫人言论集》上集，第46—48页。

③ 宋美龄：《合作与牺牲精神》，见王亚权主编：《蒋夫人言论集》下集，第676页。

再迟疑，要勇往向前，用尽我们全副力量，来救国家的危机”。“我们要保全国家的完整，保护民族的生命，应该尽人人的力量，来抵抗敌人的侵略。”① 然而，随着日本侵略的快速推进，大片国土沦于敌手，而她“一向以敬意相瞻仰和效法的”美国等“共和大国”却限制向中国售卖武器，“不仅阻挠我们寻觅自卫的途径，并且间接地帮助敌人”，不能不使宋美龄“万分”的“伤心”。② 她一向秉持的主权国家足以自保并与其他国家平等相待的国家观念并未在国际上赢得同情和支持，于是在她的观念中，“民族”便从幕后走向台前，成为凝聚国人力量、赢得国际支持的强大动力。而中国晚近几十年的思想史也足以为她提供丰厚的“民族主义”养料。从1894年严复提出“振兴中华”以救亡图存到孙中山的“民族、民权、民生”三民主义，再到1935年的《义勇军进行曲》：“中华民族到了最危险的时候，每个人被迫着发出最后的吼声”的歌声传遍祖国大地，民族主义情感已在全中国人的心中汹涌澎湃。这种情况下，宋美龄对其国家观进行思考维度的调整也就水到渠成。

1938年3月15—18日，国民政府在南京发起抗敌运动大会，宋美龄认为这个大会“包含有发扬民族精神重大的意义在里面”，“我们要唤起同胞一致的注意，一致的奋起”，“从艰苦中缔造崭新的民族”。③ 在她看来，“中国民族的特性，具有起死回生的先天气质”，“中国的精神，是不可能征服的”。④ 故而，“鼓舞我们自己和丰富我们自己的方法”，就是沿着“精神道路前进”。不仅要“谨守祖先的那些古老的美德，并将它们贯彻于生活之中”，“把它们发扬光大，而且我们必须利用我们所能找到的认为满意和有益

---

① 宋美龄：《告中国妇女》，见中华全国妇女联合会妇女运动历史研究室编：《中国妇女运动历史资料》（1937—1945），中国妇女出版社1991年版，第20页。

② 宋美龄：《中国固守立场》，见王亚权主编：《蒋夫人言论集》上集，第109—110页。

③ 宋美龄：《从艰苦中缔造崭新的民族》，见王亚权主编：《蒋夫人言论集》上集，第112页。

④ 宋美龄：《我将再起——中国人民对于民主国家政策的想法》，见王亚权主编：《蒋夫人言论集》上集，第247页。

的其他方面精神上的支持”。[①] 在这里，我们不仅看到了民族精神、民族特性在国家重建中的作用，而且仿佛看到了一个由崭新的民族构成的强盛国家。

作为一个共同体而言，民族缺乏实体性质，她不像主权国家那样可以通过一定的政治程序进入或退出，形象上较为抽象，边界模糊。她通过复杂的文化来建构，血统传承和共同祖先的回忆在其中起着尤其重要的作用。但是当民族与国家二者边界叠合的时候，民族便充当了国家的主体，这时候的民族主义也成了国家重建的号角。宋美龄所指的民族特性、民族精神等像纽带一样，把中华儿女联结为一个不可分割的有机整体，“民族认同”以及由此产生的民族忠诚，成为引导国民抗敌救国的强大精神动力。1940 年宋美龄用“我将再起”四个字为题发表系列文章，动员“作为一个种族和民族的我们中国人”，“澎湃”起“我们民族的热血精神”，“认清你自己”，走上“爱国之路”，“在西部”“以我们所具有的勇敢、刚毅和忍耐力，创造一个新中国——一个在战火中锻炼成的国家，显示着智慧、进步、不屈不挠，和大无畏的精神”。[②]

战争，对中华民族无疑是一场灾难，但战争也给我们“开辟了一条得救之路”。为了能够继承祖先的遗业，存续民族的血脉，我们必须义无反顾地从历史中清除自私、贪污、腐败、不诚等可耻的污迹，“从自己做起，改良我们的生活，加强我们对于个体和集体义务的心理态度”，并由此而产生“一种效能，俾对于我们全民族的复兴大业有所贡献”。而在这一过程中，当政的人被寄予更高的期许：“他是人民的公仆”，“他的一切行动，都应依照这种认识而进止；而且应该极力做到无可非议的圆满，并应力图间接以至直接为人民有所效力”。“如果人民获得良好而又忠诚的政府，

① 宋美龄：《我将再起——精神的需要》，见王亚权主编：《蒋夫人言论集》上集，第 187—188 页。

② 宋美龄：《我将再起——中国的精神》，见王亚权主编：《蒋夫人言论集》上集，第 139—140 页。

人民必将繁荣。如果人民繁荣，则国家必将富庶。如果国家富庶，则国家必将升平和强大。”①

与对良好政府的期许同样被期待的，是国民精神的激励。1939 年 3 月，国民政府在重庆颁发《国民精神总动员纲领及实施办法》，开始在全国厉行精神动员。该纲领昭示全国军民“国民精神总动员，则其涵义应为集结全国国民之精神于简单共同之目标，使全国国民对自身皆确立同一的救国道德，对国家皆坚定同一的建国信仰，而国民每一分子皆能根据同一的道德观念为同一的信仰而奋斗牺牲是也”。它高举的三个目标是：“国家至上、民族至上”，“军事第一、胜利第一”，“意志集中、力量集中”。② 对此，宋美龄颇为赞赏，她认为“该项计划把握了当务之急，是即铲除我向公众所揭穿的那些罪恶，并进行为国家的需要来整顿民族性的精华”。其结果，将造成“所有纯正的公民成为活跃的分子，并致力于获得一种国民生活与发展一种爱国公民的型式”，这样，国家将“在一个精神的基础之上重建”。③

国家认同是指一个国家的公民对自己国家的历史文化传统、道德价值观、理想信念、国家主权等的认同。每个人都需要国家认同。国家认同是一种重要的国民意识，是维系一个国家存在和发展的重要纽带。当大片国土沦陷、国家主权被肆意蹂躏时，宋美龄将自己的思维重点放在“民族国家”中的“民族”之上，通过追寻民族之根，汲取中国深厚的文化传统养料，用优秀的民族文化激发公民的爱国主义情感及国家认同感，从而鼓舞爱国斗志，凝聚抗战力量，为抗战作出了重要贡献。

---

① 宋美龄：《我将再起——认清你自己》，见王亚权主编：《蒋夫人言论集》上集，第 142—145 页。

② 《国民精神总动员纲领及其实施办法》，见秦孝仪主编：《中华民国重要史料初编——对日抗战时期》第四编战时建设（四），台北：中国国民党中央委员会党史委员会 1988 年版，第584 页。

③ 宋美龄：《我将再起——精神的需要》，见王亚权主编：《蒋夫人言论集》上集，第 184—188 页。

二、发扬民族自尊、自信、自豪

近代以民族国家为主体的利益格局中，国民所受到的最基本的宣传教育就是爱国主义教育。无论爱国主义的表现形式有哪些，但作为一种炽热的情感，对民族国家的认同和热爱则始终不变。抗日战争是一场伟大的集体民族洗礼，在这个过程中，民族的自尊、自信、自豪始终是主旋律。

自尊，是一种健康的心理现象，它可以使人们无论在什么情况下，都能够做到自我尊重，既不向别人卑躬屈膝，也不允许别人的侮辱、歧视。它的主体既可以是单数的个人，也可以是复数的国家、民族。面对近代西洋人刺刀威逼下的强迫开放，宋美龄在承认西洋物质文明进步的同时，强调“中国在文化方面对世界的贡献”。她觉得虽然西洋人有中国“不能与西洋平等”的观念，但在文化方面又“不能不尊重中国”。所以，她的结论是：“大家都须认识各民族有各民族的长处，可供相互的借镜。我们中国的精神力量曾使我们渡过最恶劣最艰辛的难关，希望西洋人能了解这种精神力量的价值，我们中国也应当学习西方的科学进步”。①这实际上是一种从民族文化中寻求自尊与自处的思维路径，也是中国人惯常使用的一种爱国主义教育方法。

悠悠五千年的中华文明和历史，是我们民族自信心和自豪感产生的不竭源泉。宋美龄以历史来激励国民，树立民族自信。“我们中国人，从上古一直到现在，不知道经过了多少次天灾人祸的动荡；不论怎样长期的变乱，我们都很顺利地撑持过去了。悠长的数千年中，世界上的国家，有的兴起来，有的灭亡了；可是我们却能维持着我们的文化，保持着我们的完整，直到今天。这一种民族的忍耐性和坚韧力，既已使我们造成了伟大的过去，当然

---

① 宋美龄：《如是我观》，见王亚权主编：《蒋夫人言论集》上集，第 249、256 页。

的，她也能保证我们今天的成功和将来的发展。”①

对民族的自信不等于盲目的乐观。应该看到，面对着强大、肆虐的敌人，中国不可能快速取得胜利。宋美龄在全面抗战一开始，就告诫民众在战争中我们有很多困难。她说：“我们的责任是异常重大，我相信大家已抱定决心，鼓足勇气来共同负担这一个救国救民的艰巨工作。我们要征服当前这巨大的灾厄，当然需要种种精神的条件，不独对我们的敌人，我们要有坚强的勇气，来发挥我们的抵抗力，就是对于内部工作，也要有非常的勇气和忍耐，去克服种种的困难。”②

战争是残酷的，给中国人民带来的灾难和屈辱是用语言难以描述的。但是，我们在谴责战争的同时，也应该用辩证的观点来看待战争带给中国的觉醒，“这个战争是强迫加到我们身上的，这一种人类可怕的屠杀，竟因莫须有的理由而任其横行，真是文明的耻辱！但我们可不必灰心，不必颓丧，应认定这战争已撼醒了我们的沈（沉）迷，扫除了我们传统对于政治淡漠的习惯。我们以前地方间的摩擦永远是统一的障碍，现在这障碍居然完全扫除了。扫除她的主动力量，不仅是政治认识的进步，不仅是交通建设的完成，实在也是这次战争的刺激”③。就经济、社会方面而言，中日战争也带来了西部的快速开发。西部各省“因路径崎岖，阻难重重”，“一直是僻远和人足迹罕至的地区”。“由于缺乏熟练的劳工”和便捷的交通工具，“以致当地人民竟无法开发他们的天然资源”。可当首都南京陷落以后，尤其是1938年开始，“却有千万人民”“络绎迁入”。“此一大量移民的结果，四川以及其他西部各省，过去虽经长期延宕，现在势将促速其开发，甚至在正常时期，须费五十年光阴始能达成的事功，如今只要一年便可完成”。同

① 宋美龄：《从艰苦中缔造崭新的民族》，见王亚权主编：《蒋夫人言论集》上集，第113页。

② 宋美龄：《从艰苦中缔造崭新的民族》，见王亚权主编：《蒋夫人言论集》上集，第116页。

③ 宋美龄：《从艰苦中缔造崭新的民族》，见王亚权主编：《蒋夫人言论集》上集，第117页。

时，“由于空运及汽车公路的开创”，不仅西部各省连接了起来，而且由西部“可直达外在世界”，“把西南各省和毗邻西方国家的路线衔接起来”。①

三、倡导团结、互助、合作的精神

团结、互助、合作的精神是指基于共同的理想和目标，调动各方面的积极性所形成的万众一心、顾全大局、群策群力等精神特征。对中华民族的认同感和归属感是形成这一强大凝聚力的基础。我们的文化传统中，有着悠久的团结、合作精神。“四海之内皆兄弟”“老吾老以及人之老，幼吾幼以及人之幼”“天下为公”等充满着友爱、互助的话语在社会上广为流传。客居异乡时的相互扶持，遭遇严重自然灾害时的八方支援，面对外敌入侵时的同仇敌忾，处处展现着中华民族团结、互助、合作的优良品质。

宋美龄认为，国民政府建立以后，致力于促进社会的进步与发展，已奠定了稳固的基础，但国家的强盛繁荣，不是某个人的责任，而是“人人都能尽他的责任”。不仅如此，“我们的努力，还得调和一致”，“倘使全国的国民，不论什么地位，什么职业，都能把福利国家、福利社会作为工作的目标，不存一丝一毫的自私心，自奉力求简约，服务不辞劳苦，我们一定可以把国家从危亡中救援出来”。她呼吁大家以“乐观”的态度，“在爱国救国的共同目标之下团结一致”，“共同为祖国努力”。②

1937年中日战争全面爆发，中华民族面临着生死存亡的严峻考验。宋美龄首先指出这次战争可能的结果，她说：“这一次的国难，或陷我们于万劫不复的绝境，或使我们获得意外的福利，现在都在未定之天，一切只在人为：倘若我们不能合理地处理我们所担负的一切责任，大混乱势所难免；倘若我们能应付得当，则

---

① 宋美龄：《我将再起——中国的精神》，见王亚权主编：《蒋夫人言论集》上集，第137—138页。

② 宋美龄：《合作与牺牲精神》，见王亚权主编：《蒋夫人言论集》下集，第676页。

虽偿付了鲜血和数年困苦的代价，我们必得最后的胜利。”也就是说，失败还是胜利，建设一个崭新的中国还是沦为日本的奴隶，完全在于我们主观的努力程度。主观的努力包括各个方面，能够众志成城，将全国的人力、武力、财力凝聚起来，形成一股强大的合力则是最重要的。“全民一致的合作，实为获得最后胜利的必要条件”。“我们若能尽量发挥合作的精神，各尽公民应尽的责任，对于一切社会问题，民族问题，各尽精诚互助的挚意，光明的前途，当然会显现的”。①

宋美龄不仅指出了全民合作抗战的方向，而且阐述了这种合作的基础我们也是具备的。那就是全国政治的统一。1911 年清政府被推翻之后，中国虽然表面上也有统一的政权，但中央权力极其衰微，地方割据势力雄踞一方，政治处于四分五裂的局面。1927 年南京国民政府建立之后，随着国民革命北伐的胜利推进以及 1928 年张学良东北易帜等，全国统一的态势基本形成。政治的统一为合作奠定了基础。“政治统一的完成，全国人民，那一个不兴高采烈，引以自豪，认作永远和平与繁荣的前奏。新的改革，到处在那里实现，省和省间因地域距离所生的歧视，全都消灭了，而省和省间的交通因此也普遍地发展了起来；混乱纷争的局面，渐渐上了轨道，而政治上、社会上、经济上到处表现着切实的合作。”② 尽管现实的状况并不如宋美龄所描绘的那么乐观，但政治的渐上轨道却是一个不争的事实。

全面抗战爆发以后，国共两党均能以民族大局为重，不计前嫌，握手言和，共同团结在国民政府的旗帜之下，这使得南京国民政府自建立以后，政治威信空前提升，对国民的号召力也大为增强。内战十年之久的两党在大敌当前之际，都能够站在抗日民族统一战线的战壕之内，打击侵略者，其他的党派、团体更何待

---

① 宋美龄：《从艰苦中缔造崭新的民族》，见王亚权主编：《蒋夫人言论集》上集，第 113—119 页。

② 宋美龄：《从艰苦中缔造崭新的民族》，见王亚权主编：《蒋夫人言论集》上集，第 113 页。

言！各阶层的联合逐步建立起来，中国实现了空前的团结和统一。如时人所论，抗战使“中华民族的精神经历了一次转变”——“中国人民的热情第一次被不断到来的日本侵略所激发，这种热忱又促成了全国的团结与和解”①。这一点也得到了外国人的认可，他们“众口一词”，“竭力赞扬我国军队的勇敢善战，尤其赞扬我国终于团结起来，统一起来”。宋美龄认为，如果日本帝国主义的侵略给中国造成的痛苦和困顿，“还不能够教训中国人，觉悟到协力同心的必要性和重大性，那么，中国就只配亡国，永远不会再有希望了”。② 战争将使中国获得新生的机会！

团结就是力量。可如何使这股力量得到合理有效的发挥，还有很多需要解决的问题。一方面，由于大家来自不同的派别、营垒，对于很多问题都会有不同的看法，这是很正常的。那么，当矛盾、摩擦、分歧出现的时候，是一味的上纲上线，争个你死我活，还是采取求同存异的办法，将大家的行动统一到抗战的大业上来？宋美龄用自己的行动演绎了她的思想。她告诫大家，每一个参与抗战的人都应该有“明彻的觉悟，断然放弃一切自私自利的观念”，“放弃一切言语思想情感上的不同”，做“最高度的断然合作”，“尽我们的责任”，“尽我们的力量，从事一切福国利民的事业”。在这特殊的时期，“绝对不能容许再有个人名利的观念，更不容许发生任何私人间的摩擦和怀疑。我们要贡献我们一切的所有，来完成唯一的目标，我们应有统一的信心，这目标就是救国。”只有这样，我们才能“战败我们的敌人”，并在瓦砾、灰烬之中“建造起一个伟大崭新永远统一团结的民族”。③ 秉持这一原则，在妇女界的联合阵线中，宋美龄保持了较为中立的态度，这是难能可贵的。

另一方面，要团结起来，就要求那些有知识、有文化、有觉

---

① 林语堂：《中国人》，第 11 页。

② 宋美龄：《庐山妇女谈话会开幕词》，见中华全国妇女联合会妇女运动历史研究室编：《中国妇女运动历史资料》（1937—1945），第 55 页。

③ 宋美龄：《从艰苦中缔造崭新的民族》，见王亚权主编：《蒋夫人言论集》上集，第 116—118 页。

悟的人们做艰苦细致的工作，去教育、唤醒民众，投入到这一伟大斗争中来。宋美龄认为："政府与军队的责任是争取胜利，可是民众不起来组织自身，积极参加工作，这胜利是不可幸得的。"因此，"要民众能团结奋斗，必先让他们明了在这大时代中各自应负的责任，更应该让他们知道国家所遭遇的是什么？他们的反响应怎样？"尤其是在经过了二十余年的国内战争之后，民众对于战争已相当冷漠。那么，抗战发生以后，对民众进行教育、宣传，使他们明白这场战争与以前战争性质的根本不同，以及自己所肩负的责任，就相当必要。"只有认清了北伐军兴推翻军阀的真意义后，接近现实的民众，才会觉悟到他们自己确具有效的势力，确有制止武力斗争，使之为国家福利而停止的力量；可是在没有这样认清和觉悟之前，一般自然的趋势，还是执持着习惯的心理，还以为战争跟他们没有什么关系，冲锋打仗是军人的职业，开战停战是政府所主持，老百姓管不到这些事。"宋美龄利用一切公开露面的机会以及可以使用的宣传媒介，揭露日本的侵略，以号召民众。"这一次的战争，已震动了整个的中国，沿海与内地，处处都感到侵袭的危机，许多都市乡村，到处都化成了焦土；日本是尽着他的全力，企图征服我祖宗创立的整个国家，企图毁灭我历代遗传下来的文化，使我们的同胞都变成他们的奴隶。凡我同胞每一个人都该切记在心，这决不能拿以前任何一切的国内战争来相比拟的。""我们想避免整个的灭亡，每一个人身上的每一根纤维，都应该紧张起来，每一个口袋里的每一个金钱，都应该贡献出来，再接再厉，继续不懈，不是我们打退了凶恶的侵略者，就是我们全部给侵略者消灭了，不到这地步，我们的抵抗是决不停止的。""我们要胜利，先得大家团结起来，这种互助的精神至少可以使大家感觉到，每一个人都在为国家尽力"，我们的口号是"'一切物力，一切人力，都贡献给国家'。每一个人都应该勇敢而坚决，乐观而积极，尽仁爱，肯牺牲，自始至终，永矢不渝。"

“这是我们的责任，我们的爱国心驱使我们非这样做不可”。①

图 3-2　抗战时期宋美龄抗日演讲

四、倡导自力更生、艰苦奋斗的独立自主精神

独立自主、艰苦奋斗、自强不息、开拓进取是中华民族的宝贵精神财富。夸父追日、精卫填海的神话传说，大禹治水、愚公移山的历史演绎展现给我们的是一幅生生不息、艰苦奋斗、愈挫愈勇的民族画卷。在近代的救亡运动中，这种民族精神得到进一步的传承与发扬。八年全面抗战中，多少英雄儿女慷慨悲歌，顽强抗敌，最终把侵略者驱除出境，赢得了民族的解放和独立。那凄美的诗篇，永远铭刻在我们的民族集体记忆之中。

就宋美龄个人而言，她对独立自主地位重要性的认识，经历了一个过程。全面抗战爆发之初，她以广播、撰文等方式，向美国、澳大利亚、加拿大、英国、印度等国家，披露日本的凶狠残暴以及中国全民的艰苦抗战，吁请国际的援助和支持。在 1937 年 9 月 12 日向美国民众的广播中，她指出，日本不仅漠视《九国公约》《非战公约》，向中国发动侵略战争，而且公然践踏“战时国

① 宋美龄：《谨为难童请命》，见《妇女生活》第 5 卷第 11 期，1938 年 4 月 1 日出版，第 1 页。

际法”，把侵略的魔爪伸向非战斗人员。在上海，他们“毁灭学校，摧毁文化机关”，“他们用整批的炸弹、大炮、机关枪屠杀中国无数的民众”，“家室市厘”“化为灰烬”，“血流成渠，积尸遍野”，“盈千累万的中外难民，惊骇呼号”。可当他们侥幸逃出上海恐怖圈子的时候，还没顾得上喘息，就又遭到日机的轰炸。在上海南站日机对麇集着的难民进行轰炸，死伤700余人，被英国的《字林西报》描绘为“是一种肆意戕贼人类的罪恶，超越想像地残酷”；在松江车站进行的同样轰炸，被美国的《大美晚报》揭露为：“这种凶恶的行为，在字典中简直找不到一个适当的形容辞。”就是各国在中国的设施与侨民，日本也不放过。“美国的教会医院，真如红十字会医院，以及其他若干红十字会的救护处所”，也遭到“故意的轰炸”，日军甚至不惜以“公共租界作为根据地”进行战斗，“使一部分美国和别国的侨民，丧失生命，遭受损伤，或感受其他的苦痛”。从此应该看到日本“居心的险恶和残忍”，更应看到它意欲“征服中国的企图”。没有哪一个国家在侵略者面前，愿意束手待毙，日本的惨无人道，只能激起中国人民的愤慨。尽管我们军事上“没有充分的准备”，但我们已忍无可忍，“为了国家的生存”，中国人民决心抗战到底：“我们历年来负着怯懦恶名，埋头苦干的中国人，将尽我们力之所至，抵抗到底。我们将奋斗到最后的胜利，或最后的惨败。纵使大好河山，悠远历史，都涂染了鲜红的血液，或毁灭在猛烈的火焰之中，亦所不惜。”她在对友邦人士对中国抗战的同情表示感谢的同时，也对友邦寄予厚望，“感谢友邦人士同情的表示和精神的鼓舞，这实在给了我们无上的激励。这种同情是必要的，我们正须仰仗着世界各国的智慧与公平，使日本军阀朝夕孜孜所散播的荒诞流言，对于世界及中国，不致发生不良的影响；并且还希望我们的主张和努力，得到中国素所信守与维护的条约的援助”。①

在1938年4月11日向加拿大人民的广播中，宋美龄指出，在

① 宋美龄：《告美国民众》，见王亚权主编：《蒋夫人言论集》下集，第964—972页。

文明已经“进化到登峰造极的年头”，面对着“足以使从前阿蒂拉的部署惊骇得瞠目结舌”的日本暴行，“竟没有一个民主国家正言厉色地告诉日本军阀，不愿跟这样残暴的国家继续关系。同时也没有一个民主国家基于人道主义的立场，强迫日本遵守那些保障非战斗员生命财产的国际公法”。对民主国家的“绥靖”政策表示了强烈的不满。她认为这种情况若任其发展，“世界将重返到原始的野蛮时代，强权和暴戾将代替了正直与礼义的地位，高居于崇高的宝座而支配世界的一切”，这个时候，日本将会“用了新式的武器，把残酷的灾祸加于世界各国的身上”。因此，她希望“民主国家的人民，固守他们所声言的信仰，固守他们所赞助的道义行为”；民主国家的政府能够“联合采取积极行动”，和日本“断绝外交关系”，同时，“尽量予中国以获得军火及经济的便利”，使中国的“抗战不生困难”，最终“打败日本军阀”。①

宋美龄对西方国家的满怀期待，并没有得到积极的回应。因为，此时，西方国家在国际关系及外交政策上，采取的是“先欧后亚”的策略。美国的对华政策，在七七事变之前，采取两面平衡的手法，一方面有限度地对中国进行经济援助，一方面大量地售予日本战略物资，获取巨大的商业利益。全面抗战爆发以后，美国对东亚的战争持观望态度。为力避卷入战争，仅从道义上对日本侵略暴行予以谴责，并未实际行动；而另一方面，却继续向日本出售钢材、石油等战略物资。随着日军侵略矛头不断向南推进，美国的远东政策才渐趋积极。1939 年，美国给予中国 2500 万美元的商业贷款，这是美国援华的开始。1940 年 12 月 29 日，罗斯福发表著名的“炉边谈话”，表示中、美、英三国命运有密切联系，并承诺除以财政支援中国外，将以大批军需援助中国。但事实上，西方国家对华政策的重大转变直到 1941 年 12 月珍珠港事件爆发才开始。

西方国家对日的“绥靖”政策，长达四年多的时间，这不仅

---

① 宋美龄：《向加拿大人民广播词》，见王亚权主编：《蒋夫人言论集》下集，第 980—981 页。

使宋美龄感到“骇异”，而且“伤心”。因为在“美国度过”的“青春时若干快乐的岁月”以及“许多可喜的朋友”，[①] 是她珍藏心中的一段永久而美好的回忆，让她对美国有着特殊的情感与期待；她所接受的西方的主权国家观念也使她一直认为国与国之间应该平等相待。更何况还有“条约的尊严”以及基督教世界的人道信仰！所以，她不相信“列强诸国会容许日本军阀”“驱使毫无纪律的兽军，向我们作极度的摧残”。[②] 但铁一样的事实摆在了她的面前：不仅日本发动了野蛮的侵略，而且以民主标榜的西方各国都作壁上观！此时，失望和不满让她有一种被出卖的感觉，“就中国来说，我们实际已经被那些素认为是我们的朋友而坚信不移的国家领袖抛弃出卖，甚至牺牲了”[③]，所以她毫不客气地指出，正是“各国采取的”“畏葸懦怯的态度”，给日本“一种可忻幸的鼓励”，使他“悍然不顾”“国际信用”，“并且把武士道的高尚精神，委弃无遗，武士的尊荣，也跟着扫地以尽。在世人瞩目之下，作出种种恶行，自己却一些不以为羞耻”。[④] 再回顾九一八之后的那段历史，她更“深深地感到，我们服从国联的条约和精神，因此受到了丧失东三省的苦痛，我们的脸上，不啻受了这堂堂共和大国的掌击”。故而断定，“世界的忠信和正义，已到末日”[⑤]，假若不幸将来“中国为日本所败”，绝不是“由于缺乏勇气——无论精神上或实质上，而是由于那些民主国家一致的作风，所以日本才敢于利用英国人的姑息、美国人图利，以及法国人畏惧的心理，以经济的锁链，将中国缢厄以死”。[⑥]

---

① 宋美龄：《前进的中国》，见王亚权主编：《蒋夫人言论集》下集，第963页。

② 宋美龄：《复澳洲雪梨某夫人书》，见王亚权主编：《蒋夫人言论集》上集，第491—492页。

③ 宋美龄：《我将再起——中国人民对于民主国家政策的想法》，见王亚权主编：《蒋夫人言论集》上集，第237页。

④ 宋美龄：《告美国民众》，见王亚权主编：《蒋夫人言论集》下集，第969—970页。

⑤ 宋美龄：《中国固守立场》，见王亚权主编：《蒋夫人言论集》上集，第109—110页。

⑥ 宋美龄：《我将再起——中国人民对于民主国家政策的想法》，见王亚权主编：《蒋夫人言论集》上集，第247页。

于是，在对西方“民主国家”的重新认识中，宋美龄“充分认识到自力更生的价值”，也得到一个教训，“那就是不劳无获”，“中国在将来的发展上一定是要以自力更生为目标”。[①] 在这一反思的基础上，宋美龄的目光更加聚焦于中国人民的勇敢、倔强和坚毅。“我们没有眼泪，没有伤感”，“只有埋头苦干”，只有践行“坚定不拔的苦行主义”，无论在繁华的都市废墟，还是偏远村镇，“大家都挑起担子，努力负荷”，只要是能够生存的地方，人们“就不辞艰苦的生存下去，倘有牺牲的必要，也就慷慨牺牲”。[②] 即使当战争进入到 1940 年冬季“最艰辛的时期”，她也从未失去对抗战的信心，她坚信，“我们全国同胞，都有坚定的决心，为了人类的自由、正义、平等而继续奋斗”[③]。

“第一夫人”这一特殊的身份和地位，赋予宋美龄的言谈举止以非凡的影响力，她深谙此道，经常深入医院、前线，鼓舞士气。1940 年 4 月 8 日，她与宋庆龄、宋霭龄一起在重庆到伤兵之友社医院，慰问伤兵，不仅给伤兵带去慰问品，更从思想上给伤兵们莫大安慰：“伤胞为国流血，吾人除慰问外，更望伤胞明了中国妇女，现在努力为伤胞服务。妇女之力量虽或微小，但决尽其一份力量，希望吾人努力工作之精神，能使伤胞感到安慰。”[④] 陈纳德曾回忆宋美龄在日机轰炸南京时慰问战士们的情形：“日本飞机几乎每天出动一百架以上来轰炸南京，使这苦难的首都成为一片焦土。那时蒋夫人，冒着生命的危险，几次三番地来机场慰问这些舍身为国的空中战士，这对于他们，实在是一服很好的兴奋剂。这种工作，虽然是非常伤脑筋的，可是蒋夫人始终如一。她每次

---

① 宋美龄：《我将再起——中国人民对于民主国家政策的想法》，见王亚权主编：《蒋夫人言论集》上集，第 246 页。

② 宋美龄：《战争与中国女性》，见王亚权主编：《蒋夫人言论集》上集，第 98 页。

③ 宋美龄：《感谢美国妇女踊跃援华》，见王亚权主编：《蒋夫人言论集》上集，第 993 页。

④ 《孙蒋孔三夫人昨日慰问伤兵》，见《新华日报》，1940 年 4 月 9 日，第 2 版。

来总是替战士们预备热茶，倾听战士们讲述着出征经过。”① 把自己置身于战士中间、战争前线，刹那间便缩短了她与普通百姓心理间的距离，她带给大家的不仅是心灵慰藉，更是领袖、国家对战士流血牺牲的价值的认可，以及为国奋斗的骄傲，这对于鼓舞战争斗志所产生的作用是难以估量的。

图 3-3　1943 年宋美龄在美国国会演讲

① 陈纳德：《陈纳德将军与中国》，陈香梅译，台北：传记文学出版社 1978 年版，第 60 页。

当然，无论是抗击外敌，还是国内建设，自力更生是一种态度和精神，就是要把主要的精力放在挖掘内在潜力之上，而不要一味地依赖外援。但讲自力更生，决不意味着要排挤、拒绝外援。反之，当有条件的时候，还要不失时机地加强与国际间的联络，力争外援。事实上，即使在宋美龄对西方各国的对华政策极其不满意的时候，也并没有放弃争取说服他们给中国以援助的努力。尤其是到了 1942 年，当国际风云变幻的局势转向有利于中国战场的时候，宋美龄便不失时机地出访美国，会见政要，召开记者招待会，到各地巡回演讲，并就相关美援问题进行协商等等，通过介绍、宣传中国的抗战以及对世界的贡献，消弭了中美之间的隔阂和分歧，使美国朝野对中国及其从事的抗战有了较为全面的认识，为中国赢得了大量的美援，也提高了中国的国际声望，为抗战最后胜利作出了重要贡献。

第四章　宋美龄与传统道德下的公民文化建设

礼义廉耻是新生活运动的中心准则，研究新生活运动时，礼义廉耻是一个绕不开的话题。先前，不少学者在研究新生活运动时，大都从传统道德文化的意义上来解读它，并由此否定其进步意义。笔者在研读相关文本的时候发现，尽管宋美龄与蒋介石都在不遗余力地倡导新生活运动，都在讲“礼义廉耻”，但在对它的理解、宣传上却存在着不同的侧重，同时，又殊途同归，都是利用新生活运动来构建现代国家所需要的公民文化。本章试图从公民文化的视角来剖析新生活运动。

第一节　礼义廉耻与国民政府的价值重建

一、传统礼义廉耻的内涵

礼义廉耻是中国传统道德伦常中的基本道德规范。最早见于《管子·牧民》：“何谓四维。一曰礼，二曰义，三曰廉，四曰耻，礼不逾节，义不自进，廉不蔽恶，耻不从枉。故不逾节则上位安，不自进则民无巧诈，不蔽恶则行自全，不从枉则邪事不生。”“守国之度，在饰四维”，“四维张则君令行”，“四维不张，国乃灭亡”。[1] 这段论述包含了两层内容：其一，礼义廉耻的内涵；其二，礼义廉耻的地位与作用。

---

① 赵守正：《管子注释》上册，广西人民出版社 1982 年版，第 1 页。

礼，是中国传统文化中一个内涵十分丰富的概念。就广义而言，它可以指与等级秩序相适应的典章制度、礼节仪式、社会道德规范，甚至法律也在其范围之内。礼义廉耻中的“礼”主要指社会道德规范层面上的意义，管子把它解释为“不逾节”，即个人行为不违反社会的等级秩序。管子对礼有这种理解与其对礼的起源的认识有关。《管子·君臣下》认为：“古者未有君臣上下之别，未有夫妇妃匹之合，兽处群居，以力相征。于是智者诈愚，强者凌弱，老幼孤独不得其所。故智者假众力以禁强虐，而暴人止。为民兴利除害，正民之德，而民师之。是故道术德行，出于贤人。”① 也就是说，礼是圣人为治乱而制定的，有了礼法，社会才能够走上有序的道路，礼因此具有了克服混乱无序的社会状态的功能。

这样，礼作为社会成员共同遵守的行为规范，就要求每个人都要各安其位，各守其责。在封建社会也就表现为遵守“贵贱有分，长幼有序，贫富有度”，以及君君、臣臣、父父、子子等等级秩序。所以孔子说，“民之所由生，礼为大。非礼无以节事天地之神也，非礼无以辨君臣、上下、长幼之位也，非礼无以别男女、父子、兄弟之亲，婚姻、疏数之交也。”② 在这里，礼仪虽然外化为动作、姿态，但“它所象征的是一种秩序，保证这一秩序得以安定的是人对于礼仪的敬畏和尊重，而对礼仪的敬畏和尊重又依托着人的道德和伦理的自觉，没有这套礼仪，个人的道德无从寄寓和表现，社会的秩序也无从得到确认和遵守”③。因此，管子说“不逾节则上位安”。

义，指正当性的行为。《礼记·中庸》讲“义者，宜也”④。“宜”也就是应当做的事。管子解释为“不自进”，即不妄自求进，也就是说要克制自己，把行为限制在礼规定的范围之内，在社会

① 赵守正：《管子注释》上册，第291页。

② 杨天宇：《礼记译注》下册，上海古籍出版社2004年版，第655页。

③ 葛兆光：《中国思想史》第一卷，见葛兆光：《七世纪前中国的知识、思想与信仰世界》，复旦大学出版社2005年版，第93页。

④ 杨天宇：《礼记译注》下册，第700页。

活动和社会关系中守正当的准则，只做应该做的事，不做不应做的事。这样，“则民无巧诈”，社会上就不会有尔虞我诈、投机钻营之事，从而达致太平和谐。

廉，指洁身自好，品行端正。管子解释为“不蔽恶”，即不掩盖错误缺点。能做到不隐瞒自己的缺点错误，行为自然就端正完美。

耻，指的是因过失而导致的羞愧心理。管子解释为“不从枉”，“枉”指坏人、坏事，不从枉就是不会跟着坏人走或不干那些歪门邪道的事。宋明理学之集大成者朱熹解释说：“耻便是羞恶之心。人有耻，则能有所不为。”[①] 管子认为“不从枉则邪事不生”，即不趋从坏人坏事，就不会滋生邪恶的事情，“知耻”之心，会对自我行为加以调整，使自己的行为符合礼、义的要求。

礼义廉耻的关系中，“耻”处于基础的地位。孟子说：“无恻隐之心，非人也；无羞恶之心，非人也；无辞让之心，非人也；无是非之心，非人也。”将“羞恶之心”看作是人与禽兽相区别的标志之一，也就成为人之为人的基础。正是因为人能知耻，才能捍卫自己的人格尊严；有了人格尊严，才能循礼尚义，所以孟子说“羞恶之心，义之端也”。[②] 顾炎武更尖锐地指出：“礼义廉耻，国之四维，四维不张，国乃灭亡。……礼义，治人之大法；廉耻，立人之大节。盖不廉则无所不取，不耻则无所不为。人而如此，则祸败乱亡亦无所不至。”[③] 廉耻是其他道德行为的基础，寡廉鲜耻不仅标志着道德的沦丧，而且代表着世风衰败。只有通过教化，使人们有廉耻之心，人们才能够自觉地遵守礼义规范。人人知廉耻、守礼义，人心正，风俗厚，社会即为善治。因此，礼义廉耻既是理想人格的判断标准，又是政权稳定与社会和谐的重要因素，对国家政治生活、国民的道德生活都产生着深刻的影响。

---

① （宋）黎靖德编，王星贤点校：《朱子语类》第一册，中华书局 1986 年版，第 241 页。

② （清）焦循撰，沈文倬点校：《孟子正义》，中华书局 1987 年版，第 233、234 页。

③ （清）顾炎武：《日知录》卷十三。

二、国民政府的价值重建与倡导礼义廉耻

1. 国民政府价值重建的必要性

1934 年 2 月 19 日，蒋介石在南昌行营扩大总理纪念周发表《新生活运动之要义》的演讲，标志着新生活运动的正式发动。

新生活运动的发动，从文化层面看，是国民政府的价值重建。为什么要进行价值重建呢？

五四运动后传统道德价值体系的崩解是国民政府进行道德建设的思想文化背景。1842 年，中国在第一次鸦片战争中惨败，“天朝上国”的文化体系也随之遭到挑战，知识分子在民族危机的重压之下，不得不承认异己文化的优越之处，便寻求中国文化的再生之路：从“师夷之长技以制夷”到“中体西用”，再到新文化运动，中国传统价值体系在日益坍塌。尤其是新文化运动提出的“打倒孔家店”的口号，把中西文化摆在了势不两立的位置。新文化运动的旗手陈独秀指出：“吾人倘以新输入之欧化为是，则不得不以旧有之孔教为非。倘以旧有之孔教为是，则不得不以新输入之欧化为非。新旧之间，绝无调和两存之余地。吾人只得任取其一。”① 不仅如此，陈独秀更把对待中西文化的态度提升到一个“国是”问题的高度来认识，“或是仍旧用中国的老法子，或是改用西洋的新法子，这个国是，不可不首先决定”。他断言：“守旧或革新的国是，倘不早早决定，政治上社会上的矛盾、紊乱、退化，终究不可避免！”② 吴虞那“吃人的礼教”的呐喊也带给人们心灵极大的震撼，“吃人的就是讲礼教的，讲礼教的就是吃人的”③。要打倒吃人的社会，“救治中国政治上、道德上、学术上、

---

① 陈独秀：《答佩剑青年》（1917 年 3 月 1 日），见生活·读书·新知三联书店编辑：《陈独秀文章选编》上册，第 186 页。

② 陈独秀：《今日中国之政治问题》（1918 年 7 月 15 日），见生活·读书·新知三联书店编辑：《陈独秀文章选编》上册，第 270 页。

③ 吴虞：《吃人的礼教》，见《新青年》6 卷 6 号。

思想上一切的黑暗”[①]，就只有大力提倡民主、科学。

尽管新文化运动在对待传统文化问题上存在着非此即彼、以偏概全的不足，有其不科学的地方，但它“以为宗法社会之道德，不适于现代生活”之“立论”,[②] 正是现代文化发展所应遵循的原则。它立足于当下对传统文化的猛烈炮轰，使得传统的价值体系开始崩解。

思想上的一统天下被撕开缺口之后，人们的思想开始活跃起来，伴随着民主的旗帜招展，各种文化思潮也蜂拥而来，如民主主义、改良主义、自由主义、社会主义、无政府主义、新村主义、科学社会主义等，文化界呈现出百家争鸣、多元发展的态势，令人眼花缭乱。中国该如何重构其价值体系？这是国民政府绕不开的课题。

九一八事变后民族危机的加深是道德重建的政治背景。自从鸦片战争以来，伴随着中国半殖民地程度步步加深和民族危机的愈演愈烈，中国人民争取摆脱外来侵略的民族独立斗争意识也越来越强。尤其是中西文化交流的深入，西方的近代“国家”学说逐渐被中国知识分子所接受，他们逐渐摆脱了以“文化”为核心处理国家关系的思维模式，国家主权意识越来越强。自称以三民主义为立国基础的国民政府更多地从“主权”层面处理与西方国家的关系。因此，1931 年九一八事变后日本对东三省的占领，对于国民政府的意义，与第二次鸦片战争中俄国割占中俄边境地区对于清政府的意义，不可同日而语。而 1933 年 5 月中日签订的《塘沽协定》，实际上是承认了日本对东三省及热河占领的合法化，使中国领土主权进一步丧失，民族危机更趋严重。而此时的国内长期教育（笔者注：泛指社会教育、学校教育、家庭教育）的缺

---

① 陈独秀：《〈新青年〉罪案之答辩书》（1919 年 1 月 15 日），见生活·读书·新知三联书店编辑：《陈独秀文章选编》上册，第 318 页。

② 陈独秀：《答佩剑青年》（1917 年 3 月 1 日），见生活·读书·新知三联书店编辑：《陈独秀文章选编》上册，第 186 页。

乏形成了社会“黑暗、暮气沉沉，充满了乌烟瘴气”①。于是，“价值重建”成为主要任务。

2. 礼义廉耻——价值重建的核心

翻阅有关新生活运动的资料，我们会发现礼义廉耻充斥于蒋介石及国民党政要关于新生活运动的演讲和文章之中，成为新生活运动赖以展开和推行的基本道德准则。蒋介石坦言，“要成功任何大小事业，都必须依据礼义廉耻的精神”，大到“整个民族的生活，国家的大事”，小至“个人的私生活”，都“不可须臾离开礼义廉耻，这是我们新生活运动的中心准则”。② 新生活运动，“质言之，即就国民之生活合理化，而以中华民国固有之德性——‘礼义廉耻’为基准也”；“新生活运动，就是提倡‘礼义廉耻’的规律生活。以‘礼义廉耻’之素行，习之于日常生活——‘食衣住行’四事之中，故‘礼义廉耻’者，乃发民德以成民事，为待人、处事、持躬、接物之中心规律”。③ 陈果夫也指出：“新生活运动，是要以民族固有道德的‘礼’、‘义’、‘廉’、‘耻’，建立为新道德的标准。”④ 因此，在价值重建中，礼义廉耻成为了核心。

蒋介石及其同僚们是如何理解礼义廉耻的呢？

新生活运动发动之初，蒋介石虽然频繁地使用礼义廉耻来阐述他有关新生活运动的观点，但对礼义廉耻的含义却缺乏明确的界定。随着运动的推展、扩大，给礼义廉耻一个较为确切的界定就十分必要。为此，1934 年 4 月 9 日，蒋介石在南昌行营扩大总理纪念周上作了《礼义廉耻的精义》的演讲，第一次系统阐述了他对礼义廉耻的看法。他首先说明“礼、义、廉、耻”与“孝、弟、忠、信、智、信、仁、勇、严”，以及“忠孝、仁爱、信义、

---

① 蒋介石：《新生活运动之要义》，见萧继宗主编：《革命文献》第六十八辑，第 18 页。

② 蒋介石：《新生活运动之中心准则》，见萧继宗主编：《革命文献》第六十八辑，第 24 页。

③ 《新生活运动纲要》，见萧继宗主编：《革命文献》第六十八辑，第 1、5 页。

④ 陈果夫：《新生活运动之展望》，见《新生活运动促进总会会刊》第 18 期，1935 年 3 月 11 日出版，第 37 页。

和平”等诸德目之间的关系，是“互相包涵，互相关连，可以彼此发明，贯通一致的”。之后，他与信智仁勇对照来对礼义廉耻加以解释。他认为，“所谓‘礼’，其实就是信”，“从个人修省方面讲”，“守礼的人，必定是俯仰无愧，诚笃不欺”；“从人与人之间的关系，以及一切伦理制度来说，所谓‘礼仪’、‘礼节’和‘礼法’，实行时必须有‘诚实’的心思，‘准确’的仪式和丝毫不能苟且的节度”。因此，“礼”，“是规规矩矩的态度”“是共守的规范”“是信义的基础”。“义”与“仁”相通，“就其存之于心而言谓之‘仁’，就其施之于事而言谓之‘义’”，所以，“义”就是“正正当当的行为”。“廉”通“智”，“不智的人不能廉，不廉的人其实就是不智”，讲“廉”就能做到“明了公私是非而慎于取舍”，所以，“廉”就是“清清白白的辨别”。“耻”与“勇”没有区别，而“‘勇’就是‘不怕死’”，“知耻的人一定不怕死，怕死的人都是因为不知耻”。一个人如果能知“耻”，“一定有‘耻不若人’的觉悟，一定有刻苦奋斗的勇气，一定有牺牲敢死的决心”；因此，“耻”，便是“切切实实的觉悟”。①

之后，在指导全国新生活运动的纲领性文献《新生活运动纲要》中，蒋介石对礼义廉耻作了进一步的阐释和发挥。总括而言，“‘礼’、是规规矩矩的态度”；“‘义’、是正正当当的行为”；“‘廉’、是清清白白的辨别”；“‘耻’、是切切实实的觉悟”。具体而言，“礼者，理也”，“谓之守规矩，凡守规矩之行为的表现，谓之规规矩矩的态度”；“义者，宜也。宜即人之正当行为。依乎礼……谓之正当行为。行而不正当，或知其正常而不行，皆不得谓之义”；“廉者，明也。能辨别是非之谓也。合乎礼义为是，反乎礼义为非。知其是而取之，知其非而舍之，此之谓清清白白的辨别”；“耻者，知也。即知有羞恶之心也。己之行为，若不合礼义与廉，而觉其可耻者，谓之羞。人之行为，若不合礼义与廉，而觉其可耻者，谓之恶。惟羞恶之念，恒有过与不及之弊，故觉

① 蒋介石：《礼义廉耻的精义》，见秦孝仪主编：《先“总统”蒋公思想言论总集》卷十二，第192—195页。

悟要在切实。有切实之羞，必力图上进，有切实之恶，必力行湔雪，此之谓切切实实的觉悟。”至于四者之间的关系，“耻是行为之动机，廉是行为之向导，义是行为之履践，礼是行为之表现。四者相连贯，发于耻，明于廉，行于义，而形之于礼，相需相成，缺一不可。”否则，“礼无义则奸，礼无廉则侈，礼无耻则谄”；“义无礼则犯，义无廉则滥，义无耻则妄”；“廉无礼则伪，廉无义则吝，廉无耻则污”；“耻无礼则乱，耻无义则忿，耻无廉则丑”。①

上述蒋介石对“礼义廉耻”的解释，就其一般意义而言，与前文所揭示的中国传统礼义廉耻的精神内核相一致，都在于通过个人的内在的道德认知、道德自觉，使外化的道德行为符合官方意识形态的要求，从而达到社会和谐稳定、政权巩固统一。然而，仔细深入地分析，就会发现，蒋介石虽然声称自己对礼义廉耻的倡导，是在恢复传统的“固有道德”，其实并非如此。如对于“耻”的理解，他的确继承了传统“耻”的观念中所包含的“羞恶”之心，但只是将其作为外在的一种形式，而实质的内核却是在强调“勇”。所谓“切切实实的觉悟”关键是“耻不若人”的觉悟，以及由此而激发的刻苦奋斗的精神和湔雪耻辱的勇气。为了进一步了解蒋介石所讲的“耻”“勇”关系，我们来看看他在解释“耻”时的一段话：“你看现在一般怕死的人，屈身降敌的人，和做种种卖国勾当的人，惟其所以苟且偷活，天良丧尽的原因，还不是由于不知耻！反之，只要稍有羞耻之心，那便是懦夫也有立志，弱女也能抵暴，无形中的勇气就平白地生出来，这种由耻生勇的力量，往往可以胜过任何顽强的敌人，成就非常伟大的事业！因为人类若能觉悟到耻辱不能再忍时，自然觉得死生都不足计较，而勇气自然百倍了。所以我说‘耻’就是切切实实的觉悟。因之我们现在要救国，首先就要提倡廉耻。古人所谓‘明耻教战’，‘明耻’还在‘教战’之前，我们要使一般国民都能觉悟起来，共同一致来御侮救国，第一要紧的事情，就是要使一般国民

① 《新生活运动纲要》，见萧继宗主编：《革命文献》第六十八辑，第6—7页。

能够‘明耻’，能够‘毋忘国耻’！能够‘毋忘国耻’必能有勇气决心来‘为国牺牲’，能够个个人有勇气来‘为国牺牲’，国耻一定可以湔雪，国家一定能够复兴!”蒋介石在解读礼义廉耻之前，先阐明了礼义廉耻与其他道德条目之间关系的思想，其用意也就一目了然了。实际上，蒋介石是对中国传统文化做了个移花接木、融会贯通的工作，将大量的道德内容嫁接到礼义廉耻的条目之上，使它的内涵远远超出了原有礼义廉耻的范围，所以，他说：“我们现在规定‘礼义廉耻’为新生活运动的准则，并不是说丢开其他的德目不要，也没有分别取舍的意思在内。其真正意义，乃是特别选定这简单明切四个字，拿来统摄我们民族固有的一切美德，使全国国民易于记忆，易于实行，使得个个人都能‘重礼、尚义、明廉、知耻’，从而发扬民族道德，以树立精神国防，奠定国家千万年的精神基础”。①

这就是说，“礼义廉耻”虽然来自于中国的传统文化，但它已经被蒋介石做了重新的“解构”与“建构”，成为一个包罗宏富的思想体系，而检验的标准，就是是否有利于国家“精神的国防”的建设。譬如，用冷水洗脸还是用热水洗脸、吃冷饭还是吃热饭，本与礼义廉耻没有什么必然的联系，但在蒋介石那里，它们不仅有关系，而且关系到民族的强弱。他认为日本人“虽然口里从没有提出‘礼义廉耻’来讲，但是无论吃饭穿衣住房子，走路以及一切行动，其精神所在，有形无形之中，都合乎礼义廉耻”，而用冷水洗脸、吃冷饭就是“无形中”合乎礼义廉耻的习惯。因为这些习惯所蕴含的“最基本的军事训练”，使得“他们的兵能够强”。相比之下，中国人“往往因为没有热水而不洗脸，或因为等热水而耽误几个钟头。由这一点就可以晓得我们的民族不行”。因此，新生活运动，“就是要使全国国民的生活能够彻底军事化，能够养成勇敢迅速，刻苦耐劳，尤其是共同一致的习惯和本能，能随时

---

① 蒋介石：《礼义廉耻的精义》，见秦孝仪主编：《先“总统”蒋公思想言论总集》卷十二，第192—195页。

为国牺牲，不是那些水没有烧热饭没有煮熟就不能去打仗的国民”。[①] 而“军事化最基本最要紧的条件”，“在乎精神之本”，“所以军事化的精神，就是‘礼义廉耻’”。[②]

从精神备战的角度来理解礼义廉耻，才能够真正理解蒋介石把新生活运动作为“民族复兴”运动的真谛：“我们要使革命完成，使国家民族能够复兴，第一步即需注重精神的建设，换言之，就是人民心理的建设！我们能够使社会上以往一切颓风恶习扫除净尽，将人民的新的心理新的风习建设起来，我们革命，才有坚稳健全的基础；国家民族，才有复兴的把握！但是我们要怎样来建设人民新的心理与新的风习呢？唯一的要道，就是提倡‘礼义廉耻’的道德。管子说：‘礼义廉耻，国之四维，四维不张，国乃灭亡！’反之，只要我们能复张四维，国家的危亡，必可挽救！因此我说：‘礼义廉耻，国之四维，四维既张，国乃复兴！’新生活运动，可就是要复张四维的运动。”[③] 如果“此种运动果能普遍收效，使全国国民之基本实际生活能彻底改进成功，则全民之精神必为之焕然一新，而社会国家之进步不可计量，革命之基本工作于以成功，民族复兴之机运可立于待也”[④]。

能够将最抽象、最宏大、最急迫的时代课题——中华民族的生存问题用最简单、最通俗、最易于为老百姓所接受的道德伦理条目来建构，足见蒋介石传统文化功底的深厚，也体现出他智慧的闪光。所以当各方对新生活运动提出如下疑问，“中国固有的道德很多，何以新生活运动要特别提倡礼义廉耻，岂不是挂一漏万，顾此失彼”的时候，杨永泰发表了《新生活运动与礼义廉耻》一

---

① 蒋介石：《新生活运动之要义》，见萧继宗主编：《革命文献》第六十八辑，第20—21页。

② 蒋介石：《新生活运动的意义和目的》，见萧继宗主编：《革命文献》第六十八辑，第32页。

③ 蒋介石：《四川应作复兴民族之根据地》，见秦孝仪主编：《先“总统”蒋公思想言论总集》卷十三，第117页。

④ 蒋介石：《新生活运动发凡》，见秦孝仪主编：《先“总统”蒋公思想言论总集》卷十二，第69页。

文加以解说，他认为当时的国际环境已“进到民族国家主义的阶段”，“四周的民族国家，都鹰瞵虎视，挟其优势，咄咄逼人”，“欲拯救中国，自非就中国种种固有道德之中，特别提倡‘礼义廉耻’不可”，因为“礼义廉耻”“合乎国家主义的社会之需要”，是“一种国家主义的道德”。[①] 可见，礼义廉耻的价值建构，其目标是“国家认同”。

第二节 新生活运动与公民文化建设

新生活运动将礼义廉耻作为道德准则的中心，进行广泛的宣传。宋美龄对此不仅予以接受，而且不惜重墨予以介绍鼓吹。那么，对这一传统的道德准则，她是如何理解的呢？宋美龄所讲的礼义廉耻与蒋介石倡导的礼义廉耻有没有什么不同呢？按照这样的准则培养出来的国民又是一种什么样的国民呢？理解这些问题是我们解读新生活运动非常关键的部分。

一、宋美龄与新生活运动的缘起

关于新生活运动的缘起，学界有几种不同的说法。一种说法是，新生活运动是由复兴社提出来的。复兴社认为光喊“攘外安内”和拥护领袖还不够，应该从整个民族文化前途着眼开展一场大的文化运动。当时复兴社干将邓文仪在南昌行营蒋介石的身边，由他向蒋介石提出建议，蒋介石以此作为参考发起了新生活运动。第二种说法是，杨永泰向蒋介石献计发起了新生活运动。他认为春秋管子治齐有所谓“礼义廉耻，国之四维，四维不张，国乃灭亡”的说法，国军之所以“围剿”红军失败不仅因为红军英勇善战，而且还与吏治不佳及“人心风俗之颓败”有关，所以要攻心为上，要“三分军事、七分政治”。第三种说法是，1934 年初蒋介石在福建指挥平定十九路军福建事变期间，曾在街上看见一个少

---

① 杨睿熙编：《杨永泰先生言论集》，见沈云龙主编：《近代中国史料丛刊》九十八辑，台北：文海出版社 1966 年版，第 23—30 页。

图 4-1　宋美龄和蒋介石主持新生活运动七周年纪念会

年抽烟并且无人过问。这件事使他深思如何改进中国人的日常生活，萌发了发动新生活运动的构想。第四种说法是，20 世纪 30 年代初期，蒋介石在江西"剿共"期间，宋美龄曾陪同他视察，看到江西等地许多青少年衣衫褴褛、蓬头垢面、精神颓废，她便建议蒋介石开展一个国民生活改造运动。蒋受到启发，便决定发动新生活运动。

以上几种说法应该说都有其合理的成分，因为作为一场持续时间长、波及范围广的新生活运动，其在 20 世纪 30 年代的兴起，绝非单一的、某一方面的因素所造成的，我们应该把它看作一个多因素综合而形成的历史运动。表面上看，这一运动是 1934 年 2 月 19 日以蒋介石的讲话而开始，但在此之前，各方都对该运动的发动有所贡献，尤其是宋美龄，作为蒋介石的夫人，她把自己对中国社会的认识和改造的办法，融入到蒋介石的思想之中，更是人之常情。而且从以下一些历史事实来看，我们也能感觉到宋美龄对新生活运动发动所给予的影响。

首先，宋美龄在少年时期就比较爱干净，对清洁卫生有着特别的习惯。她孩提时代的一位英国朋友回忆这样一段往事：有一天，宋美龄和这位朋友在街上相遇，美龄便邀请她到家去做客。进门后，宋美龄叫来一个仆人，然后环视了一下房间，不耐烦地说道："灰尘！"然后她向这位朋友解释道："这些佣人简直不懂得如何打扫房间。"随后，她又叫来那位仆人，要她把一张有灰尘的桌子擦干净，女佣人取来一块抹布，轻轻地擦着。宋美龄尽可能耐心地等待着，实在忍不住了便把抹布要了过来，并告诉仆人："不能这样干"，"看着，要像这样……"她麻利地拂去尘土，擦拭那些需要擦拭的地方，并转过身和她的朋友说道："不教她们，你就别指望她们懂得怎样干活。我料定，我这样做，好多人会说我这是丢面子。"她用一种不屑的口气接着说"但是我顾不得考虑这些了"。[①] 1918 年，刚毕业回国一年的宋美龄在写给美国朋友的信中说道："我讨厌难闻的气味和肮脏的垃圾"。[②] 对于宋美龄的爱干净，许多有关她的传记也都有描述，其中一本这样写道："许多到过中国访问、看过在医院和学校中工作的宋美龄的外籍人士都曾留下类似的印象。几十年过去了，宋美龄对于干净与威严的要求仍无稍减。""宋美龄的洁癖使她对看见的脏乱无法忍受，她把改进国人的生活习惯视（'视'为笔者所添）为己任，毫无疑问，这一认识要早于新生活运动"。[③] 对于这一点，宋美龄给朋友的信可以作证。1928 年初，宋美龄婚后写给艾玛的信中，提到南京时，她写道："这地方脏透了，简直可怕！所以我想为市公共卫生局做点事情。我想我已经找到一个合适的人来负责这个部门。"[④] 因此，新生活运动从"规矩""清洁"开始，固然与这些工作花钱少、容易做等特性有关，但宋美龄无法容忍脏乱的生活习惯与此也应该有着直接的关系。

---

① ［美］埃米莉·哈恩：《宋氏家族——父女·婚姻·家庭》，第 118 页。

② 《宋美龄给艾玛的信》（1918 年 8 月 24 日），见《宋美龄文集》（未刊稿），南京大学中华民国史中心藏。

③ 佟静：《宋美龄大传》上册，第 58 页。

④ 《宋美龄给艾玛的信》（1928 年 1 月 24 日）见《宋美龄文集》（未刊稿），南京大学中华民国史中心藏。

其次，关注并积极从事社会改造，是基督教徒的使命之一。作为虔诚的基督教徒，宋美龄认为，基督教就是叫人过一种“新生活”。她说：“基督徒生活的起点，实即‘在精神上作激剧永久的改变’，也就是一般所谓的‘新生’。‘改变人生观，改变习惯与生活，而以圣灵的指导，形成一种新的生活形态’，这是新生活的内容。”关爱他人，共同分享人类的进步成果，是基督教的价值观念。“耶稣基督所尊重的人格，并不限于独善其身的人们。他热切地关怀着社会的福利，谆谆于天国降临的劝导。所谓天国，是正义公道所寄托的地方，而这种正义和公道乃是福利全体人类的。”“所以幸福的物质生活，决不应少数人所独有，应当为一般人所同享的。使‘新生活’普及民间，也是我们基督徒不应推卸的责任”。[①] 基督教的精神与新生活运动相契合，教会方面也予以认可，“即使这场新生活运动并没有基督教的标签，但运动想在人们身上培养的正直、良知、公正、慈善这样的古老美德，从本质上说，与我们希望在基督徒生活中见到的美德是很相近的”[②]。新生活运动致力于社会改造的工作，与宋美龄的教徒身份和宗教信仰也是吻合的。

1933 年，全国基督教协进会与国民政府合作，在江西组织农村试验区，致力于农村复兴的工作，宋美龄认为这“是大规模地改良民众生活的开始，将来发扬光大，更有斐然的成绩”[③]。1934 年 10 月，宋美龄陪同蒋介石视察西北时，她每到一处，即召集当地传教士进行谈话，除“赞扬传教士对中国所作出的贡献”外，更以传教士在江西与政府合作所取得的成绩为榜样，“呼吁他们对新生活运动应尽力协助”。[④] 由此而言，新生活运动的发动与宋美

① 宋美龄：《全国基督教协进会年会致词》，见王亚权主编：《蒋夫人言论集》下集，第 683—688 页。

② 王思涵：《1934—1937 年间的新生活运动与基督教》，见《中国社会经济史研究》，2007 年第 4 期，第 68 页。

③ 宋美龄：《全国基督教协进会年会致词》，见王亚权主编：《蒋夫人言论集》下集，第 679 页。

④ ［美］埃米莉·哈恩：《宋氏家族——父女·婚姻·家庭》，第 203 页。

龄的影响存在着某种内在的联系。

以上两个方面，说明宋美龄与新生活运动的发动有着密不可分的关系，所以，曾任新生活运动总干事的黄仁霖认为，“委员长与夫人是新生活运动的创导人”，宋美龄是“这一运动的共同创导人”。①

二、宋美龄对礼义廉耻与公民权利义务的认识

与封建时代天子脚下的臣民不同，近代民主国家是由“公民”组成的。公民是国家政权的主体，以国家作为权利、义务对象，同时，个体具有相当的自主性、独立性。按照孙中山的民权理论，民国之民必须具有选举、罢免、创制、复决权利，以参与公共事务。但是，我们知道，这只是公民在法律上被赋予为权利的主体。而就社会学的意义而言，公民则是一个具有社会历史内涵的概念，只有在特定的历史条件下，公民所具有的社会地位、社会权利以及相应的能动作用才能成为一种现实。处于社会转型的民国时代，虽然从国家政治制度的层面，规定了公民个体在国家和社会生活中应具备的权利和法律地位，但是封建专制社会的遗留以及国民的文化素质水平、价值观念等却制约着公民实际所处的社会状态，因此必须大力培育和发展公民文化，使个人逐渐以公民身份自主参与国家生活、社会生活，并成为国家、社会生活的主体，成为国家文化建设的重要内容，也是一项长期而艰巨的任务，因为“要造就人民成为自己的统治者，这种能力并没有办法透过一场政治革命或社会革命来完成……辛亥革命后的有国无民现象，已经充分说明这种能力欠缺可能导致的恶果”②。沐浴着西方的公民文化而成长的宋美龄，正是在中外公民文化的巨大反差中，认识到中国公民文化建设的重要性，并将其作为社会改造的一项基本内容。

---

① 黄仁霖：《黄仁霖回忆录》，台北：传记文学出版社 1984 年版，第 55、57 页。

② 黄金麟：《历史、身体、国家：近代中国的身体形成》（1895—1937），新星出版社 2006 年版，第 68—69 页。

大家知道，新生活运动一开始，宋美龄就以极大的热情投入到运动之中，成为运动的积极推动者。为介绍、宣传新生活运动，宋美龄发表了《中国的新生活》《新生活运动》《中国的青年运动》《我将再起——新生活运动》等系列文章，反复地解释新生活运动的根本意义，以及发动新生活运动的动机。在写给美国《论坛杂志》的文章《中国的新生活》一文中，宋美龄描述了一年来新生活运动在江西地区的发动、经过及取得的成绩。由于时人批评新生活运动，“以为全国人民衣食尚且不给，而高谈精神复兴，是无济于事的”，所以宋美龄在文章中以大量的篇幅，细致地介绍在这一地区新生活运动是如何开展的，以及短时间内所取得的成绩。对于礼义廉耻的意义解析只是作为“战绩”的铺垫而较为简单地加以叙述。她首先说明礼义廉耻源于蒋介石的“悉心考虑而成”：“委员长深究中国过去的历史，觉得先人遗传的良好品性，足以补救目前种种的颓风恶习，相信我国固有的礼义廉耻四种美德，是复兴民族的良药。”对照上节分析我们可以看出，宋美龄对蒋介石发动新生活运动的动机的解读基本上是正确的，尤其是通过礼义廉耻来建构“民族复兴”这一核心论断的阐释是得了蒋介石的要旨。但她认为，新生活运动的目的“在保全中国旧有之最好文化”的同时，还要“参以中国所需要之西方文化”。[①] 因此，她对礼义廉耻的解释，与蒋介石等人相比便有了不同的内涵：“一礼，最浅显的解释，礼就是仪节。然仪节定要自衷心流露——而不是虚伪的形式。二义，义可以略释为对人对己的尽责和服务。三廉，廉就是能辨别权利界限，不侵犯别人。换言之，就是一种公私及人己权利的辨别。四耻，耻就是觉悟与自尊。”“我们于礼字如有正确观念，那么待人接物都出以忠诚不会虚伪了。假使实行义字，看见了同胞的饥饿疾苦，一定会觉悟到援救的责任，而不会聚财利己，浪费自私了。又如廉，凡是官吏都能辨别人民权利，虽知道人民无力无智足以自卫，也不致朘民肥己了。如能实

① 《蒋夫人对外记者谈以新运复兴中国》，见《中央日报》，1934 年 11 月 3 日，第 1 张第 2 版。

行耻字，那就没有卑鄙谄幸的人了”。[①]

在宋美龄看来，“礼”强调的是诚实而不虚伪；“义”重在强调“尽责和服务”；“廉”的对象是官吏，核心是“权利”；“耻”的“自尊”表现为不“卑鄙谄幸”。这里，字里行间充斥的是西方“公民”概念中所具备的种种素质。与传统的“自扫门前雪”的封闭意识相反，她特别强调了作为一个现代公民的素养——合作、互助。宋美龄曾援引这样一个例子：“舟子看见坠水的人，将危及生命，也不加救援。”在外国人看来，这是国人缺乏恻隐之心。但宋美龄却认为，“这并不是没有恻隐心”，而是“积数世纪的迷信使然”：“中国一般无知识的人民都相信救了别人，自己就违背了河神的意旨，将受到同样的责罚。”新生活中的“义”就是要纠正人们错误的认识，“教导人民随时必须扶助他人，使他们知道倘遇不幸，不能委诸天命，有余力的人，必须把扶助他人视为应尽的义务。决不能‘自扫门前雪’就算满足”。她对“义”字的价值期待就是“必须发展一种公共责任的观念”，“养成西方人所谓的公共精神和公共意识”。[②] 而新生活运动的“最后目的在使一般人民充分认识做一个国民应有的权利以及应尽的责任和义务”[③]。

如果说上述关于礼义廉耻的解释，还考虑到受众的文化背景因素，那么，在新生活运动两周年纪念时所做的阐释，或许更能代表宋美龄对于礼义廉耻的认识。她认为民国建立的时候，“除了极少数外，大都没有群众生活的责任观念”，新生活运动就是要“给予他们以深深的感动，使他们不论对人对己，以及地方团体或整个国家的事业，都发生极大兴趣”。因此，“礼，使我们待人接物的时候，习于诚壹恭敬；义，发展服务的精神；廉，教人以公私之分；耻，则是增进自尊心。如果人人习礼，一定会知道尊重

---

① 宋美龄：《中国的新生活》，见王亚权主编：《蒋夫人言论集》上集，第21—22页。

② 宋美龄：《中国的新生活》，见王亚权主编：《蒋夫人言论集》上集，第19—25页。

③ 宋美龄：《我将再起——新生活运动》，见王亚权主编：《蒋夫人言论集》上集，第190页。

秩序的重要，愈能尊重秩序，社会国家的团结也就愈增其强固；如果人人能明义，有了服务精神，大家就一定鄙弃争权夺利的恶习；如果人人能尚廉，尊重公私取予的分际，就一定会斥绝贪污，知道纯洁的人物方能组织纯洁的政府，纯洁政府方易于解决国计民生；如果人人能知耻，就是大家都有堂堂正正的自觉，而自觉心是从自尊心推演而出的，全国上下，都有觉悟之心，就不怕不能成为强固的国家了”。① 由此可见，宋美龄对礼义廉耻的理解主要是从公共生活角度来进行的。

所谓公共生活就是人们在公共空间里发生相互联系、相互影响的共同生活，它的领域范围广阔，包括个人与他人、个人与社会、个人与国家等的关系、态度、行为等。反映于伦理道德上，就是“公德”的发扬或者“能群”。而中国“公德”之缺乏，早为先贤所诟病。梁启超曾指出，“中国道德之发达”，“偏于私德，而公德殆阙如”；“我国民所最缺者，公德其一端也”；“我国民中无一人视国事如己事者，皆公德之大义未有发明故也”。所以，他呼吁中国能有“固吾群、善吾群、进吾群”的“新道德”，从而造成立国之“新民”。②

由此可见，群己关系是公共生活必须解决的最核心的也是最基本的问题。对此，宋美龄有着清醒的认识。她认为，中国人对于“公共生活”的不“关切”，以及孜孜于“一己或一家的私利”，是由于清政府的腐朽统治所造成的，清政府被推翻以后，尤其是南京国民政府建立之后，“逐步推进着解除民众苦痛的方案”，采取种种措施，“鼓励着人民发表公意”，所以，舆论渐渐形成，并且“可以影响国事动向”。“人民发表公意，这是中国进步大道中一块最值得注意的标石”。③ 给舆论的形成如此高的评价，就在于，它的出现标志着国民开始逐步地走出了“一己一家”的狭隘

---

① 宋美龄：《新生活运动》，见王亚权主编：《蒋夫人言论集》上集，第41—44页。

② 李华兴、吴嘉勋编：《梁启超选集》，第213—216页。

③ 宋美龄：《舆论的形成》，见王亚权主编：《蒋夫人言论集》上集，第34—36页。

圈子，关注“公共生活”，开始在群己关系中对待自己。这样一来，作为一个中国公民的责任、权利概念也就逐渐增强。当然，人民能够发表公意，也是南京政府自称自己是民主共和政府的合法性来源。

在个体的自主性充分发挥并享有权利的基础上，公民还要为他人、团体、国家尽到该尽的义务。在艰难中重建国家的大业，宋美龄认为“参与其事的人”，应该放弃“个人的利益的思想或偏见”，而能“从共同利益的客观立场来看全体”。她觉得，如果“每一个人都想任意而为”，那么，活动将“趋向于一种毫无益处，毫无意义，极不适当的互为牵制状态”，这样“不仅要分散一切有关者的精力，而且对于国家的进步亦将为一永远有害的障碍”。[①]自由地发表议论，不是彼此的攻讦和破坏性的批评，不允许“放纵和谩骂”“冒渎自由的真谛”。宋美龄认为发表舆论，要知所自制，以社会福祉为重。“为使人民的呼声凝结在一起，并使其发挥效能起见，须特别注意它的适当地运用，以利用团体政治。任何时候，如果批评是必要的，那么就必须是建设性的批评。发表意见的自由，不论是集体的抑为个人的，必须永远与秩序发生联系；同时必须要表现出自制的精神，而且要为了大多数人的最大福利，始加以运用”。[②] 她之所以给中国人的“自私”以无情的鞭挞，其原因也就一目了然了。她认为人们一旦懂礼义、知廉耻，也就知道“如何待人接物，如何修养自己，如何适应环境，如何帮助别人”，礼义廉耻“是提高人格的主要条件”。[③] 正是“为了要振兴爱国合群精神，并且团结人民成为一个强有力的民族”，新生活运动才“应运而生”。[④] 当有人批评新生活运动干涉了人们自由的时

① 宋美龄：《我将再起——七大痼疾》，见王亚权主编：《蒋夫人言论集》上集，第168—170页。

② 宋美龄：《我将再起——爱国之路》，见王亚权主编：《蒋夫人言论集》上集，第149、148页。

③ 宋美龄：《新生活运动》，见王亚权主编：《蒋夫人言论集》上集，第43页。

④ 宋美龄：《中国的青年运动》，见王亚权主编：《蒋夫人言论集》上集，第50页。

候，她的辩驳语言平实，但却耐人回味："这运动并不干预私人事务，也不禁止人民实现他们合法的愿望，不过鼓励人民痛除旧有的恶习而已。新生活运动并不剥夺个人自由，但是要增进整个国家的自由；新生活运动欲使大多数人民蒙其福利，并非为少数人而设施的，也不是只为富者着想而不管贫苦的人们。反之，它指导富人，如何节省浪费，扶助贫人；一方面晓示贫人，如何开源节流，俾由贫而富。"① 就这一意义而言，宋美龄理解的"新生活运动"应该更加接近"新生活"原本的意义——跳出臣民的时代，在现代国家的框架下，树立个人对社会、国家的责任意识，并积极地投身于国家复兴的大业之中。

综上所述，蒋介石、宋美龄都在倡导、推动新生活运动，但他们对新生活运动却有着不同的价值期待：在蒋介石等人看来，新生活运动主要是着眼于国家政权稳定，其政治层面的含义更加浓厚，其实现的具体路径是通过个人衣食住行的训练而达到整齐、有序——实现精神上的统一，个体要服从国家的利益需要；而宋美龄

图 4-2　宋美龄和蒋介石一起视察新生活运动

① 宋美龄：《新生活运动》，见王亚权主编：《蒋夫人言论集》上集，第 43—44 页。

所关注的是这一运动社会层面的意义，即关注“人”的改造，通过衣食住行等个人生活习俗的改变，使人们能够正确地对待群己关系，明确自己在群体生活中的权利、义务，明确个体之间的互助、合作，使个体成为一个符合现代国家要求的公民。其实，这两个方面展现的是公民文化建设的不同侧面，前者注重的是公民政治认同感的养成，后者关注的是公民社会责任感的培养。对于一个合格的公民而言，这二者缺一不可。一个国家的公民没有政治认同感，没有国家归属感，个体将失去行动的坐标，国家也将因此而成为一盘散沙；同样，一个国家的公民如果没有社会责任感，不仅个体会变得自私、冷漠，社会也将缺乏诚信，而变得混乱和无序。因此，对于公民文化建设而言，应该是二者兼顾。这样，新生活运动便成为一场真正的文化运动，而且使得社会由公民文化的建设而更趋于现代化。

第三节　劳动服务——公民文化建构的重要举措

尽管宋美龄与蒋介石对新生活运动的理解与期待有所不同，但在具体的实施途径上，却又殊途同归，都强调了国民公共责任的一面，强调个人对社会、国家的责任，强调社会服务的重要。1935 年，当蒋介石号召全国，将各种服务团改为劳动服务团之际，“各地妇女新生活劳动服务团，均在改组中，总会特聘蒋夫人为全国妇女劳动服务团指导长，现已复允担任”①。这说明，劳动服务，作为新生活运动中的一项重要活动，得到了蒋宋夫妇的一致认可，也充分展现了新生活运动对现代公民文化构建的过程。

一、江西青年假期服务团

蒋介石认为：“青年为国家之中坚分子，挽救国家，复兴民

① 《宋美龄允任服务团指导长》，见《妇女月报》第 1 卷第 5 期，1935 年 6 月 1 日出版，第 23 页。

族，应从训练青年入手。”[①] 1934 年 6 月 7 日，蒋介石在南昌召集各中学校长及学生讲演，指出学生求学，首先要懂得为学的目的。学习国文、史地、物理、化学、算学、英文等功课，仅是“学术技艺之末”，而“立身行道之本”，“在济世救人，为社会国家而服务”。其“入手门径”，“就是从我们自己做起”，“懂得做人的基本道理和基本修养”，在“自强自立”的基础上，“去不断地教导感化十人百人千人万人，使我们一家一乡一省以至于全国四万万同胞”，“都能懂得做人的基本道理，具备做人的基本修养，成功一个做人的健全国民”。倡导学生组织假期服务团，进行社会服务，并告诉大家，要深刻领会新生活运动的旨趣所在，“单是教人家走路要靠左，扣子要扣上”，并没有什么意义，关键是“我们能从这些小事教导起，使整个社会都能做到整齐清洁，于无形中使一般国民养成一种明礼仪知廉耻的风气，我们民族的精神就可以振作起来，国家就可以得救”。[②] 根据这一指示，江西省教育厅“决定组织江西青年服务团，以利用假期，指导青年服务社会为宗旨”[③]，推行新生活运动各项工作，并订定服务团规程及服务细则，呈蒋介石审核后付诸实施。

1934 年 6 月 17 日，南昌市青年假期服务团召开首次团员大会，江西省教育厅厅长兼服务团团长程时奎致辞时指出，“青年假期服务团，不但在江西算是第一次，可说在中国也是第一次”，是一种从“根本救济国家，救济民族的伟大事业”。他以德国和捷克的历史为例，说明青年服务团在复兴国家中的基础地位，“我们江西青年假期服务团的责任，是很大的，不但要做新生活运动的前锋，而且要做复兴民族的中坚分子”，勉励团员“以‘天下为公’

① 《蒋委员长训勉教育界提倡青年利用假期服务新生活运动》，见新生活运动促进总会编印：《新生活运动》，1934 年，第 149 页。

② 蒋介石：《立志为学与服务》，见秦孝仪主编：《先“总统”蒋公思想言论总集》卷十二，第 226—227 页。

③ 《蒋委员长训勉教育界提倡青年利用假期服务新生活运动》，见新生活运动促进总会编印：《新生活运动》，第 150 页。

的精神服务社会，以‘自强不息’的精神努力事业”。[①]

青年假期服务团团本部设有文书股、事务股、组织股、指导股、考核股等，负责各项事宜。服务区域分南昌市和外属各区。南昌市，划为10个区，按团员住所就近分配到各区服务。团员以小组为单位进行活动。南昌市各小组团员，自7月9日起，即按照团本部安排工作地点，开始工作，每日工作时间为上午7时至9时，下午5时至7时，工作方法为宣传、指导、检查、辅助。其服务时间分配见表4-1。

表4-1 青年假期服务团服务时间分配表

上午		下午	
工作事项	时数	工作事项	时数
（一）自身清洁之检查及昨日行为是否合于规矩之反省	10分	（一）宣传指导检查或辅助	100分
（二）自己家庭清洁之检查	10分	（二）小组团员集合检讨本日之工作	20分
（三）宣传指导检查或辅助	100分		
共计	120分	共计	120分

资料来源：《新生活运动促进总会江西青年假期服务团团务概况》，1934年，第29页。

从7月9日到24日，团员开展的具体工作有：（1）择定标准家庭，任民众自由参观，以启其仿效之心；（2）举行新生活展览会，使民众了解新生活之重要，而加以改善；（3）防疫运动，使民众知防疫之重要，注射预防针；（4）扑蝇运动，扑灭苍蝇，铲除传染病之媒介；（5）捕鼠运动，捕杀鼠类以预防鼠疫；（6）早起运动，使民众早起，以振兴民族朝气。

工作业绩如下：（1）择定标准家庭共39处，参观标准家庭人数共3万余人；（2）举行新生活展览会，共30小组；（3）举行防疫运动，共60小组；（4）举行捕蝇运动，共71小组；（5）举行

① 《青年假期服务团昨开首次团员大会》，见《江西民国日报》，1934年6月18日，第4版。

捕鼠运动，共40小组；（6）举行早起运动，共59小组；（7）团员自身检查29200次；（8）团员家庭检查38900次；（9）宣传1700次，听讲人数54000人；（10）指导1万处，10.06万人；（11）普通检查5万处，10.84万人；（12）辅助6310人，辅助事项有清理阴沟、扫除垃圾、救护病人等，辅助方法为施给避暑药品、团员亲自为民众执役等。①

在南昌市以外的各区，7月份的工作情况大致如下：樟树区分团各小组工作除自身检查、家庭检查，及一般宣传指导检查辅助外，还举行暑期卫生宣传，编印暑期卫生注意事项，发交各小组散给民众，以引起注意。宜春区分团，设立分团办事处，分函分宜、上高、宜丰调查团员人数及通讯地点以便指挥。鄱阳区分团，制白竹布团徽120枚，制宣传旗1面，翻印服务细则及简章各200份，翻印新生活运动纲要200本，翻印标语1万份，翻印服务工作报告表300份。上饶区分团，特别注重于车站码头等公共场所之规矩清洁。贵溪区分团，中心工作则为防疫运动，为民众注射防疫针；自制捕蝇拍，作捕蝇运动；集款修理阴沟，改良厕所；并举行妇女放足运动，以增进妇女健康。九江区分团工作，特别注意于早起、捕蝇、防疫诸运动，并就所属各地选定标准家庭二十余处举行新生活运动展览会九次，任民众自由参观，以资仿效。②

团员还到车站、码头、交通场所、娱乐场所和服务行业等，指导民众实行新生活。8月31日，是暑假的最后一天，新运总会对南昌市青年服务团全体团员进行了总检阅。这天是个雨天，起初雨时下时止，后来愈下愈大，滂沱不止。各团员冒雨从四面八方赶往指定地点，程时奎团长致辞，对学生们的假期服务给予肯定和赞扬，今天“举行总检阅，大家都能冒雨而来，精神奋发，整齐严肃；加上近来大家在服务上表现的精神与工作上所得到的成绩，本团长非常欣幸。我们在假期中服务的结果，已给予社会

---

① 《新生活运动促进总会江西青年假期服务团团务概况》，1934年7月印，第18—20页。

② 《新生活运动促进总会江西青年假期服务团团务概况》，第22—23页。

上一种良好的印象”①。大会结束后，团员均上街服务。一天纠正不合新生活运动的现象主要有：纽扣不扣、随地吐痰、吃香烟、吃零食、行人不走人行道、群集路上、车夫不穿号衣等。②

假期两个月的服务，团员们冒着盛夏酷暑，不仅“蒙受了太阳、风、雨的侵凌”，“更无端的遭着人们的热讽与冷笑”，足以使大家“心灰意颓”。③ 但他们“仍精神焕发，服装整齐，或伫立街心，或挨户宣传，和平检查，勤劳辅助，切实宣传，诚恳指导”，既说明“各团员早具互相劝勉力行新生活之决心”，也证明“团员类能以身作则，有先求诸己而后求诸人之精神”。④ 也正是在这个服务的过程中，学生们对中国社会现状有了深入的了解，假期服务结束以后，一个同学这样回忆道：“我们原来在小街小巷服务，天天和劳苦民众接近，他们的一切，我们差不多领略到了，他们的勤劳，真实，诚恳”，还有他们生活的艰辛，“安济渡一带的贫民，不仅衣食无着，住屋也是颓坏不堪，而且屋小人多，卧房猪牢茅厕同在一间屋内……”“从此，我尝到人世间的滋味，我对人生寻味的机会更多了些”，“书本上所意会不到而在深入社会直接体认得来的经验是不能磨灭的”。团员们的责任意识也由此不断增强，“我们每当服务的时候，想念到任务的重大，觉得非格外努力不可。然而要怎么样努力？只有深入社会以体察社会人情，因体察社会人情而谋改造社会”。⑤ 学以致用，服务社会，改造社会，建设国家，这正是公民文化的核心。

---

① 胡清溪：《假期服务杂记》，见《江西教育》第 4 期，1935 年 2 月 1 日出版，第 131 页。

② 《会务：江西青年假期服务团工作续志》，见《新生活运动促进总会会刊》第 3 期，1934 年 9 月 10 日出版，第 46—47 页。

③ 胡清溪：《假期服务杂记》，见《江西教育》第 4 期，1935 年 2 月 1 日出版，第 132 页。

④ 《新生活运动促进总会江西青年假期服务团团务概况》，第 24 页。

⑤ 胡清溪：《假期服务杂记》，见《江西教育》第 4 期，1935 年 2 月 1 日出版，第 129—135 页。

二、劳动服务运动

为推进“三化运动”的开展，新运总会制定《新生活劳动服务团组织大纲》，于1935年4月2日颁布实施，劳动服务运动由此全面展开。

组织大纲指出，“我国比年以来，天灾人祸，内忧外患，困穷危急，已达极点，百废待兴而不兴，百事待举而不举，推其原故，由于民族精神萎靡，士气颓唐，好逸恶劳，贪吃懒做，损人利己，假公济私，缺乏互助合作之精神”，“于是四万万人民，遂成为一盘散沙，而完全失却独立自主的力量”。“苟欲转移风气，复兴民族，以为救国自救之计，惟有唤起民众，以劳动为本分，以服务为目的，不惜自己血汗，扶植自己国家，不畏艰危，不辞劳瘁，进而组织民众，推广教育，救济失业，增加生产，扶植民气，改造社会，促进各种建设，以期造成现代国民义务劳动之基本。”为实现劳动服务运动，新生活运动总会“拟将所有各种新生活工作活动团体，一律编为劳动服务团，由军队宪警，党政军机关服务人员，学校师生，社会团体，各业领袖，本劳动服务之精神，推行生活军事化生产化艺术化三方案”。各种劳动服务团，直属于当地新生活运动促进会，并受其指导。各种劳动服务团，设正副团长各一人，由各该组成机关或团体主管人员充任，或由当地新运会指派，或由团员推选之。“各种劳动服务团团员，每日须利用公余课余业余实行劳动服务至少一小时。”劳动服务运动的具体工作内容包括守时运动、民众识字运动、工读运动、体育运动、社会卫生运动、提倡合作运动、促进保甲运动、利用废物运动、协助调查户口运动、协助警察侦缉运动、开渠筑堤运动、修桥铺路运动、造林保林运动、提倡储蓄保险运动、提倡服用国货运动、救助老弱残伤运动、扶颠扶危拯溺救饥运动、戒烟戒毒运动、航空防空运动、提倡科学等。各劳动服务团，可以根据上述各项运动，选择与其“本身性质相近之工作，切实推行，并得分别季节规定一种运动为各季中心工作”。[①]

《新生活劳动服务团组织大纲》颁布后，新运总会从4月份开始，陆续将以前服务新生活运动的社会团体，一律改为新运劳动服务团，此后劳动服务团成为新运活动的主要组织机构。据统计，1935年全国共有劳动服务团295个，成员69018人。1936年底，全国有劳动服务队2471个，劳动服务团7885个，服务的成员则多达395263人。[②] 应该说声势还是比较浩大的。

各省市新运劳动服务团成立后，结合当地情况，开展了不同形式的劳动服务运动。1935年9月，蒋介石有鉴于南北水旱灾害的泛滥，为“集中力量”，做好未雨绸缪工作，遂发表《冬季国民劳动服务之中心工作》，通令各省市，规定从当年11月1日起至来年3月31日止，“定为国民劳动服务水利季节”，工作业务“以关系水利工程，如浚河、筑堤、修湖、挖塘等项工作为主，以及造林筑路，沿路两旁均应植树，在水利工程需要较少之无水灾区域，则尤应注意植树造林”。工作办法，实施“各省人民总动员”，“除一般人民应遵照人民服工役法规服役外，凡各省各级官厅公务人员，及当地军队官兵，一律均须参加服役，以资提倡。中等以上学校教职员学生，在年假寒假期内，亦应各服工役十天”。同时，还要求各省市政府应“将原定施政纲要之中心工作，及人民服工役案内之有关水利造林筑路各事项，斟酌各该地方实际需要之情形，分别缓急轻重，从新规定”。[③] 据此，由工务局、社会局牵头，会同各关系机关，于11月22日组织成立南京市国民劳动服务委员会，筹备该项事宜。水利工作，全部放在修筑沿江防水堤埂上面，从12月到次年8月，数个月间，共完成土堤24公里，实做土方182250立公方，参加人员有民工、中央军校的员生、妇女

---

① 《新生活劳动服务团组织大纲》，见新生活运动促进总会编：《民国二十四年全国新生活运动》（上），台北：文海出版社1989年版，第260—263页。

② 《二十五年度本会工作概况》，见《新运导报》第4期，1937年3月出版，第86页。

③ 新生活运动促进总会编：《民国二十四年全国新生活运动》（上），第44—45页。

会灾民、戒烟医院的烟民、救济院游民等，共计 8000 余人次。造林工作，从 1936 年 2 月 15 日开始，至 3 月 3 日止，共种植树木约计 40 万株，参加人员有南京市各机关职员、各学校童子军、壮丁等万余人次。[①]

江西南昌学生的劳动服务成绩最为显著。江西省教育厅认为，"本省为新生活运动策源地，青年服务团组织，倡自南昌，自应扩大组织，充实内容"，因此，训令各学校将推动新生活运动的组织，"提前改组为江西青年劳动服务团，以树风声，而符规定"。[②]并要求中等以上之学校全体学生及各级学校教职员一律加入为团员。

根据《江西青年新生活劳动服务团简章》规定，江西青年新生活劳动服务团，"秉承蒋委员长'人生以劳动为本分，服务为天职'之意旨，训练本省青年劳动服务习惯"而设立。该团"以本省中等以上学校之全体学生及各级学校教职员为团员"。该团设团长一人，由江西省教育厅长担任之，设副团长两人，由江西省国民军事训练委员会主任委员及教育厅童子军指导员分别兼任，另设指导员若干人，"由团长就热心提倡青年劳动服务人士中聘请之"。其编组办法为：每一中等以上学校为一大队，大队长由各该校校长担任，大队副一人，由各该校训育人员担任，每一大队设指导员一人或两人，由各该校军事教官童子军训练员，或其他教职员担任。每大队根据学生班级多少，编成若干队，以一班为一队，每队再分为若干班，每班以 6—10 人为原则。凡未担任大队部职务的中等以上学校教职员，另行编为独立队。各小学教师及社会人员，在省会者另组独立大队，在外属各县者另组成团分部。团员服务时间，在上课期内，至少每星期服务两小时，寒暑假期内，每日服务两小时。团员"应先从本身劳动服务做起进而推己及人，为社会人民服务"。团员服务时，应一律遵守各该校纪律，

① 汪应瑞：《南京市二十四年度国民劳动服务概况》，见《新运导报》总第 42 期，1937 年 2 月 15 日出版，第 56—60 页。

② 《新生活运动档案》，南昌市档案馆，全总号 6，目录号 5，案卷号 0050。

并要实行各项新生活规约。团员工作范围与《新生活劳动服务团组织大纲》规定的21项工作范围相吻合。[①]

改组后的江西青年劳动服务团各大队编定了第一期工作纲领，规定自5月1日至6月30日为第一期工作，主要任务为：各大队长、大队副，向各团员讲解劳动服务的意义，“使各团员咸能体认劳动服务重要，及本团团员责任，俾能激发自觉意向，实行劳动服务”；各团员会同公安分局员警，及各保甲长“分赴各户调查，测验登记不识字，及略识字应受简易教育之民众，并编造名册”；各团员“应遵照省会普及简易教育办法规定，实行分别教导民众或担任各区辅导员”；团员每人须练习一种体育运动项目，各大队分别或联合举行体育运动竞赛；各团员应实行如洒扫、园艺、搬运等各项劳动操作；劝导家庭社会推行新生活“三化”方案；定期举行卫生运动等。[②]

第一期中心工作是推行简易教育——开展识字运动。1935年5月1日，江西省会民众识字运动暨江西青年新生活劳动服务团联合召开成立大会，并举行识字运动服务人员暨江西青年新生活劳动服务团全体团员宣誓典礼，监誓人顾祝同发表训词，指出，“劳动服务团”“工作范围，自是很多很大，但初步工作，便是推行简易教育，便是在南昌市教导失学的民众识字”[③]。事实上，识字运动，国民党中央早有规定，各省市也都常年举行，但由于缺乏热心的施教人员，也没有持久与实在的工作计划，所以效果较差。劳动服务团成立之初，就将青年的劳动服务与识字运动结合起来，为识字运动的广泛开展奠定了基础，也使青年的劳动服务能够结合自身特点，落在实处。根据《江西省会普及简易教育办法》的规定，普及简易教育的施教人员主要是各种劳动服务团的团员、省

---

① 《江西青年新生活劳动服务团简章》，见新生活运动促进总会编：《民国二十四年全国新生活运动》（上），第265—268页。

② 《江西青年劳动服务团各大队第一期工作纲领》，见新生活运动促进总会编：《民国二十四年全国新生活运动》（上），第278—279页。

③ 顾祝同：《以新运精神推行简易教育》，见新生活运动促进总会编：《民国二十四年全国新生活运动》（上），第82页。

会各机关团体，“正式成立之劳动服务团，均应负推行本省省会简易教育之义务”，但其组织安排，明显地将这一任务放在了教育界——江西省会普及简易教育委员会，“以省政府主席任主席，教育厅厅长任副主席，主持计划指导及考核普及简易教育事宜”；对担任简易教育的教师的要求，“劳动服务团员担任简易教育教师者，每人每年至少须教育不识字成人一户（店）至三户（店），以上门教导为原则”。[①] 由于肩负简易教育的重任，所以，教育厅厅长、青年劳动服务团团长程时奎责任重大，他教导并勉励团员们：“普及简易教育运动，就是最切实际的救国运动”，“青年劳动服务团团员，本期既以推行简易教育为中心工作，自应遵照省会简易教育委员会，暨各辅导区规定办法，努力从事，始终勿懈”。因为“普及简易教育运动成功与否，全系于施教者，能否努力尽职”。[②] 据载，南昌市被选定的进行上门教导的教师，多为高小及初中学生，他们“均于下午五时，携带千字课本，至所派定区保，由保长介绍于所属各甲，再由甲长辅各受教户，实行上门教导”[③]。进入7月，学校开始放暑假，为促使团员利用假期，从事有益于社会的工作，新运总会制定了《江西青年新生活劳动服务团暑期工作纲领》，从7月1日至8月30日，要求团员服务两个月，主要工作是指导民众识字及协助地方兴办保学。各学校推行简易教育成绩还是较为显著的，1936年1月，江西省会普及简易教育委员会呈报江西省政府认为，“省会私立女子公学等四十一校，服务尚属努力，拟恳优予叙奖，以资激励”；省政府遂训令，“该校等推行简易教育，既属努力，应传谕嘉奖，以示鼓励”。[④]

1935年下半年，青年劳动服务团有鉴于该年“水灾奇重，灾

① 《江西省会普及简易教育办法》，见《江西省政府公报》，1935年第173期，第1—2页。

② 《程时奎函劳动团员努力推行简教》，见《江西民国日报》，1935年6月21日，第5版。

③ 《异军突起之南昌简教运动》，见《新生活运动促进总会会刊》第23期，1935年7月1日出版，第80页。

④ 《据普及简易教育委员会呈报省会各学校推行简易教育成绩请优予叙奖等情应予嘉奖令仰知照》，见《江西省政府公报》，1936年第412期，第8页。

民嗷嗷待哺，急待赈济”，发起省会“募捐赈灾运动”。募捐日期自9月27日起至10月17日止；各分队募捐时间，以不妨碍课业为原则；募捐对象，主要有“校内同学”“亲戚朋友”“各分队附近之住户”等；募捐的同时，注意发放传单，说明救灾济难之意义，“借以唤起民众互救互助之心理，以坚强民族之团结力”。[①] 11月，省赈务会以该年洪水泛滥，发起劝募寒衣运动，并致函省会各校童子军，于11月12、17两日“分队出发，挨户募集”[②]。为此，各校童子军于12日上街向各商店住户劝募，“因劝募热心，捐助者甚为踊跃，有无名氏，捐洋八十元，购衣助赈”[③]。据载，此次募捐寒衣，得各学校之帮助极大。11月20日，省赈务会收到寒衣6000余件，除公安局劝募寒衣3014件外，余均为各学校所劝募。[④]

将劳动服务作为推动新生活运动的基本方式，体现了公民文化建设的核心所在，养成公民为社会、国家、民族服务的意识、习惯。我们知道，中国是一个经历了两千余年封建思想沉积的社会，“劳心者治人，劳力者治于人”的思想在社会上有着深厚的土壤，所以轻视劳动的观念、习尚，即使在民国建立以后，也还严重地存在着，正如蒋介石所说：“劳动就是做人与做事的基本，实在是最尊贵的一件神圣的事情！但是现在一般人却以为很微贱很可耻的事情，那一个要劳动，作苦力，所做的事情，就认为他很卑微，要鄙视他！”这样的社会习气对于现代国家的建设，对于公民文化的培育十分有害。因此，“我们要救亡、要革命、要建国，就必须首先彻底铲除这种错误的心理，和偷懒的习惯。要知道劳动是最可贵的神圣的事情，凡属国民，不论你有多少钱，不论在

---

① 《青年服务团今日起开始募捐赈灾》，见《江西民国日报》，1935年9月27日，第2张第6版。

② 《各校童军今日出发劝募寒衣》，见《江西民国日报》，1935年11月12日，第2张第8版。

③ 《劝募寒衣各界踊跃捐助》，见《江西民国日报》，1935年11月14日，第2张第7版。

④ 《省赈会将于下月初派员赴各县散放寒衣》，见《江西民国日报》1935年11月21日，第2张第7版。

学校里、机关里或是家庭里，个个人都要劳动，凡是不劳动的游手好闲的人，都不能算是一个现代的国民!”在强调人人都要劳动的同时，还必须认识到，劳动不仅仅是个人求温饱及荣华富贵的私利的事情，还要做到“有益于国计民生”，“即须为社会、为国家、为民众而服务”。“所以我们一方面要养成劳动的习惯，一方面更要提高服务的精神”，“注重社会的生存，增进公共的道德”。因此，蒋介石认为，“新生活运动劳动服务团”的组织，是新生活运动由“个人方面思想行动生活习惯的改进”，到“推己及人，扩大范围，改进社会”的一种媒介，其特点是“普遍”。[①] 而尤“以公务人员学校师生及各业领袖为其基干，利用工余课暇业余，或其他休假时日，以从事工作，先之劳之，自强不息，始终罔懈，负风动教化之责”[②]。久之，则“风气所移，必可使我们全国四万万同胞，个个人都抱着‘人人为我，我为人人’的合作精神为国家服务!”[③]

宋美龄曾就“人生以服务为目的，不是手段”这一问题与蒋介石进行过探讨，二人基本形成共识：服务是目的而不是手段。[④] 宋美龄不仅以自己热心服务妇女运动的行为演绎着服务的涵义，而且号召广大妇女投身于社会工作和民族国家的复兴大业之中。1936年，有人给指导长宋美龄写信指出，“现在中国还有一部分青年妇女，仍然被几千年来的风俗习惯所束缚，囚犯似的被困家中”，希望宋美龄“能助之使得自由”。宋美龄复函写道：“把妇女关在家里的办法，是一种断肢残肢的行为，害处比缠足还大”，号召“市长们，各级党部，教育家，绅士们和身为家长的人”，在新生活运动中担负起“纠正这种相沿的积习——对于社会上青年妇

---

① 蒋介石：《劳动与服务》，见秦孝仪主编：《先“总统”蒋公思想言论总集》卷十三，第93—96页。

② 蒋介石：《新运周年纪念告全国同胞书》，见萧继宗主编：《革命文献》第六十八辑，第43页。

③ 蒋介石：《劳动与服务》，见秦孝仪主编：《先“总统”蒋公思想言论总集》卷十三，第96页。

④ 黄自进、潘光哲编：《蒋中正“总统”五记·爱记》，第175页。

女不公平的待遇——的责任”。[①] 在“妇指会”的领导下，各地妇女纷纷投入到新生活运动各项活动之中。福建省妇女新生活劳动服务团于1936年4月成立，在之后的八个月时间内，开展的工作就有如下八个方面：保婴运动——设立妇婴健康指导所，调查儿童卫生状况，并实施宣传劝导工作；识字运动；检阅——检查女澡堂清洁，及担任清洁运动周检查工作，与参加新运三周年全市大检阅；纠察——协助省新运会到通衢要冲，从事纠察妇女界之奇装异服；防护工作——派员出席省保安处所组织之省会防护团；提倡国货运动；节约运动；参加各项纪念典礼等。[②] 1938年8月，由宋美龄监誓，一批即将奔赴战地服务的女青年庄严宣誓：“余誓以至诚愿意担任抗战救国工作，在新生活运动促进总会妇女指导委员会领导之下，遵守队员规则，实践新生活信条，为国家尽忠，为人民服务，不辞劳怨，不惜牺牲，如违誓言，愿受最严厉之裁判，谨誓。”[③] 对那些平时过着娇贵生活，而在抗战中却能积极参加救护工作的妇女，宋美龄给予高度评价：“如今她们对于创伤的脓血，腐败的臭气，甚至于生了蛆虫，什么污秽难堪的东西都丝毫没有厌恶回避，而在各医院各收容站辛勤地照料着伤兵。”这些“无声无色的平凡工作”，虽然没有什么出奇，但“实际上却有很大的价值”，因为，“凡是向崇高目标迈进的工作，无论怎样的平凡或细致，终是可贵的”。[④] 在她看来，个体是组成整体的分子，每个个体——每个国民如都能以“合作”“服务”的精神，关心他人，热爱集体，对民族国家的振兴有着强烈的责任感和使命感，那么，这个国家的兴旺发达就指日可待。

---

① 《新运通讯一页》，见《妇女新生活月刊》第7期，1937年6月出版，第1页。

② 《各地妇女新运工作近讯》，见《妇女新生活月刊》第6期，1937年5月出版，第34—35页。

③ 新运妇女指导委员会编：《工作八年》，新运妇女指导委员会印1946年，第33页。

④ 蒋宋美龄：《妇女新生活应有的精神》，见《妇女新运》创刊号，1938年12月20日出版，第3—6页。

第五章　宋美龄与妇女改造及儿童素质教育

妇女占一个国家人口的半数，儿童是国家的未来，他们的状况在一定程度上标志着国家的发展状况及可能的发展趋势。宋美龄一生中，对妇女、儿童的关注超过其他社会事项。因此，对妇女的改造及对儿童的教育构成其社会改造活动的重要部分。

第一节　宋美龄对妇女地位与作用的认识

一、妇女从家庭走向社会

传统社会，在封建的三从四德伦理道德束缚之下，按“男主外，女主内”的分工，妇女的活动范围不仅局限于家庭，而且完全处于从属与附庸的地位。维新变法运动兴起后，维新思想家从挽救民族危亡的立场出发，倡导“贤妻良母”性质的妇女观，希望通过女子教育，使女子“上可相夫，下可教子，近可宜家，远可善种”①。这一立论虽然不是从妇女本身着眼，但对于冲破封建礼教的牢笼，具有积极与进步的作用。

伴随着女学兴起的是一批知识女性的出现，她们视野所及，涉及自己的命运与社会一系列的问题。她们开始用资产阶级的民主思想来观察问题。如秋瑾，她撰写了大量文章，揭露封建社会的陈规陋习，控诉妇女所受的不平等待遇，倡导男女平权，她在

① 梁启超：《倡设女学堂启》，见李华兴、吴嘉勋编：《梁启超选集》，第51页。

《勉女权歌》中指出："吾辈爱自由，勉励自由一杯酒。男女平权天赋就，岂甘居牛后。愿奋然自拔，一洗从前羞耻垢。"[①] 而女子不独立，经济不独立是重要原因，"我们女子不能自己挣钱，又没有本事，一生荣辱皆要靠之夫子，也就无可奈何……但凡一个人，只怕自己没有志气；如有志气，何尝不可求一个自立的基础，自活的艺业呢？"[②] 因此，女子要自立，就必须学习技艺，必须团结起来，她说："欲脱男子之范围，非自立不可；欲自立，非求学艺不可，非合群不可。"[③] 她不仅意识到了妇女不独立的经济原因，而且认识到了妇女团结在妇女解放中的作用，呼吁女子与男子一起精忠报国，进行反清革命，在政治革命中求得妇女自身的解放，"扫尽胡氛安社稷，由来男女要平权。人权天赋原无别，男女还须一例担。……男和女同心协力方为美，四万万男女无分彼此焉，唤醒痴聋光睡国，和衷共济勿畏难"[④]。

一大批进步妇女在革命思想感召之下，开始投入革命斗争，在革命中求自身的解放。1905 年中国同盟会建立之后，就有不少妇女在国内外加入同盟会，如何香凝、秋瑾、唐群英、徐宗汉、尹锐志、尹维峻等都是同盟会会员，有的还担任领导职务。辛亥革命爆发后，女子从军掀起一股热潮，"这些女子军直接参与军事参加战斗，如浙江女子军参加了光复南京、杭州之战，女国民军当武昌守备之任，参加攻击南京、汉口之役"，"还有一些妇女团体组织一些妇女从事前线救护、募集军饷和运输物资等工作，如张竹君组织了上海赤十字会，唐群英成立了女子后援会，张昭汉组织了女界协赞会等"。[⑤] 南京临时政府成立后，妇女又掀起了要求参政的浪潮，最后虽以失败而告结束，但过程本身显示了妇女的觉醒与要求走向社会的强烈愿望。

---

① 秋瑾：《勉女权歌》，见秋瑾：《秋瑾集》，上海古籍出版社 1979 年版，第 117 页。

② 秋瑾：《敬告姊妹们》，见秋瑾：《秋瑾集》，第 15 页。

③ 秋瑾：《致湖南第一女学堂书》，见秋瑾：《秋瑾集》，第 32 页。

④ 秋瑾：《精卫石》，见秋瑾：《秋瑾集》，第 130—131 页。

⑤ 计荣主编：《中国妇女运动史》，湖南出版社 1992 年版，第 30 页。

新文化运动以其对旧文化的猛烈抨击，呼唤着人权与民主，妇女解放也成为个性解放的一个重要组成部分。妇女职业问题成为社会改造的一个根本问题，引起进步人士的普遍关注。要求妇女冲破家庭牢笼，走向社会成为一股强劲的思想暖流。胡适在他的《美国的妇人》一文中，推崇美国妇女的“自立”精神，他指出，“美国的妇女，无论在何等境遇，无论做何等事业，无论已嫁未嫁，大概都存一个‘自立’的心”，“‘自立’的意义，只是要发展个人的才性，可以不依赖别人，自己能独立生活，自己能替社会做事。”希望中国妇女也能够自立，树立“超于良妻贤母的人生观”，“我们中国的姊妹们若能把这种‘自立’的精神，来辅助我们的‘依赖’性质，若能把那种‘超于良妻贤母人生观’，来辅助我们的‘良妻贤母’观念，定可使中国女界有一点‘新鲜空气’，定可使中国产出一些真能‘自立’的女子”。[①] 挪威戏剧家易卜生的《玩偶之家》也被翻译介绍过来，轰动一时。娜拉因不满于做家庭的傀儡而出走，成为鼓舞妇女勇敢地走向社会的助推力量。

经五四潮流鼓荡后，女子除参加教育界外，逐渐着重于实业。1921年秋，北京女界为提倡女子职业，由陈丽华、赵君默、张佩芬、宋云芳、邓云芝、王令仪、秦镜清、袁美华、周慧贞等发起中国女子商业储蓄银行，资本50万，股东多为女子，除少数总揽行务者外，一切均以女子担任，开女子从事实业之先河。[②] 由此，女子从事的职业范围逐渐推展，更多的人走出家庭，走向社会的各个行业。

二、宋美龄对妇女地位与作用的认识

天然的生理特点和长期的思想影响，使得妇女对家庭的责任始终成为其肩负的重任之一。即使在妇女日益走出家庭，走向社

---

① 胡适：《美国的妇人》，见《新青年》第5卷第3号，1918年9月15日，第213—223页。

② 谈社英编著：《中国妇女运动通史》，上海书店1936年版，第163页。

会的时候，“让妇女回到家庭去”的论点仍然不时泛起。那么，在职业与家庭之间，妇女究竟应该承担什么样的责任，起到什么样的作用呢？

在宋美龄看来，妇女生活的状况决定着社会的文明与进步的程度。“我们如要衡量一国的进步程度。必得注意那一个国家妇女的情况，和妇女在社会生活，国家生活中的地位。倘若大多数妇女有受教育的机会，而且生活很合理，那个国家才是进步的国家。”而中国的妇女，“非但多数没有受教育的机会”，即使都市妇女，有受教育的机会，“但参与社会活动的仍属少数”。因此，她主张妇女走出家庭，参与社会工作，为国家作出贡献。“知识与才力充分的妇女，在公共事业中，能与男子负同样的责任，他们的热心和服务精神，同样有旋转国家命运的力量”，“居人口半数的妇女，有绝对的理由，得为国家出力”。[①] 妇女只有先担负起自己的责任，才能求得真正的解放，即“由我女界同胞的努力，增进我们民族的地位，要使民族生活受到女子的影响，因而提高它的精神物质两方面的标准，使大多数乃至全体的同胞，都得到独立自由平等的幸福”。就这一意义而言，女子解放，不是“一种权利”，而是“一种责任”。[②]

宋美龄认为：“任何妇女只要有知识、有魄力、有志趣、有干才、有目标，就能做她所愿做的事业。”[③] 因此，在社会上，女子应该和男子有平等的地位，“我看不出什么女子不能和男子一样重要的理由。工作不应有男女之分，而应该看各人的工作能力，学问及品格而定”。她承认女子的体格不如男子，但在“耐劳方面，女子比男子更能忍受”，至于“女子经验没男子多，那是因为男子在社会上的时间比女子长久的缘故”。[④] 新生活运动兴起后，她认

---

① 宋美龄：《新生活运动》，见王亚权主编：《蒋夫人言论集》上集，第45—46页。

② 《只讲妇女解放还不够 要达到全民族的解放》，见《中央日报》，1939年3月9日，第3版。

③ 宋美龄：《新生活运动》，见王亚权主编：《蒋夫人言论集》上集，第46页。

④ 龙子：《蒋夫人谈妇女问题》，见《家》第4期，1946年4月号，第3页。

为妇女“对于这个运动正可作切实的辅助”[①]，并亲自担任妇女指导委员会的指导长，领导妇女积极参与社会的各项改造工作。抗战爆发后，她号召妇女尽“国民一分子”的责任，贡献自己的力量，“什么地方有适合我们的工作，我们就得争先恐后地来担任”[②]。凭借着自己蒋介石夫人的优势，她将各妇女团体联络起来，最大限度地调集女同胞参与抗战建国的各项事业。

图 5-1　抗战时期宋美龄为战士亲缝征衣

固然，前线慰劳、医疗救护、儿童保育、寒衣征募等，都体现了妇女作为国民一分子的责任担当，然而，不能忽视的是，妇女还有家庭需要照顾，如何看待这样一种工作？宋美龄认为，“家庭是国家的根基”，“家庭主妇实在有其极大重要性”，家庭内如果没有主妇料理一切，丈夫就难以安心在外工作，“尤其在抗战期间，内地的家庭多数用不到佣人，有的根本就负担不起。一个主妇就要担任家庭内一切杂务，照顾孩子。还帮助丈夫进行工作。他们对于国家的贡献，实在和丈夫是一样的”。[③] 在这里，妇女扮演的是贤妻良母的角色，但其意义已经超出了个体家庭的狭小圈

① 宋美龄：《新生活运动》，见王亚权主编：《蒋夫人言论集》上集，第 45 页。

② 宋美龄：《告中国妇女》，见中华全国妇女联合会妇女运动历史研究室编：《中国妇女运动历史资料》（1937—1945），第 20—21 页。

③ 龙子：《蒋夫人谈妇女问题》，见《家》第 4 期，1946 年 4 月号，第 3 页。

子，上升到国家层面而具有与男子职业一样重大的意义。

事实上，宋美龄对“贤妻良母”的理解，是建立在国民责任的意义基础之上的。她认为，一个良好公民的培养，父母有不可推卸的责任，更何况在抗日的当下，因为残暴的敌人在我们的国土上横行霸道，所以，当前一代及其下一代都肩负着拯救国家、摧毁敌人的英勇任务，这就要求他们“到成年时，必须有生而具有明智的坚决意志，而成为具有高尚的、有宗旨的和爱国心的人格的出色的人物”，而这样的人物，“只有依靠父母的以身作则才能教养”出来，这是今天的母亲和明天的母亲正面临着的一个“繁重和庄严”的“国民义务”。①

同样，对于丈夫，妇女也有辅佐的义务，“打仗的时候男子都要上前线去杀敌”，“我们须要鼓励男子，使他们知觉，我们有我们的方法来辅助他们，使他们无后顾之忧”。② 西安事变中宋美龄不顾环境复杂，舍身营救蒋介石，以自己的亲身经历演绎了一个贤妻对丈夫事业的帮助。

“倘使妇女对于国家的进步愿作确切的个人贡献，那么她必须是一个贤妻良母，一个好的公民。”这样，好公民和贤妻良母便合二为一，融为一体，“倘使她不能作一个好的公民，她就不能作一个良母或贤妻，倘使她不能作一个良母或贤妻，那么她也就不能作好的公民。她的子女对于她或者他们的国家，也就不能产生信心”。③ 这样妇女对于家庭、职业的双重责任便汇集到一点：做一个好公民。这样的好公民，既要能支持丈夫的事业，又要能培养好子女，同时还能在社会需要的时候，义无反顾地以自己的能力为社会服务。

---

① 宋美龄：《我将再起——妇女与家庭》，见王亚权主编：《蒋夫人言论集》上集，第181页。

② 宋美龄：《告中国妇女》，见中华全国妇女联合会妇女运动历史研究室编：《中国妇女运动历史资料》（1937—1945），第21页。

③ 宋美龄：《我将再起——妇女与家庭》，见王亚权主编：《蒋夫人言论集》上集，第180页。

第二节　宋美龄与妇女组织和培训

一、妇女组织的建立

一箭易折，十箭难断。分散的个体只有组织起来，才能发挥合力作用，攻坚克难。在中国，由于妇女是一个缺乏组织的群体，这样她们在社会上作用的发挥就受到极大影响，宋美龄指出："中国妇女的力量，正如中国无尽藏的资源一样，没有尽量开发，没有尽量发挥出来。"其原因在于"没有组织，不能团结"。[①] 因此，动员妇女，将她们组织起来，团结在一个目标之下，是妇女工作的当务之急。

1. 妇女服务团与妇女生活改进会

新生活运动兴起后，家庭是实施新生活的主要单位。为促进家庭厉行新生活，妇女必须被动员起来，作为新运的主要推行力量。新运总会认为："新生活之推行，应以家庭为中心；而主持家政者，皆为妇女；故应以妇女之厉行新生活，为推行之主要干部。"[②] 熊式辉也认为："新生活运动一切的办法，要以妇女运动为根本，新生活运动也就是要妇女首先动起来，必须如此，才有达到目标的一天。"[③] 在当时，由于公务人员肩负着为其他人群做表率的使命，所以女公务员首先被组织起来。

1935 年 10 月，南昌"女公务员服务团"成立。服务团的工作一方面为家庭改进，即由团员做起，使服装、饮食、居住、卫生、生产、保育、教育、经济、做人、娱乐等方面，均能符合新生活的原则；另一方面的工作是社会服务，工作内容包括编印每周一

---

① 《抗战建国中之妇女问题——蒋夫人昨对重庆市妇女界之演讲》，见《中央日报》，1939 年 1 月 15 日，第 4 版。

② 《民国二十三年南昌新生活运动》，见《新生活运动促进总会会刊》第 14 期，1935 年 1 月 1 日出版，第 19 页。

③ 熊式辉：《新生活运动与妇女服务》，见《新生活运动促进总会会刊》第 9 期，1934 年 11 月 10 日出版，第 7 页。

期的《家庭改进工作指导》和开办女公民训练班等。但无论是家庭改进还是社会服务，都由于时间的限制，而影响有限。

为此，1935年11月，新运总会提出组织南昌妇女生活改进会，其宗旨为："联络南昌知识界妇女，共同研究，互相激励，逐渐改进整个生活，使德、智、体、群、富、美各方面充分发展，并运用会员力量，进行社会服务，使一般妇孺皆得改进生活。"[①] 尽管改进会组织大纲对改进会宗旨做了上述规定，但其工作，仍"以会内工作为主要任务，社会上的一般妇女仅是次要的"[②]，也就是说，妇女改进会的活动能够推及一般妇女的非常有限。

1935年4月，新运总会遵照蒋介石的指示，发起劳动服务运动，各地的新生活服务团体，一律改编为劳动服务团，各地根据情况，从速组织妇女新生活劳动服务团，宋美龄受新运总会特聘，担任全国妇女劳动服务团指导长。一时间，各地纷纷成立劳动服务团或类似的组织。宋美龄从此开始领导新运妇女组织。

2. "妇指会"的成立及对全国妇女工作的领导

"妇指会"是新生活运动促进总会妇女指导委员会的简称，它是随着新生活运动的扩展、深入而诞生的组织。1936年，随着新运总会的迁京，组织机构改组。2月10日，新运总会内增设妇女指导委员会，专门负责妇女新运工作。根据修订后的新运总会组织大纲第七条的规定："全国各地新生活运动促进会，得设妇女新运工作委员会，推进各地妇女新运工作。"新运总会还专门制定了《新生活运动促进总会妇女指导委员会组织大纲》，其主要内容如下：

（一）名称：本委员会依据新生活运动促进总会组织大纲第七条之规定组织之，定名为新生活运动促进总会妇女指导委员会。

（二）宗旨：本委员会以指导全国各地妇女整个生活之改进，并使德智体群富美各得充分的发展，共负服务社会复兴民族之

---

① 《南昌妇女生活改进会组织大纲》，见新生活运动促进总会编：《民国二十四年全国新生活运动》（上），第273页。

② 温波：《重建合法性——南昌市新生活运动研究》（1934—1935），第193页。

责任。

（三）组织：本委员会设指导长一人，由会长聘请之。委员九人至十一人，由指导长荐请会长聘任之。副指导长一人，秘书一人，由指导长自委员中选任之。

（四）职责：本委员会负责计划指导，并联络全国妇女新生活运动一切工作。

（五）职员：本委员会设总干事一人，由指导长荐请，会长聘任之，在本委员会指导之下，总理本委员会一切事务。干事助理员若干人，由本委员会视工作之需要，临时聘任之。

（六）会期：本委员会每月开常会一次，遇特别事项时，得开临时会，由指导长召集之。指导长缺席时，由副指导长召集之。

（七）各地新运妇女工作委员会：全国各地新生活运动促进会得设新运妇女工作委员会，推进各地妇女新运工作，并向本委员会登记，并受本委员会之指导。

（八）经费：本委员会之开办费及经常费，均由新生活运动促进总会负担之。①

根据上述规定，新运妇女指导委员会设指导长一人。这一职务，从妇女指导委员会成立到1949年新生活运动结束，始终是由宋美龄担任的。她遂成为整个新生活运动名副其实的领导人。

新运“妇指会”创立后，其开展的重要工作便是了解各地妇女新运的组织和工作情况，以为改组和加强领导的根据。由于全国幅员辽阔，“妇指会”以书函表格的形式对各省市新运会所属之劳动服务团的工作情况进行调查。宋美龄致函各地新运会，指出：“本委员会业经正式成立，兹为调查各地新运促进会妇女新运之组织与工作状况以为改进之根据，特检同调查表纸，希即查照，填报本会（通讯处南京第一公园），如无是项组织者，将来有否组织可能，并希分别述明。嗣后关于妇女新运工作报告或通讯，尤希

---

① 《本会成立之经过》，见《妇女新生活月刊》第1期（创刊号），1936年11月，第34—35页。

直接寄至本会一份，以资有所联系，藉增工作效率。”[①] “妇指会”真正成为统筹全国妇女新生活的领导机构。

在进行调查的同时，“妇指会”着手改组各地妇女组织。1936年2月19日，宋美龄召集南京市24个妇女团体代表50余人谈话，决定组织首都新运妇女促进会工作委员会，由市长马超俊夫人沈慧莲负责筹备。[②] 经过积极筹备，3月11日，首都新运会妇女工作委员会正式成立。[③] 同月，宋美龄在杭州召集各妇女团体领袖开会，荐请浙江省主席黄绍竑的夫人负责筹备浙江省妇女工作委员会。[④] 1937年，“妇指会”在其工作计划大纲中将其组织工作作了规定：“划一各地妇女新运组织——改组各地妇女劳动服务团及妇女新运促进会为妇女工作委员会”，同时“增设各地妇女工作委员会”。[⑤] “妇指会”成为动员各界妇女参加各项社会工作的有力组织。如宋美龄“为联络京市妇女界感情及报告该会数月来推行妇女新运工作情形”，于1936年5月29日，在第一公园内举行露天茶会，招待京市妇女界。[⑥] 妇女界工作的互通声息有利于推动各地妇女工作的广泛开展。再如，“妇指会”对1937年各地城市妇女工作做了最低工作限度的安排，“设计并推行妇女常识训练班”“设计并推行新生活家庭”“设计并推行非常时期之训练班”，“以上三种工作为各地妇女工作委员会最低限度必须实施之工作”。[⑦] 各地妇女工作逐渐统一步伐。

---

① 《本会成立之经过》，见《妇女新生活月刊》第1期（创刊号），1936年11月，第36页。

② 《蒋夫人昨召集妇女团体代表谈话》，见《中央日报》，1936年2月20日，第2张第3版。

③ 《首都新运会妇女工作委员会昨成立》，见《中央日报》，1936年3月12日，第2张第3版。

④ 《妇女新运指委会筹设各省妇女工作会》，见《申报》，1936年3月29日，第2张第6版。

⑤ 《本会二十六年度工作计划大纲》，见《妇女新生活月刊》第3期，1937年1月，第47页。

⑥ 《新运妇女指导会昨招待京市妇女界》，见《中央日报》，1936年5月30日，第2张第3版。

⑦ 《本会二十六年度工作计划大纲》，见《妇女新生活月刊》第3期，1937年1月，第48页。

3. “妇慰总会”的建立

1937年7月7日，卢沟桥事变发生，日本帝国主义开始大举进攻中国。在蒋介石的指示下，二十九军军长宋哲元等调动部队，积极投入抗战，期间，共产党也与国民党等积极交涉，力促国共和解。7月17日，蒋介石在庐山发表谈话，表示准备抗战。9月22日，国民党中央通讯社发表了《中共中央为公布国共合作宣言》。第二天，蒋介石发表谈话，承认了中国共产党的合法地位，至此，国共第二次合作宣告建立，抗日民族统一战线正式形成，中华民族进入了全面抗战时期，各党派、各阶层、各团体共同奔赴民族革命的战场。

全面抗战爆发后，中国妇女运动一改过去争女权的议题而进入到一个新的阶段——为抗战服务。伴随着卢沟桥的枪声响起，全国各省、各界妇女便立即行动起来，宣传抗日救亡，进行募捐、慰劳、救护等，支援前线。“妇女运动，比较在抗战以前，具有新的进步而更加开展。妇女运动的各方面，均以抗日救国为中心的姿态出现，适应抗战环境的需要”①。

应形势发展的需要，组织全国性妇女领导机构的任务也日益迫切。1937年7月22日，何香凝在上海发起成立“中国妇女抗敌后援会”。大会指出，“现在已是我们民族争生存的最后关头，只有全国一致团结抗敌，才是我们唯一的出路。”呼吁“一切不愿作亡国奴”的妇女，“有力的出力，有钱的出钱”。② 该会成立之初，“原预定发动全国各地妇女，同样进行，成为全国性的组织”③，故纷纷通电各省妇女界从速成立各该省的妇女抗敌后援会。7月24日，何香凝建议宋美龄在南京成立抗敌后援会。④

---

① 邓颖超：《对于现阶段妇女运动的意见》，见《妇女生活》第5卷第6期，1938年1月，第1页。

② 《中国妇女抗敌后援会告妇女书》，见中华全国妇女联合会妇女运动历史研究室编：《中国妇女运动历史资料》（1937—1945），第18—19页。

③ 铁怀：《一年来的上海妇女界》，见中华全国妇女联合会妇女运动历史研究室编：《中国妇女运动历史资料》（1937—1945），第111页。

④ 尚明轩：《何香凝传》，北京出版社1994年版，第257页。

1937 年 8 月 1 日，宋美龄召集国民党要员的女眷们在南京开会，成立了中国妇女慰劳自卫抗战将士总会，简称“妇慰总会”。该会的宗旨是：发动海内外妇女同胞为抗日“输才尽力”。宋美龄在成立大会上指出：“我们要保全国家的完整，保护民族的生命，应该尽人人的力量，来抵抗敌人的侵略。我们妇女也是国民的一分子，虽然我们的地位能力和各人所能贡献的事项各有不同，但是各人要尽量地贡献她的力量来救国。什么地方有适合我们的工作，我们就得争先恐后地来担任。”成立“妇慰总会”的意义，“就是我们要团结一致组织起来，尽量提高我们的工作效率，连一丝一毫的能力、时间和金钱都不要白费。”只有这样有目的地组织起来，按“预定的规律和步骤”，“循序进行，才能达到成功的目标”。[①]

8 月 2 日，“妇慰总会”致电各地妇女，“从速组织分会，与总会取得密切联络，在严整步骤之下，合力救国，务以实际工作与国人共勉，以尽我妇女对国家民族之职责”[②]。得知这一消息后，何香凝经过慎重考虑决定，将上海妇女抗敌后援会改名为“上海妇女慰劳分会”，以“响应蒋夫人”，同时，也“免得分歧”和“重床叠架”。[③] 与此同时，其他各处也纷纷响应，成立相应组织。据统计，“国内曾先后成立四十一分会，国外十七分会，工作范围几遍全国”[④]。一时间，“妇慰总会”领导妇女进行前线慰劳，难童抢救，伤兵、难胞服务等，成为与“妇指会”平行的领导全国妇女进行抗敌后援工作的妇女组织。1938 年 7 月，新生活运动促进总会妇女指导委员会扩大改组后，“妇慰总会”与该会的慰劳组实行了工作上的合并，但仍保留独立的名义，直到抗日战争胜利。

---

① 宋美龄：《告中国妇女》，见中华全国妇女联合会妇女运动历史研究室编：《中国妇女运动历史资料》（1937—1945），第 20—21 页。

② 《中国妇女慰劳自卫抗战将士总会致全国女同胞电》，见中华全国妇女联合会妇女运动历史研究室编：《中国妇女运动历史资料》（1937—1945），第 22 页。

③ 铁怀：《一年来的上海妇女界》，见中华全国妇女联合会妇女运动历史研究室编：《中国妇女运动历史资料》（1937—1945），第 111 页。

④ 中国第二历史档案馆：《中国妇女慰劳自卫抗战将士总会八年工作总报告》，见《民国档案》，2007 年第 1 期，第 41 页。

4. 战时儿童保育总会的成立

儿童问题与妇女问题始终是紧密相连的。随着妇女界踊跃参与抗战的各项活动，难童问题便迅即进入她们的视野范围。她们认为，若任难童问题继续发展，将引发如下严重后果：因为惨遭杀害和丧失保育，孩子们的死亡数量将大大增加；敌人将更多地把孩子劫走施以奴化教育；失教失养的孩子们的数量将更加庞大；许多上前线的将士们，或其他抗战工作者的工作，将因为孩子的牵累而蒙受不良影响。[①] 难童问题成为关系着抗战、关系着中华民族存亡的大问题。1937 年底，汇聚武汉的各界进步妇女不约而同地把目光聚焦在儿童问题上。徐镜平回忆战时儿童保育会筹备情况时说："怎样发挥妇女，特别是知识妇女的抗日救亡的积极性？怎样抢救在水深火热中的儿童，怎样解除前方英勇杀敌的将士的后顾之忧？如何切实担负起养育儿童的责任？凡此种种，日夜盘旋在我的脑海里。那时，杜君慧、安娥、朱涵珠等同志来医院看我，我就把这些想法给大家说了，她们也正在考虑这个问题，她们并告诉我，南京来的曹孟君等同志也有同样的想法，我们真的都想到一起来了。"[②]

上文所讲的"南京来的曹孟君等同志"是指从南京撤退到武汉的"妇慰总会"相关人员。中国妇女慰劳自卫抗战将士总会成立后，其委员吴贻芳、赵懋华、沈慧莲、张蔼真、李德全、陈逸云、徐闿瑞、唐国桢、曹孟君、吕晓道、任培道、谢兰郁等人，一致认为，战时儿童保育是一件刻不容缓的工作，提议发起组织战时教养院，准备把院址设在庐山牯岭。这一提议得到宋美龄的支持。嗣因战局变化太快，未及实施。但仍"一面托人另觅相当院址，一面向政府建议，请其通令全国各地政府设法提倡"[③]。

① 曹孟君：《救救孩子们》，见中华全国妇女联合会编：《抗日烽火中的摇篮》，中国妇女出版社 1991 年版，第 39 页。

② 徐镜平：《回忆战时儿童保育会》，见中华全国妇女联合会编：《抗日烽火中的摇篮》，第 239 页。

③ 唐国桢：《中国妇女慰劳自卫抗战将士总会战时儿童保育会工作报告》，见秦孝仪主编：《中华民国重要史料初编——对日抗战时期》第四编战时建设（四），第 929 页。

在目标明确的条件下，进步妇女刊物《妇女生活》为大家提供了一个平台：交流意见、统一认识、宣传鼓动、联络同志。于是，“在武汉各界，特别是新闻界、文化界纷纷发消息、写文章，掀起了‘救救孩子’的高潮。同时在汉口女青年会总干事陈纪彝的积极赞助之下，在女青年会腾出一间房子作为筹备处”①。1938年1月13日，《新华日报》发表题为《发起组织战时儿童保育会》的新闻，报道写道：“抗战以来，很多为国牺牲的同胞遗下儿女无人养育，令人怜悯。为了救济这般儿童，社会上正预备组织‘战时儿童保育会’，听说参加发起的有方振武、沈钧儒、郭沫若等184人。果能成功，则可使抗战同胞减少家庭顾虑，同时妇女们也可以参加救亡工作而增加抗战力量，很希望各界人士热烈赞助。”②1月20日，《妇女生活》杂志刊登了由沈钧儒起草，李德全、邓颖超、傅伯群、郭沫若、唐国桢、安娥等人签名的《战时儿童保育会缘起》一文，提出“儿童是国家未来的主人，民族解放的后备军”，为争取民族胜利，建立独立民主自由幸福的国家，对这些幼年的主人，不仅要爱护，“还应该启发他们民族的意识”，并“施以合乎时代要求的教育，使他们有能力担负起建设祖国的任务”。同时如果“要使国民半数的妇女参加救亡工作，就必须使她们从家庭的羁绊中解放出来”，而且“妇女们能够独立自由的组织起来，男子们减少家室之累，也可以全心力去参加救亡工作。壮丁们可以毫无顾虑地开赴前线，实现我们保卫中华争取最后胜利的信念”。文章还指出，“保育战时的儿童，不是一件小事，必须要有政府的领导及人民的支持”，号召各界“有钱出钱，有力出力”，共同担负起救助难童的重任。③

经过多方奔走，1938年1月24日，中国战时儿童保育会发起人会议在汉口基督教女青年会召开，会议决定成立战时儿童保育

---

① 徐镜平：《回忆战时儿童保育会》，见中华全国妇女联合会编：《抗日烽火中的摇篮》，第239页。

② 《发起组织战时儿童保育会》，见《新华日报》，1938年1月13日，第2版。

③ 《战时儿童保育会缘起》，见《妇女生活》第5卷第7期，1938年1月20日，第11页。

会筹备会，推选李德全、郭秀仪（黄琪翔夫人）、钟可托、安娥、唐国桢、吕晓道、于汝州、朱涵珠、曹孟君等九人为筹备委员，李德全为筹备会主任委员。之后筹备会议定了工作原则和具体工作。为取得政府与社会各界的支持，提高保育会的影响力，在邓颖超的建议下，“史良、沈兹九、刘清扬三人去见宋美龄，请她出来主持保育工作。宋美龄答应了所请”[①]。2 月 28 日，宋美龄亲自出席了战时儿童保育会的筹备会议，会议讨论了建立儿童保育院、经费募捐、儿童教养等问题。宋美龄表示：“此等中国之将来主人，如不及时教养，良心固然有亏，民族前途更受极大影响。现在保育会既有人努力工作，经济方面当在可能范围内，尽力协助。”[②] 会议决定暂时收容儿童 2 万名，并决定在四川设立第一保育院。

经过一个多月的筹备，3 月 10 日，战时儿童保育会在汉口教会学校——圣罗以女子中学（现在的武汉第二十中学）举行成立大会，到会中外来宾、政府官员及妇女界人士 700 余人。会议主席团由宋美龄、李德全、郭秀仪、张蔼真、黄卓群、陈纪彝、曹孟君、安娥、徐闿瑞、吕晓道、唐国桢等 11 人组成。宋美龄在大会致辞中表示：“在这个抗战剧烈的时期，对于战区和非战区儿童们如何教养，如何保护，使无家可归以及失去父母亲的儿童们，不至于流离失所，不至于孤苦无依，不至于游惰失教，岂不是应该由我们毅然担当起这个责任来么？儿童保育决不是一件平凡而普通的工作，实在是于国家民族很大关系的基本工作。儿童是未来的国民，是民族的幼苗。……这不单是为人道，我们应该如此做，为救国，我们应该如此做，为支持抗战与建立战后的新中国，我们更应该如此做！”“我们只要能够周到的保护、尽心的教养”，“这一批儿童一定能够理解互助的价值，一定具备很丰富的同情心，一定能够知道不奋斗，就不能生存，一定能够以打倒列强，

① 沈兹九、罗叔章、寄洪：《在抗日烽火中培育民族后代》，见中华全国妇女联合会编：《抗日烽火中的摇篮》，第 9 页。

② 《蒋夫人昨出席儿童保育会致词》，见《大公报》，1938 年 3 月 1 日，第 3 版。

争取国家民族光荣为终身的责任”①。揭示了战时儿童保育的责任和重大意义。

图 5-2　1938 年 5 月宋美龄与战时儿童保育会理事、负责人合影
（转引自北京保育生联谊会、晋察冀文艺研究会编：《烽火摇篮：中国战时儿保育会图片集》，辽宁美术出版社 1996 年版，第 16 页。）

大会选出国共两党和无党派的社会知名爱国妇女 56 人为理事，推举宋美龄为战时儿童保育会理事长，李德全为副理事长。12 日，战时儿童保育会举行第一次理事会，推定宋美龄、李德全、张蔼真、陈逸运、徐闾瑞、黄卓群、唐国桢、安娥、曹孟君、邓颖超、沈兹九、史良、孟庆树、郭秀仪、任培道、舒颜昭、陈纪彝等 17 人为常务理事会常务委员，同时选出刘清扬、徐镜平等五人为候补常务理事。理事会设秘书处及设计、组织、宣传、保育、经济、输送六委员会，常务理事会负责处理一切日常事务。为了争取多方面的支持赞助，该会还聘请了 286 位名誉理事，除了国共两党领导人、政府要员、战区司令长官、民主党派、无党派和文化界知名人士之外，港澳同胞、海外侨胞中有影响的人士、国际友人、驻华使节等也都列名其中。充分体现了它是一个广泛的统一战线的组织。

① 《蒋夫人亲临致辞　儿童保育会成立》，见《新华日报》，1938 年 3 月 11 日，第 2 版。

5.“妇指会”的扩大改组和全国妇女的大联合

女性虽是社会中的弱势群体，但当民族危机使她们的生存难以为继的时候，她们之中蕴含的巨大能量也将以不同的形式释放出来。1937 年七七事变之后，各地妇女迅速组织起来，从事各种抗日救亡工作。在国统区，到 1938 年 5 月，妇女抗日团体已经达到 105 个。[①] 比较大的、带有全国性质的妇女抗日组织有四个：1937 年 7 月 22 日，何香凝在上海发起组织中国妇女抗敌后援会；1937 年 8 月 1 日，宋美龄在南京组织成立中国妇女慰劳自卫抗战将士总会；1938 年 3 月 10 日，在汉口成立中国战时儿童保育会；1938 年 7 月 1 日，扩大改组新生活运动促进总会妇女指导委员会。在这四个妇女抗日组织中，前三个均与稍后扩大改组的新运“妇指会”存在着种种联系，它们是“妇指会”改组扩大的基础。

在共产党领导的地区，1937 年 9 月，中共中央组织部颁发了《妇女工作大纲》，指明了抗日战争时期中国妇女运动的方向。在筹建的各抗日根据地，妇女组织由国内第二次革命战争时期的女工农妇代表会改组为不分阶级、不分党派、各阶层妇女参加的广泛联合的妇女抗日组织，普遍建立了各界妇女联合会、妇女抗日救国联合会。这些妇女抗日组织的普遍建立和壮大，为根据地妇女抗日运动的发展奠定了基础。

全国各地妇女抗日组织的建立，对于动员妇女参加抗战作出了不小的贡献。但全国妇女抗日组织松散，缺乏统一规划领导，不利于作用的发挥。这一点，为当时的妇女工作者所充分认知。早在 1937 年 11 月，《妇女生活》上就刊登了《妇女抗战工作检讨》一文，对抗战以来的妇女工作做了反思与检讨。文章认为，若论妇女在抗战中所做的工作，着实不少，如成立组织、献金运动、慰劳前方将士、救护伤兵、救济和教育难民、抗战宣传、捐募救国公债、农村服务、战地服务等等，“简直是不胜枚举，但这样就算已尽了妇女们最大的努力了吗？不！抗战是为民族争生存，

---

① 任芬主编：《中国妇女运动史》，北方妇女儿童出版社 1989 年版，第 214 页。

工作何等艰苦，所以我们妇女也决不是装点门面空喊，漫无组织，东拉一把，西搭一脚，所能应付得了的。但无可讳言的，实际上我们却不免犯了这些个大毛病”。“各地妇女，能够在抗战中有一个统一组织的，很少很少，不是各自为政，就是怀着成见，同床异梦，甚至于互相排挤，为自己的利益打算；全国统一的组织，自然更谈不到了。没有一个坚强的组织，要做抗敌工作，要从事于救亡运动，谈何容易！这是不得不请全国妇女界注意的。”文章最后呼吁，“外患期间，抗战第一；抗战期间，团结第一！”“希望处于领导地位的妇女工作者，好好地把妇女大众领导起来，组织起来，切切实实地工作起来”。①

在中共方面，面对着全面抗战的形势，1937 年 9 月，中共中央组织部制定了《妇女工作大纲》，阐述了妇女工作中贯彻抗日统一战线的方针。《大纲》指出，“以动员妇女力量参加抗战，争取抗战胜利为妇女工作的基本任务”。妇女工作的策略方法是，“以统一战线的策略去发动与组织各阶层的妇女”，“要防止偏重在妇女上层统一战线的组织中争夺位置，而忽视了下层工作的错误”。《大纲》特别强调，“如果在某一地方，组织着包含各界妇女，包含上下层妇女的统一战线的妇女组织时（如各界妇女联合会、妇女抗敌后援会、妇女慰劳会等等），应当定出妇女抗敌的共同行动纲领，以加强妇女统一战线为最高原则”。② 1937 年 12 月 23 日，中共长江局在武汉成立，邓颖超、孟庆树组成长江局妇女委员会，贯彻妇女抗日统一战线的指导方针，推动抗日救亡运动。1937 年底，邓颖超发表了《对于现阶段妇女运动的意见》一文，指出，抗战“已引起中国妇女地位的改变”，她们“从呻吟痛苦忍辱愤怒中，认识了要起来救自己，救国家民族，只有起来以实际的行动，去反抗日寇”，而“贯彻抗战到底”的号召，又“给予全国妇女更

① 文：《妇女抗战工作检讨》，见《妇女生活》第 5 卷第 4 期，1937 年 11 月 5 日，第 1 页。

② 《妇女工作大纲》，见中华全国妇女联合会妇女运动历史研究室编：《中国妇女运动历史资料》（1937—1945），第 1—4 页。

大的抗日救国自由，更多的参加抗战工作的机会”。因此，目前的环境“有利于妇女运动的发展”。即使“过去妇女运动中存在着的派别成见、门户狭隘等等观念”，也由于“抗日利益高过一切，民族利益高过一切”而“易于冰消释除”。“由各界妇女运动中的领袖与领导者，迅速促成妇女工作的抗日统一战线，加强对全国妇运的领导，是迅速开展工作的重要中心第一环”。[①] 倡导建立妇女界的统一战线组织。

1938年2月，《妇女生活》杂志社邀请各界妇女领袖，召开座谈会。出席会议的有来自国民党方面的唐国桢、庄静、傅岩等，来自汉口基督教女青年会的陈纪彝，来自共产党方面的邓颖超、孟庆树，来自救国会方面的史良、沈兹九、刘清扬、曹孟君等。会议达成的结果是“今年我们纪念‘三八’，要巩固并扩大我们国内的团结，努力组织全国妇女，团结全国妇女，参加到抗战中去”。并且明确提出“希望成立一个全国的统一的妇女组织”。这一组织，由“各地妇女团体”“共同筹备”。至于这一组织的领导人，要“征求全国妇女领袖宋庆龄、宋美龄、何香凝、李德全诸先生的意见，希望她们来负责领导”。[②]

事实上，早在1938年的1月5日，沈兹九就在《妇女生活》杂志上发表了《年头的新希望》一文，对新一年的妇女工作做了畅想。她说，“我们希望赶快有一个动员全国妇女”的机构，“有计划地来推动全国妇女救亡工作”。她把这一机构的名字定为“全国妇女行动委员会”。不过，如果要“另立名称，重新组织，既不免重床叠屋，又不免迂缓”，所以组织系统方面，“最好就原有的中国妇女慰劳自卫抗战将士总会为中坚机构”，但要把它“偏于慰劳”的工作内容，“依照计划充实起来”。而领导人员方面，“以蒋

---

① 邓颖超：《对于现阶段妇女运动的意见》，见《妇女生活》第5卷第6期，1938年1月5日，第1—3页。

② 唐国桢、史良、王一冰、傅岩、刘清扬、庄静、傅伯群、程远、邓颖超等：《今年怎样纪念“三八”》，见《妇女生活》第5卷第9期，1938年3月1日，第3—5页。

夫人的优越的才能和地位，而来领导全国妇女群众团体，最为适宜”。[①] 事实上，这应该说代表了相当多的妇女工作者的想法。

1938 年 3 月 10 日，战时儿童保育会在武汉成立，宋美龄被推为理事长，初步确立了她在抗战妇女工作中的领导地位。正如史良所言，“在蒋夫人的领导之下，能容纳各方面的妇女意见，团结各方面的妇女力量”，形成“这全国妇女界大团结的初步”，是“非常可喜的现象”，希望“这初步的团结，能不断地牢固与扩大，促成全国妇女的大团结”。[②] 事实上，面对当时错综复杂的形势，也只有第一夫人宋美龄，才能做到左右逢源。这一优势无论是在儿童保育会筹备期间，还是在儿童保育的过程中都得到证明。据邓颖超回忆，“在筹备委员会宣布儿童保育会召开成立大会的日期后，特务机关狂呼要破坏大会，使大会开不成。我们便去约请宋美龄出来主持保育工作并出席大会，她欣然同意。于是那一伙特务不敢乱动，会议终于如期开成”[③]。在经费筹措方面，宋美龄也得天独厚，因为“要抢救和保育大量的儿童需要很多的钱”，“不找她就得不到经费”。[④] 后来有人回忆说，“全国保育工作，都在蒋夫人的领导之下。这是保育工作尚能有一些成果的最有关系的事情。因为有蒋夫人在上头，有些从政治上来的困难就比较好免避一点”[⑤]。由此可见，宋美龄的领袖地位具备着资源优势。

在各界基本形成共识的情况下，宋美龄以个人名义邀请各地妇女领袖五十余人在庐山召开妇女工作谈话会，会期在 5 月 20—

---

① 兹：《年头的新希望》，见《妇女生活》第 5 卷第 6 期，1938 年 1 月 5 日，第 4 页。

② 史良：《儿童保育会的成立与妇女界大团结》，见《妇女生活》第 5 卷第 11 期，1938 年 4 月 1 日，第 3 页。

③ 《继承和发扬抗日烽火中育才的光荣传统——邓颖超给纪念大会致的贺信》，见中华全国妇女联合会编：《抗日烽火中的摇篮》，第 4 页。

④ 刘清扬：《回忆新运妇女指导委员会训练组》，见中国人民政治协商会议全国委员会文史资料研究委员会编：《文史资料选辑》第八十五辑，文史资料出版社 1983 年版，第 57 页。

⑤ 海宇：《八年来儿童保育工作的检讨》，见《现代妇女》第 7 卷第 1 期，1945 年 1 月出版，第 15 页。

25日，宋美龄任会议主席。在大会致辞中，宋美龄开篇即指出会议的目的，“不是为了见见面，叙叙旧”，而是要商议“如何解决涉及抗战的许多重大问题”。这些问题归纳起来最主要有两个方面：领导机构和工作纲领。在宋美龄看来，“我国现在最大的需要是各党各派以及社会各部门的团结合作，国家的利益高于一切，不论有什么党派的偏见，为顾全国家的利益都应该去除净尽。在今天的中国，以促成团结为第一件要事”。那么，以一个什么样的机构来实现联合呢？宋美龄建议用“新生活运动”这一组织，因为它“具全国性”，“已经为民众和政府所知道”，且“对于任何党派活动，不感兴趣”。对于已有的妇女工作，宋美龄的看法是，“各省的妇女工作，已经做得很多，可是还不够和国家的需要相配合”。所以希望大会在广泛讨论的基础上，获得若干结论，“订定一个全国性的妇女工作纲领，使全国妇女工作的各方面，可以互相联系起来”。①

经过小组讨论，大会表决，会议赞同宋美龄在开幕会上的提议，即将“新生活运动会来加以充实”作为领导妇女战时工作的总机构，同时采纳各方面妇女代表的意见，拟订了《动员妇女参加抗战建国工作大纲》。② 5月25日，会议闭幕时，讨论通过了《告全国妇女同胞书》，对庐山妇女谈话会两大重要成果做了总结：“当此国难期间，我们妇女应该全体动员，以应目前大时代的需要；集体的力量，团结的精神，可以排除巨难。”“在妇女民众总动员之前，健全的机构，及干部人才的训练，是断不可少的。这种机构，必须是全国普遍的组织，并且是固有的现成的机关，工作才可以立刻由此发动，由此推行。因此同人等决议，就以新生活运动促进总会妇女指导委员会为推动一切工作的总机构。”还指出，“这次谈话会同人所拟定的《动员妇女民众参加抗战建国工作

---

① 宋美龄：《妇女谈话会演讲词》，见王亚权主编：《蒋夫人言论集》下集，第697—702页。

② 兹九：《妇女大团结会议的回忆》（续），见《妇女生活》第6卷第5期，1938年7月5日，第18页。

图 5-3 1938 年宋美龄和出席庐山妇女谈话会的部分人员合影

大纲》，即将公诸全国女同胞之前。希望这种材料，不仅可以作全国女同胞的参考，并且可以作进行工作的指南针”。[①]

1938 年 7 月 1 日，经过扩大改组后的新生活运动促进总会妇女指导委员会在汉口成立。虽是“旧瓶”，但装的是“新酒”，从此，它的性质和工作内容都有了根本性的改变。

从机构上看，“妇指会”虽仍然实行指导长领导下的总干事负责制，但已经建立起一套战时工作体系。“指委会”1936 年刚成立时，指导委员只有 10 人：宋美龄、吴贻芳、李德全、张维桢、沈慧莲、纽有恒（戴季陶夫人）、马育英（张群夫人）、萧德华（王世杰夫人）、洪希厚（张治中夫人）、赵懋华（梁颖文夫人）。[②] 改组后增至 36 人，指导委员如下：马育英、王文湘（何应钦夫人）、王世杰夫人、马书城夫人、黄梅仙（钮永建夫人）、许雅丽、郭秀

① 《妇女谈话会告全国女同胞书》，见秦孝仪主编：《中华民国重要史料初编——对日抗战时期》第四编战时建设（四），第 850—852 页。

② 《妇女指导委员会指导员名录》，见新生活运动促进总会编：《民国二十四年全国新生活运动》（下），第 790 页。

仪（黄琪翔夫人）、王保志宁、余上官德贤、孙李定荫、孙罗毓凤、潘张郁真、周董燕梁、张维桢、赵懋华、邓颖超、孟庆树、康克清、曹孟君、伍智梅、陶玄、熊芷、陈纪彝、徐瑞、郝映青、许海丽、舒颜昭、罗有节、王世静、高君珊、毛云琴、朱纶、冯云仙、陈翠贞、陈婉慈、陈建晨。增设了由10人组成的常务委员会：宋美龄、宋霭龄、李德全、沈慧莲、谭曼意（陈诚夫人）、吴贻芳、张肖梅、曾宝荪、郑毓秀、刘蘅静。[①] 工作部门原来只有总务、城市、学生、编辑四部，[②] 改组后有总务、训练、文化事业、生产事业、生活指导、慰劳、儿童保育、战地服务及联络委员会九个工作部门，并且实行了与慰劳总会、战时儿童保育会的密切协作：机构彼此独立，工作协同办理，人员互相兼职——“指委会”的儿童保育组组长兼战时儿童保育会总干事，慰劳组长兼妇慰总会的总干事。[③] 从人员构成情况看，宋美龄虽仍旧任指导长，部分人员也仍任旧职，但无论是领导层中，还是各工作部门中，都补充了大量新人员，增添了新鲜的血液，增加了生机和活力。左派力量，包括许多未公开身份的共产党员都被吸纳进来。如在指导委员中，有共产党员邓颖超、康克清、孟庆树、曹孟君等；正、副总干事及各组组长中，联络委员会主任委员史良、文化事业组组长沈兹九、训练组组长刘清扬等属于左派进步人士，占到该部分人员的三分之一左右。早先建立起来的属于儿童保育组的儿童保育院以及之后建立起来的战地服务组所属的乡村服务队、生产事业组所属的生产单位等，都有一批左派进步人士。[④] 因此，改组后的“妇指会”成为一个名副其实的各党派、各阶层妇女的统一战线组织，这一点为各方人士所认可。史良认为，扩充后的“指委会”，是一个“从来所没有的崭新而充实的领导全国妇女团

---

① 《附录》，见《妇女新运》创刊号，1938年12月20日。

② 《会务概要——附会长新颁本会组织大纲》，见《妇女新生活月刊》第5期，1937年4月，第30—31页。

③ 新运妇女指导委员会编：《工作八年》，第5页。

④ 刘静、萧扬：《抗战初期的新生活运动妇女指导委员会》，见《武汉文史资料》，1994年第3期，第62—64页。

体的总机构”，“最可欣幸的，就是担当这些工作的领导者，都是由该会指导长蒋夫人征求了各方面的意见，而在妇女界中选拔任用，不仅打破了狭小的人事的关系，更超越了党派的限制”，这一机构的成立，“把过去所有的偏隘、自私的缺点弥补了。由分散单独，步入了共同团结，以至互助合作，这不仅是中国妇女进一步的团结，更树立了整个中华民族大团结的良好模范”。[①] 宋庆龄在新生活运动开始后，对之抱持否定的态度，认为它是“一个学究式的运动”，在其中“找不到任何新东西，它也没有给人民任何东西”。[②] 到了 1942 年 7 月，她在《中国妇女争取自由的斗争》一文中对改组后的“妇指会”给予重新评价，认为它“在一开始就是一个真正的统一战线组织。国民党、共产党和无党无派的妇女，站在平等的地位，参加会议的讨论”[③]。1939 年 9 月，邓颖超在中国女子大学开学典礼上的报告中也指出，“在第一期抗战，妇女无统一的领导机关，她们的行动是很难一致的。而在今天，在妇女指导委员会成立后，一县数县，一省数省，有了统一的行动”，从而“开辟了统一的妇女行动的基础”。[④]

由上可见，“妇指会”的改组，实现了各党、各派、各阶层、各行业妇女的大联合，标志着全国妇女统一战线的形成和妇女界团结一致抗敌救国新时代的到来。

6. 宋美龄对“妇指会”有关各方关系的协调

全面抗战时期，“妇指会”转变为各党各派妇女代表和社会知名妇女参加的妇女界抗日统一战线组织，发挥了动员广大民众、战地服务、安顿后方的作用。但也正因为是一个统一战线性质的

---

① 史良：《妇女工作的回顾与展望》，见《妇女生活》第 6 卷第 11 期，1939 年 1 月 1 日，第 1 页。

② 宋庆龄：《儒教与现代中国》（1937 年 4 月），见宋庆龄：《宋庆龄选集》，中华书局 1966 年版，第 110 页。

③ 宋庆龄：《中国妇女争取自由的斗争》（1942 年 7 月），见宋庆龄：《宋庆龄选集》，第 160 页。

④ 邓颖超：《抗日民族统一战线中的妇女运动》，见中华全国妇女联合会妇女运动历史研究室编：《中国妇女运动历史资料》（1937—1945），第 169 页。

组织，所以，在实际的运作过程中，由于利益的争夺、观点的分歧，内部不可避免地存在着摩擦与冲突。如在人员安置上，各党派都想安插更多自己的人。前已述及，在“妇指会”中，国民党、共产党及中间人士各占三分之一，但对此，国民党方面极不满意。据国民党中央妇女运动委员会委员、国民党党员吕云章回忆：“我接到湖北一些女同志来信，说湖北共产党很多，国民党女同志很少，希望我去，于是我便决定先到湖北……不久听说要成立指导委员会，蒋夫人要到庐山去，唐国桢同志到我这里问谁去，我们就开了十几位同志的名字，我说：一定是共产党不敢在汉口开会，想操纵，怕我们人多，才要到庐山，那时他们便可包围蒋夫人，后来我和朱伦、徐闿瑞（徐闿瑞实际参加了——笔者）都没有被允许参加，因为怕我们在会场上发言，结果指导委员会是成立了，教会派和共产党参加的很多，我们的同志却参加的很少，我们就写信给蒋夫人，说这个会有作用，我们参加的人太少了。”[①] 很显然，一些女国民党员希望加强国民党在“妇指会”的力量。但宋美龄对于“妇指会”中主要岗位上的人事安排，考虑更多的是人员的工作能力。如对于训练组组长一职，宋美龄坚请刘清扬出任。陈立夫曾建议宋美龄说，刘清扬是共产党，不能让她来训练干部。宋美龄则认为“只要训练出能为抗日工作的干部就行”，最终排除干扰，让刘担任该职。[②]

在工作的操作层面，“妇指会”内部的摩擦一开始就存在着。文化事业组组长沈兹九曾撰写《回忆妇女大团结》一文，谈到“妇指会”内部的矛盾：“工作开始，摩擦来了。工作都是为了抗战，为了建国。为什么要来摩擦减少它的力量呢？这是忠诚于抗战的热心人所不能理会的。摩擦之始是争工作。例如你有什么新的工作计划，党小姐们也要照样来一个。例如文化事业组要开办

---

① 吕云章：《吕云章回忆录》，台北：龙文出版社股份有限公司1990年版，第155—156页。

② 刘清扬：《回忆新运妇女指导委员会训练组》，见中国人民政治协商会议全国委员会文史资料研究委员会编：《文史资料选辑》第八十五辑，第59页。

女工识字学校，党小姐主持的一组，也要来开办什么识字学校，虽然这工作和她那组工作的性质，简直是风马牛不相及。可是她们千方百计要说成与它有关。这就是乡下人所谓‘唱对台戏’，目的在于拆你的台。大半的精神时间，就在摩擦中消耗！然而由于整个政局尚在团结合作中，加上蒋夫人企图着要以妇女界团结合作的精神，来号召全国。以及大多数的工作人员，都是有十二分的诚心，想为国出力，所以任你怎样摩擦来，工作还是蓬勃地开展起来了。”① 这里，宋美龄的合作态度对于维护“妇指会”的团结是非常重要的。正如沈兹九所说，早在庐山谈话会闭幕时，宋美龄就强调了妇女界的合作对于抗战取胜的重要，“若我们要收获良好的结果，必须排除自我的观念，以小我化为大我，大公无私；我们要知道，团结就是力量，国家的福利有赖我们最高的忠诚；对于其他方面的忠诚——如忠诚于我们的组织和团体，必须居于次要的地位”②。宋美龄不是把团结用作支撑门面的装点，而是切实地落实在具体工作中，据史良回忆，“在妇女指导委员会里，斗争是尖锐的，主要表现在宣传工作和联系群众工作方面。每年三八节，都要为宣传口号问题发生严重争论”，“在组织乡村服务队问题上也发生过争论”，“国民党里的人虽然和我们争得很厉害，但宋美龄本人却从不表示态度”。③ “不表示态度”，实际上就是一种态度：国家至上，抗战第一，服从大局，合作为重。对于妇女工作中存在的问题，宋美龄曾给予严厉的批评。其中第一种现象是“喜欢组织新的机构”“而不愿参与已有的组织”，也就是说“除非自己做领袖，否则是不乐意而不愿意参与工作的”。宋美龄认为，这样的做法“是自私，决不是爱国者应有的态度”。妇女工作“是替国家工作并不是为了自己”，而且，“足以成功的事业，必须有多量的分子，各方面的人物来参与”。“唯有协力才能成就

① 兹九：《回忆妇女大团结》，见《大众生活》（新5号），1941年6月，第107页。

② 《蒋夫人在庐山妇女谈话会闭幕词：“共同奋斗完成妇女界的使命”》，见秦孝仪主编：《中华民国重要史料初编——对日抗战时期》第四编战时建设（四），第695页。

③ 史良：《史良自述》，中国文史出版社1987年版，第48—49页。

伟大，唯有合群才能发挥力量”。第二种现象是“因为不满意于某一个人，因此执着成见，连带地反对了他的工作”。她说：“为了国家，我们应当祛除个人的爱憎，和任何人合作，和一切从事爱国运动者合作……我时常提醒我们的新运工作者，凡是有益的事业，我们一点不要顾虑到在什么名义之下工作。新生活运动也好，别的名誉也好，关键在乎这种工作是否有共事的价值。”她劝诫妇女同志们，“不论什么时候，什么场所，凡是有助于同胞的，新运工作者，都应该不避任何艰难，竭力去参加”。①

在干部培训方面，摩擦更升级为斗争。据刘清扬回忆，因与陈逸云常常发生冲突，特别是第三期培训的筹备事宜她较少参与，故而在第三期干训班即将举办前夕她提出辞职，最后能留下来担任教务主任，是因为宋美龄满足她提出的两个条件：第一，此期干训班的全部教员由她提名；第二，容许她从各组挑选精练干部，一起工作。宋美龄能批准她的条件，还是从顾全抗日大局出发的。由于从各组选调来的干部都比较得力，如文化事业组干部夏英喆（中共秘密党员）、总干事办公室秘书冯光灌（中共秘密党员）等，使得各项工作能够得以顺利地展开，在教务方面，也能掌握主动权，聘请大批进步人士担任主讲。② 国民党方面，对干部训练工作也始终没有放松，主要表现为对干部进行政治思想的争夺。当1940年5月高级干部训练班结束后，刘清扬问宋美龄训练班还办不办，宋美龄告诉她：“委员长说训练班不能再请以前的教员办了，有人汇报，说训练班宣传共产主义”，“今后要训练干部的话，要让浮图关的中央训练团的教员来训练了”。干部是要训练的，只是要撇开“主义”而已，由此可以看到爱国、抗日还是大家共同的诉求。当然，在表达这一诉求时，不可避免地会涉及政见的分歧与斗争。

---

① 蒋宋美龄：《妇女新生活应有的精神》，见《妇女新运》创刊号，1938年12月20日出版，第6—7页。

② 刘清扬：《回忆新运妇女指导委员会训练组》，见中国人民政治协商会议全国委员会文史资料研究委员会编：《文史资料选辑》第八十五辑，第67—69页。

作为“妇指会”的指导长，宋美龄重视动员全国妇女参加抗战，希望妇女界不分党派阶层共同工作。她尊重邓颖超等公开的共产党员和史良、沈兹九、刘清扬等妇女界进步人士，并在客观上起到某些保护作用。1941 年，沈兹九在《抗战四年来的妇女运动》一文中谈到：从武汉、广州沦陷到 1940 年底，突飞猛进的妇女运动及妇女工作，遭受到猜忌和打击，“幸喜蒋夫人坚持团结合作，因此一切造谣中伤，不能发生多大的效力；而妇女工作者，在坚持团结的口号下，委曲求全，埋头苦干，工作还可以相当开展”[①]。可见，左派人士对宋美龄坚持妇女界团结合作，是持肯定态度的。

皖南事变后，国共两党政治上的摩擦日增，抗战初期高涨的民众运动受到各种限制，甚至受到疑忌、打击，“妇指会”的工作也受到很大影响，人事更迭不断。如训练组组长刘清扬在 1941 年 6 月到了香港后，便向“妇指会”辞了职，在她离开“妇指会”之前，夏英喆去了延安，郭见恩去了香港。[②] 尽管如此，“妇指会”仍能在困境中坚持和发展，在很大程度上应归功于宋美龄的作用。在人事安排上，她尽可能地邀请知名的进步人士或专家、学者来担任“妇指会”的相关职位。如刘清扬辞职后，1941 年 9 月，宋美龄聘请留学美国的社会学学者、岭南大学副教授黄翠峰（又名黄翠凤）继任训练组组长[③]，后又任慰劳组组长兼中国妇女慰劳自卫抗战将士总会总干事[④]；1940 年秋，她邀请文化界著名人士冰心到重庆，担任“妇指会”文化事业组组长[⑤]；冰心由于健康原因请

① 沈兹九：《抗战四年来的妇女运动》，见中华全国妇女联合会妇女运动历史研究室编：《中国妇女运动历史资料（1937—1945）》，第 577 页。

② 刘清扬：《回忆新运妇女指导委员会训练组》，见中国人民政治协商会议全国委员会文史资料研究委员会编：《文史资料选辑》第八十五辑，第 76 页。

③ 《本会点滴》，见《中央日报》副刊《妇女新运》周刊第 119 号，1941 年 9 月 2 日，第 4 版。

④ 夏蓉：《抗战时期妇女指导委员会的组织与人事探析》，见《历史教学问题》，2010 年第 2 期，第 84 页。

⑤ 谢冰心著，虞萍译：《我所见到的蒋夫人》，见《中国现代文学研究丛刊》，2006 年第 6 期，第 103 页。

辞后，1941 年 7 月，宋美龄又邀请曾留学美国的爱国戏剧作家、成都金陵女子文理学院李曼瑰副教授担任文化事业组组长[①]；1942 年 8 月，熊希龄之女、著名幼儿教育专家熊芷正式接任了儿童保育组组长与战时儿童保育会总干事。[②] 正是有了宋美龄这把保护伞，“妇指会”的工作才能够比较有效地继续推进。如儿童保育是妇指会的一项重要工作，也特别受到国民党高层的关注，但因为“有蒋夫人在上头，有些从政治上来的困难就比较好免避一点”[③]。宋美龄自始至终对战时儿童保育会的工作给予了支持。邓颖超曾经肯定宋美龄所起的重要作用：“这个组织中的一些成员和保育会内部事务，引起了国民党方面的限制、破坏。这一点我们是得到宋美龄和战时保育会的中间力量的保护和协助的，终于没有受到极大破坏。”[④]

史良在“妇指会”与宋美龄共事多年，1942 年因“大中华药房案”在《大公报》上对公安局的违法行为进行揭露，触犯当局离开“妇指会”。虽然她拒绝了宋美龄让她加入国民党的拉拢，但对宋的个人评价却是很高的：“如果抛开政治见解，我对宋美龄个人印象是好的，她能干、大方，说话、做事得体。”[⑤] 冰心对宋美龄也有同样的印象，“蒋夫人是虔诚的基督教徒，她非常民主而且是一位很有正义感的人。她行动敏捷、态度活泼而温和，尤其是有出色的决断和勇气”，“夫人确实是蒋主席最有力的助手。抗战中，她的这种活动力得到了充分的发挥。她组织妇女、慰问伤兵、养育儿童，此外还帮助蒋主席接待各国来宾，担任了翻译。在战火纷飞、军马嘶鸣中，夫人在战场、防空洞、国内、国外东奔西

---

① 《本会消息》，见《中央日报》副刊《妇女新运》周刊第 116 号，1941 年 8 月 4 日，第 4 版。

② 《妇女动态》，见《妇女新运》第 4 卷第 8 期，1942 年 10 月，第 56 页。

③ 海宇：《八年来儿童保育工作的检讨》，见《现代妇女》，第 7 卷第 1 期，1945 年 1 月出版，第 15 页。

④ 《邓颖超致函郭建——谈战时儿童保育会问题》（1985 年 8 月 3 日），见古为明：《中国战时儿童保育会述略》，载《抗日战争研究》，2006 年第 4 期。

⑤ 史良：《史良自述》，第 50 页。

走。不正是她才称得上是抗战中中国最辛苦最努力的女性”。[①] 1988年5月，邓颖超致函宋美龄，对她在抗战时期的贡献作了客观的叙述与评价：“回首当年，国难方殷，夫人致力全民抗战，促成国内团结，争取国际援助，弘扬抗日民气，救助难童伤兵，厥功至伟”，“我与夫人救国之途虽殊，爱国之心则同”。[②] 这一评价应该说是符合实际的。

二、妇女培训

1. 对妇女干部的培训

庐山妇女谈话会《告妇女同胞书》中将训练干部的重要性摆在了非常突出的位置：“女界服务人员的缺乏，为大家所公认。必定先要训练干部工作的人员，才能到各处去推动一般的妇女民众。所以我们决定于适当时期内，设立妇女干部工作人员训练班。”[③] 同时大会拟定的《动员妇女参加抗战建国工作大纲》中更有具体的规定：“训练妇女，以充实其参加抗战建国工作的能力”，[④] 作为动员妇女、组织妇女的基本方法。因此，“妇指会”改组后便立即着手妇女干部的培训工作。

（1）培训的类型

根据培训对象专业针对性的强弱，我们可以把“妇指会”从事的培训工作分为两种类型。

第一种类型是专业针对性较强的，主要有以下几个方面。

新运妇女救护人员补充训练班。这是奉宋美龄的命令而举办的。目的在于提高已参加服务工作的救护人员技能。主要是调回

① 谢冰心著，虞萍译：《我所见到的蒋夫人》，见《中国现代文学研究丛刊》，2006年第6期，第106—107页。

② 邓颖超：《致宋美龄》（1988年5月），见中共中央文献研究室第二编研部编：《邓颖超书信选集》，中央文献出版社2000年版，第355—356页。

③ 《妇女谈话会告全国女同胞书》，见秦孝仪主编：《中华民国重要史料初编——对日抗战时期》第四编战时建设（四），第852页。

④ 《动员妇女参加抗战建国工作大纲》，见秦孝仪主编：《中华民国重要史料初编——对日抗战时期》第四编战时建设（四），第868页。

“妇指会”所属新生活妇女工作队中央军校队在成都举办的救护人员训练班毕业生155人，来会继续接受短期训练。共分三期予以培训：1940年1月第一期学员41人，受训一周后，派往川东长江沿岸的伤兵医院服务；第二期学员81人，从10月14日到11月15日，受训一个月，分编到伤兵之友社服务队，受“妇指会”和该社共同领导，派往川西、嘉陵江、长江沿岸的医院工作；第三期学员33人，在1941年8月18日至30日接受训练。

新运妇女工厂服务人员讲习班。时间是1942年8月18日至9月18日，学员25人，多为高中毕业，受训四周后发至重庆附近各工厂实习。

新运妇女乡村服务人员讲习班。共举办两次。第一次又分为前后两期。1942年10月19日至31日为前期，11月2日至18日为后期。前期由“妇指会”独办，共培养干部25名；后期为“妇指会”与中华平民教育促进会及巴县县政府合办，旨在加强巴县妇女工作，所以也称“巴县妇女工作实施人员训练班”，学生系巴县县政府保送的各中心小学教员，共19名。44名学员结业后分赴各乡村指导生产生活。1943年，为加强巴县、江北两县的乡村工作，“妇指会”再次招收高中毕业或同等学力并有服务经验的女青年20人，于11月26日至12月26日，充实学科理论和参观实践，结业后交由乡村服务组补充巴县、江北两县乡场工作人员，围绕儿童福利、卫生教育、生产事业、导生传习展开工作。

荣誉军人服务人员手工艺讲习班。旨在协助各临时教养院推进荣誉军人手工艺训练，发动荣誉军人从事生产事业。“妇指会”在不影响原队常规工作的前提下，从分赴各地服务的队员中抽调部分学员参加学习。第一批学员10人，于1943年6月送往重庆附近高滩岩荣誉军人职业协进会学习雨伞制造；第二批学员七人，于同年7月赴北碚荣誉军人自治实验区见习藤工。期满后都由慰劳组编队派往临时教养院工作。

第二种是专业针对性较弱的、以满足会本部需要为主的培训。概述如下。

新运妇女干部训练班。专为供应会内需要所开设，共举办五期。第一期于1938年7月在武汉举办，名为新运武汉妇女干部短期训练班，目的在于应付当时的急切需要。共招收学员60人，其中三分之二以上是武汉小学教员，不仅有着三四年的教学经验，而且文化水平较高。她们受训一个月后被编成战时乡村服务队，隶属于战地服务组，分发湖北黄陵、孝感、云梦、应城四县从事战时乡村工作。第二期，1938年10月仍在武汉举办，学员80余人，其中大部分是三民主义青年团干部人员训练班的女生，多为大学或高中毕业。训练三周，武汉告急，与调回的第一期学员一同退至长沙后，编成七队赴芷江、祁阳、零陵、东安、湘乡等县乡村。三个月后再转移至宁远、衡阳开展工作。第三期，1939年6月1日至7月1日于重庆举办。该期学员属于军委会战时工作干部训练团第一团的女生大队，她们在武汉政治部已经接受部分训练，但尚未完结，在商请宋美龄同意后由“妇指会”接收，继续训练。结业学生444人，分派在“妇指会”各组工作。其中乡村服务组240人，编成八个乡村服务队派往綦江、南川、江津、壁山、隆昌、荣昌、永川、合江；战地服务组100人，连同原先在湖南工作而调回总会的一、二期学员改编成八个荣誉军人服务队，派往宜昌、秭归、万县及其附近的五个市镇万家坝、沙坝、桐子湾、□（此字原文模糊不清——作者）润子、瀼渡、涪陵、云阳等地的后方医院为伤兵服务；生活指导组12人，成立三个工厂服务队，派往庆新、裕华、豫丰三个纱厂协调劳资关系；生产事业组60余人，派往乐山蚕丝实验区、松溉纺织实验区、白沙新运纺织厂、南川等地从事生产事业；其余则派往各地保育院担任难童教养工作。第四期，1939年11月1日正式开学，受训六周，培训学员200人，多半是初中毕业。其中五分之三是四川本省人，外省仅占五分之二，达到了提拔四川本地妇女干部的目的。结业后被派往四川各县担任乡村服务工作。第五期，举办于1941年11月15日至1942年2月7日，学员32人，受训近三个月，主要是为补充乡村服务队队员而举办的。培训期满后分编成两队派往合川、江安做乡村服务工作。

新运妇女高级干部训练班。为训练妇女高级干部人才，充实全国各地妇女新运机构，“妇指会”于1940年2月1日至5月2日在重庆举办训练班，参加学员128人，其中111人由山西、甘肃、安徽、江西、陕西、贵州、湖北、湖南、福建、广西、四川等11省政府及中央党部保送，17人由招考而来，学员学历程度，大部分按规定为大学肄业一年且有两年以上工作经验，但保送名额中也有少数高中毕业的。训练历时三个月，结业后，除少数留任指导员外多数返回各省推进妇女工作。

指导员训练班。各期训练班的学员，虽然在各自的工作中取得了相当的成绩，但不同的环境中遇到的实际问题多种多样，为更进一步地提高她们的工作能力并探讨一些有效地解决问题的方法，1942年5—6月，“妇指会”遂举办指导员训练班，调回原有各队服务期满两年以上的精锐干部21人，并招考同等学力兼有工作经验的新生六人，施以训练。本期训练班与以往不同之处在于除请名流专家讲授学科理论知识外，还安排了大量时间给学员们讨论并交流工作经验。在六周训练期满后，学员仍回到各队担任指导员，计工厂服务队两人，乡村服务队19人，荣军服务队六人。①

上述可知，从1938年到1943年，“妇指会”共培训干部1000余名，对于动员各阶层妇女参加抗战作出了巨大成绩。有一个例子，既能说明“妇指会”所训练的妇女干部工作的有效，也能证明宋美龄对于该项培训工作的重视。第一期干部培训班结业后，学员到农村实习。在学生出发一周后，宋美龄悄悄坐车到孝感考察学员的实习情况。据刘清扬回忆：“她先不到县城，在城外二三十里的地方就下车调查。群众纷纷反映，说是来了些女学生，自称是蒋夫人的学生，鼓舞大家抗日救国，不做亡国奴，要节约捐输，妇女也要过问国家大事，过新生活，劳动生产，带好孩子，

① 新运妇女指导委员会编：《工作八年》，第163—183页。

等等；还说学生们演过戏给他们看，帮她们打扫卫生，抱孩子，搞家务。宋美龄走了几处，得到了好印象，才到孝感去慰勉服务队的人们。她从乡下回到汉口，对我便很满意了，说：‘刘组长，你训练出来的学生都是很好的。’”①

除前述培训之外，1938年在武汉时期，“妇指会”还举办过“战时妇女问题研究班”。1938年，为适应一些妇女参加工作的需要，“妇指会”开办了“战时妇女问题研究班”，招收高中、初中程度的失学和失业妇女为研究班的学员，每星期开两次讨论会，讨论的问题涉及“历史上的妇女地位”“世界各国的妇女地位”“中国妇女问题与妇女运动”等。讨论开阔了视野，使大家对于战时妇女问题有了深切了解，学员们纷纷投考各师部及各地的宣传队，从事长期工作。②

（2）培训的内容、方法与成效

为了在理论与实践的统一、生活与教育的配合中，培养出健全的干部，“妇指会”遵循这样的训练方针：注重人生观的培养，坚定学员对三民主义的信仰和抗战必胜建国必成的信念；锻炼其艰苦奋斗、敢于负责的意志品质；养成自觉遵守纪律、理论联系实际和互教互学的良好风气。

培训的内容主要包括人格教育、学科理论知识、工作常识与技能等。由于每期的培训时间都比较短促，所以，在培训方法上，采用较为灵活的形式，有理论讲授、讨论、自我批评、课外活动、工作竞赛、实习、参观等等。

在对学员的人格教育上，宋美龄倾注了大量的心血。她认为“一个国家要想提高国际地位，必须具有高尚的国格，高尚的国格首先从国民人格的修养做起”，“一个优良的干部最必要条件，就是高尚健全的人格”。为此，她亲自给每期学员教授人格教育课程。训练班开学期间，宋美龄几乎每天都到班里来。每期培训班

---

① 刘清扬：《回忆新运妇女指导委员会训练组》，见中国人民政治协商会议全国委员会文史资料研究委员会编：《文史资料选辑》第八十五辑，第62—63页。

② 《新运十年》，见萧继宗主编：《革命文献》第六十八辑，第320页。

的开学典礼和结业典礼以及其他大型活动，宋美龄也都尽可能参加。如新运妇女高干班结业时，她来到典礼现场发表讲话，强调“团结合作的原则，我们在工作中绝对不可违背”。在三期干部训练班举行夏令营开幕的那天，宋美龄本来是要参加的，但由于身体不适没能参加，可第二天她还是坚持来到学员中间，告诉大家“国家危亡的时候，青年应以国家大事为前提，不要先为私人的问题着想，要以国家的安乐为安乐”。时隔一天，她又请学员们吃晚饭。细微的行为，给学员们的是巨大的鼓舞和激励。仍以夏令营为例，当开幕典礼时，学员们以热切而期待的心情等待着指导长的到来，可当得知她身体不适不能来时，“各位同学的心里都感到了失望，并且还担着心思，这个集会也不欢而散了”。第二天，当她来到大家中间时，“大家都兴奋得要跳起来”，当她“走到我们面前看着我们的时候，我们好像得着什么安慰似的暗暗笑得震动”。行动的力量胜过无数华丽的言辞。另外，她把人格教育渗透于学员的行为举止之中，“训练学生用科学头脑，纠正学生起立行坐的姿态，指导学生洗碗抹桌，收拾房屋，清洁内务”，“她想尽方法把愉快、喜悦、纯真、热忱、合作、互助、人类高尚的美德和情感，渗透到每个学生的血液里，使她们向上求进步”。[①]

那么，这些培训，成效如何呢？下面我们通过两个例子来看一看。一例是隶属于新生活战地服务组的战时乡村服务队工作。从事该工作的妇女，是1938年培训过的青年。分配给她们的工作区域，大都是很偏僻的地方，这些地方交通不便，人民的文化水平很低。她们的工作是保持与民众的接触，在民众与军队间做联络工作。她们的工作不仅艰苦，而且相当危险。1939年11月，宋美龄在湘北巡视的时候，就遇见一个受伤的女队员。在敌机轰炸中，她的一只手臂被炸掉，另一只手臂受伤也很重，但她仍然坚持继续工作。她这样告诉宋美龄：“我虽失去了一只手臂，但我还有另外的一只可以尽力于获取最后胜利的工作——我并且还可以

---

① 新运妇女指导委员会编：《工作八年》，第169—184页。

利用我的喉舌呢。”宋美龄对之进行了高度的评价：“她的手臂也许可以受到摧残，但她的爱国精神与服务热忱是什么也不能加以摧残的”。① 另一例是，1940年4月，宋氏三姐妹在成都参观新生活妇女工作后，宋霭龄对于乡村服务队队员的评价，她说：“此次沿途所经各地，目睹妇女界对于抗战工作，皆颇努力。尤值得特别提述者，则为新运会妇女乡村服务队之队员，以博爱精诚之精神，忍劳耐苦，为民服务，各县乡之民众，对彼等皆有深切好感。且彼等服务范围，不限于妇女界，所有男女老幼，皆为服务对象，即牢狱中之监犯，彼辈已经实施训练，热忱工作，令人感动异常。此种精神足以使人领会妇女界之才干、智慧与努力，确可在国家社会上负担相当责任。”② 通过上述两例，我们看到妇指会对妇女的培训是卓有成效的。

2. 对一般妇女的生产、生活指导

中国的传统工业，尤其是纺织工业，大部分靠的是女性的支持。抗战以前如此，抗战以后，仍然如此。尤其是抗战以后，纺织女工的生产供给着前线后方，给抗战建国以巨大贡献。那么，如何更加有效地发挥她们的作用？“妇指会”的生活指导组把扶植女工作为它的主要工作内容。

（1）组织女工向后方疏散

在武汉告急、各大工厂向后方迁移之际，宋美龄从妇女工作的角度考虑，工厂迁移的过程中，将导致大量女工失业、流浪，甚至被敌人蹂躏和利用。而迁移到后方的工厂又必须很快地招到工人，加紧生产，熟练工则是一笔宝贵的财富。为此，“妇指会”发起“疏散及救济女工的运动”。先是设立收容所，收容登记的女工及其亲属，供给他们伙食，并给予教育和训练。再负责向各厂募集经费并请赈济委员会补给疏散经费，派人沿途护送照料。到

① 蒋宋美龄：《从湘北前线归来》（下），见《中央日报》，1939年11月30日，第3版。

② 《蒋夫人在蓉举行盛大茶会　欢迎孔孙两夫人》，见《中央日报》，1940年4月30日，第2版。

达疏散地点后，“妇指会”仍设立收容所收容初到的女工，负责为她们及其家属介绍工作。“妇指会”疏散女工有两次：1938 年 8—12 月，第一次组织武汉女工 610 人到重庆、187 人到宝鸡；1939 年 4—6 月，第二次组织长沙和宜昌女工及家属 546 人到重庆。[①] 这些女工作为熟练工补充到后方工厂，既增加了后方生产，也免除了自己颠沛无告的生活痛苦。

（2）工厂服务队对女工生产、生活指导[②]

大批纱厂迁川后，为满足生产的需要，不得不招收大量本地的农村妇女进厂。这样，原本在较为闭塞的环境下成长起来的质朴散漫的妇女便成为工人，如何使她们尽快地了解自己工作的意义与责任，尤其是在抗战建国的急迫形势下，怎样使她们成为一名合格的企业女工，就必须给她们一定的帮助与指导。“妇指会”的工厂服务队即是应此需要而产生的。

从 1939 年 12 月开始，“妇指会”先后派六个服务队到申新、裕华、豫丰、军政部纺织一厂和二厂、制呢厂对女工进行指导。首先，是提高女工的文化水平及政治意识。根据女工的不同情况，服务队将她们分为识字班、初级班、中级班、高级班，利用工作之余，采取灵活多样的教育方式，教她们识字、学国语、学算术、唱歌，灌输抗战常识、生活常识等。收获是比较显著的，她们不仅学会了写字，有的还能够读报、记账、写信、写日记等。更进一步，随着文化水平的提高，她们对于技术上的钻研也更有兴趣了，同时也能认识到战时生产的重要性。

其次，服务队在沟通劳资关系、协调劳资纠纷方面也做了不少的工作。在市场经济存在的地方，劳资间的利害冲突是难免的。如工人要求改善生活、生产条件，要求增加工资等若得不到圆满的解决，就会发生摩擦、冲突甚至酿成大规模的罢工事件。这种情况下，服务队就以第三者的立场，介入协调，起到一种媒介、桥梁的作用。

---

① 萧继宗主编：《革命文献》第六十八辑，第 305—306 页。

② 新运妇女指导委员会编：《工作八年》，第 76—96 页。

再次，给女工生活上以指导和帮助也是服务队义不容辞的责任。大家知道，女工们的生活条件是比较差的，尤其是纱厂，不仅车间的空气污浊，棉絮纷飞，而且寝室地方狭小，住的人又多。特别是夏天的时候，蚊虫叮咬，大部分女工都缺乏休息和睡眠，严重影响着她们的健康。为此，服务队一方面劝导工人每天做适当的运动，加强体魄锻炼；另一方面对女工宿舍加强巡查，使她们养成整齐干净的习惯。对于厂方提供的食堂及盥洗室也经常巡视，并提出改善意见。此外，还为女工代写书信，调解彼此纠纷等等。

（3）对一般妇女生活的指导①

“妇指会”除对各工厂的女工生活加以经常的辅导外，对于一般妇女的生活亦给予极大关注。

南岸服务处。南岸与陪都隔江相望，但条件相差悬殊。这里是工业区，工厂林立、人口密集、居民的文化程度低、生活困苦，“为了协助地方当局推进地方民众教育，新生活运动，卫生工作，及妇运工作”②，“妇指会”在人口众多的弹子石、窍角沱一带，设立南岸服务处，借附近几个大工厂的捐助于1941年2—7月建成了图书室、俱乐部、简易诊疗室等。南岸服务处经常进行的工作有：举办妇女培训班；设立民众小学；开办民众阅览室、俱乐部及简易诊疗所；组织民众歌咏队；成立妇女咨询处、民众代笔处、邮票代售处；经常访问及宣传。

妇女咨询处。该处成立于1939年1月15日，地址设在“妇指会”内部。其任务是“帮助大众妇女解决各种疑难，并增进妇女福利”。它的咨询范围涉及法律、职业、文化、生产、医药卫生、升学、救济、家庭纠纷等。因为来咨询处请求帮助的，其中有很多涉及法律方面，所以，咨询处“聘请李国绮律师和史良律师充任我们的共同法律顾问，纯义务的帮助那些必须依法解决的求助

---

① 萧继宗主编：《革命文献》第六十八辑，第306—308页。

② 新运妇女指导委员会编：《工作八年》，第101页。

者”①。总计请求解决各种问题的有900人左右，除给二分之一的请求者以职业指导外，还设法为一半的求职者介绍了职业。

北碚妇女生活改进实验区。该区成立于1940年1月20日，以提高乡村妇女文化水平、生产技能和政治认识，并推动卫生设施改善等为目的。主要进行的工作有：促进北碚妇女的联合；发动该地妇女首次庆祝“三八妇女节”；成立三峡区妇女慰劳分会；设立妇女学校；举办平民小学，专收穷苦失学儿童；设立民众阅览室；开办民众服务室备职业咨询和为民众代笔；设立简易医疗室；宣传与调查等。但由于条件限制，仅仅试办一年就告结束。

三、对妇女职业权利的争取和维护

1. 抗战爆发后妇女职业问题的凸显

庐山谈话会制定的《动员妇女参加抗战建国工作大纲》指出，抗战时期妇女工作的总任务、总原则是“有计划、有组织地来推动全国妇女大众，参加这神圣的抗战建国工作”。大纲列出的妇女在抗战建国中的具体任务包括：宣传、救护、征募、慰劳、救济、儿童保育、战地服务、侦查汉奸以及从事工农业生产与合作事业。② 大纲为动员妇女团结抗战指明了方向。然而，大纲的贯彻落实除了妇女同胞们的主观努力外，客观环境也是不可忽视的重要因素。

其实，妇女参加抗战建国的环境问题，在大纲公布伊始，就被一些敏锐的妇女工作者所洞见。1938年8月，《妇女生活》发表了罗琼的文章——《加紧实现动员妇女参加抗战建国工作大纲》，在“实现工作大纲的几个具体问题”一节，作者指出了实现大纲的政治保障问题：“在目前因为行政机构未能完全改善，行政人员的未能完全了解中央动员民众，坚持抗战的国策，因此还有许多地方的党政

---

① 新运妇女指导委员会编：《工作八年》，第100页。

② 《动员妇女参加抗战建国工作大纲》，见秦孝仪主编：《中华民国重要史料初编——对日抗战时期》第四编战时建设（四），第864—872页。

当局，违反中央的抗战法令，阻止民众抗战建国工作的发展。所以要达到迅速实施工作大纲的目的，不得不要求政治上的保障。我们不但希望各地妇女团体在忠实执行工作大纲的过程中，党政当局不给予任何不必要的干涉，而且更进一步地希望着我们各地党政当局以及有关机关和团体，能够给予种种必要的助力。如何争取这种政治保障，指委员（'员'应为'会'——笔者注）应比各地妇女团体负着更加大的责任。"① 很显然，这种政治保障即是指使妇女有参加抗战建国工作的机会和权利，或者说妇女参加各项工作，不被歧视。但事实上，能否落实妇女的这一职业权利是很成问题的。

全面抗战爆发以后，当"妇指会"积极地联络全国各地、各妇女团体，"推动与指导全国的妇女工作"，"广泛深入的动员所有妇女参加抗战工作"时，② 它却不得不面对妇女被不少机关、单位辞退的尴尬，妇女职业问题，随着一些政府机关排斥或限制女性而日渐凸显。1939 年 9 月，交通部所属的中国邮政总局颁布四项限用女邮务员办法，拉响了妇女职业问题的"黄色"警报。1939 年 9 月 18 日，中国邮政总局发出第七三五号代电，规定：（1）各邮区录用女性职员，以管理局及一等局为限。（2）各管理局与所属各一等局女性职员名额，至多不得超过各该局全数人员之百分之五。（3）如女性职员已达上项规定名额，则于招考人员时，即以男性为限，倘女性职员亦有缺额时，可以兼收。（4）已嫁之女性，不得报考，其入局后结婚者，则于将届结婚时予以裁退。③ 到 1940 年夏，"妇女回家"的逆流甚嚣尘上，妇女职业问题更趋严重。该年 8 月，福建省政府主席陈仪下令省营事业停用女职员、发双薪遣散，省贸易公司、省运输公司女职员，政干团女学员及会计均遭辞退，省立高级商专停招女生，省立农学院录取名次在 10

---

① 罗琼：《加紧实现动员妇女参加抗战建国工作大纲》，见《妇女生活》第 6 卷第 7 期，1938 年 8 月 5 日，第 8 页。

② 新运妇女指导委员会联络委员会：《一封公开的信》（1939 年 1 月 29 日），见新运妇女指导委员会编：《工作八年》，第 188—189 页。

③ 《邮政总局通代电》，见江西省妇女指导处编：《妇女职业问题讨论集》，江西泰和 1941 年版，第 87 页。

名以外之女学生不收录。①

2. 维护妇女职业权利的斗争

妇女职业问题的严重性，不能不引起妇女界领袖及“妇指会”的高度关注。针对邮政总局限用女职员的情况，1939 年 11 月，“妇指会”文化事业组组长沈兹九发表《为女邮务员呼吁》的文章，认为在抗战建国时期，正是动员一切人力物力的时候，此时邮务当局限用女性，有悖于国民党政纲中男女平等、助进女权的原则。同时提出三点积极主张：凡关心和努力于民族复兴及妇女解放的中国人士，都应该起而向邮政当局呼吁，迅速取消该项通电；服务于邮政界的姊妹，应该先按省份组织起来，之后再成立全国女邮务员的总组织；各职业部门，像邮政界、银行界、党政军各机关，在所在地急速设立职业界联合托儿所。② 宋美龄认为，就整个社会而言，男女是一样的重要，“结过婚的女子也同样可以工作”，“要是为了结了婚而就被裁员”，那“是一桩非常愚蠢的事，只要她有能力，环境允许她来做事，结婚不结婚有什么分别?”③ 应各界妇女之请求，宋美龄给邮务界女职员以有力的支持，她函请交通部取消限用女职员的办法，邮政总局允予收回成令。④不过，问题并没有得到彻底解决，已婚女职员依然不被邮局录用。

“妇指会”也迅速行动起来，联络委员会主持召开了重庆市各妇女团体谈话会。会上，大家对于社会上排挤女职员的现象纷纷予以揭露。最终，“提议把妇女职业问题形成一种运动，作为争取与男子平等的实际行动”⑤。

---

① 丁卫平：《中国妇女抗战史研究 1937—1945》，吉林人民出版社 1999 年版，第 122 页。

② 兹九：《为女邮务员呼吁》，见《中央日报》副刊《妇女新运》周刊第 31 号，1939 年 11 月 27 日，第 4 版。

③ 龙子：《蒋夫人谈妇女问题》，见《家》，1946 年 4 月号，第 1—2 页。

④ 《重庆市各界妇女团体写给邮政当局的一封信——希望切实执行收回限用女性职员成令》，见《中央日报》副刊《妇女新运》周刊第 111 号，1941 年 6 月 23 日，第 4 版。

⑤ 《联络委员会三年来工作概况》，见《新运妇女指导委员会三周年纪念特刊》，1941 年 7 月 1 日，第 54 页。

1940年11月12日，由新运“妇指会”联络委员会召集的各妇女团体联席会议，在史良的主持下召开妇女职业问题座谈会，重庆市各职业部门和各团体的妇女代表150余人出席。讨论的主要问题有：妇女职业的重要；各国妇女职业运动对中国妇女职业运动的影响；三民主义的妇女职业政策；目前妇女职业问题发生的原因；妇女职业问题的解决办法等。[①] 胡子婴认为，政府对妇女职业并无法律明文的限制，而是一般企业和机关自由施行的错误行为。中共南方局妇女组副组长张晓梅提出：职业妇女问题是整个社会问题的一部分，只有在整个社会问题的解决下才能得到合理解决，希望蒋夫人及其领导的妇女指导委员会和全中国妇女组织和团体具体扶助职业妇女，领导她们向封建的、不合理的压制做斗争，让千百万年轻能干热情的姊妹们得到为抗战尽力服务的机会。史良表示：我们这一职业妇女运动应取得政府的协助和扶持，争取和说服主管机关了解妇女，取消排斥妇女的政策。我们不能使人感觉妇女和政府各主管机关对立。我们要用职业妇女问题作为团结广大妇女的起点。把广大妇女动员起来团结起来。[②] 与会者在报告了不少关于裁撤或排挤女职员的具体事实后，提出了一些解决妇女职业问题的办法。例如，要求政府通令中央及地方机关团体对妇女打开职业的禁门，实施抗战建国纲领第三十二条，并广办托儿所、公共食堂，替职业妇女解除牵累，使她们把全力贡献到抗战建国工作中。同时，妇女们要加紧进修，增强工作能力，以优异的工作成绩来扫除职业道路上的障碍。[③]

12月8日重庆市各妇女团体又举行了第二次妇女职业问题座谈会，参加者近200人。与会者认为，“妇女职业问题不仅是经济的斗争，同时也是政治的斗争”，“只有在民族解放运动中去求解决”。不过，时人也评论，讨论是热烈的，但仅只是空谈，终究不

---

① 《如何保障妇女职业》，见《中央日报》，1940年11月11日，第3版。

② 杨慧琳：《妇女界一个严肃的座谈会》（重庆妇女职业问题讨论），见《新华日报》，1940年11月13日，第3版。

③ 《政府机关应对妇女打开职业的禁门》，见《中国女青年》第1卷第3期，1940年12月，第1页。

能满足每个参加座谈者的愿望，希望这个座谈会，至少能发挥出一点力量。[①]

12 月 23 日，《中央日报》副刊《妇女新运》周刊上登载了“妇指会”联络委员会题为《妇女为业问题的两次座谈》的报告，阐明关于妇女职业问题的主张和态度：妇女职业问题是一个争取经济地位平等的问题，要求得妇女解放，必须争取与男子同等的经济权；妇女职业问题绝不是和男子职业问题对立的。因为妇女所争取的是地位的平等，而不是想把男子赶回家庭去，妇女不但不把男子当作敌人，相反地，我们正需要争取男子的了解和帮助。解决妇女职业问题绝不是和政府对立的。因为政府当局并没有叫各机关各部门限用禁用女职员，限制任用女职员的只是政府机关里少数负责人的主张。我们今天对政府要求的，只是请政府重申明令，请政府明令各机关取缔这种不良的现象，希望能实现民主政治。[②] 为了配合妇女职业运动的开展，“妇指会”高层以及工作人员纷纷发表关于职业与家庭的言论和主张。文化事业组编辑的《妇女新运》上登载的文章，也愈来愈偏重于对妇女职业问题、妇女应否回到家庭去等问题的讨论和建议。[③] 此外，联络委员会致各地妇女团体的函件里，也都指出妇女职业问题的重要，以推动更多的妇女，参加争取职业平等权的斗争，维护切身利益。

同时，“妇指会”的领导人还利用参政员的身份在另一条战线上展开维护妇女职业权利的斗争。1940 年 4 月，女参政员史良等在国民参政会一届五次会议上提出《请政府通令全国各机关不得禁用女职员案》。1941 年 11 月，在国民参政会二届二次会议上，女参政员吴贻芳等再次提出《请政府明令各机关不得借故禁用女职员，以符男女职业机会均等之原则案》。陈逸云等提出《请政府

---

① 玲：《一月来陪都妇女界动态》，见《妇女生活》第 9 卷第 6 期，1941 年 1 月 16 日，第 25 页。

② 本会联络委员会：《妇女为业问题的两次座谈》，见《中央日报》副刊《妇女新运》周刊第 86 号，1940 年 12 月 23 日，第 4 版。

③ 《文化事业组工作报告》，见《妇女新运》第 3 卷第 1 期，1941 年 3 月，第 60 页。

明令警官学校及警政训练班招收女生，以符男女教育职业机会平等之原则案》。经过据理力争，二届二次参政会通过了这两项提案。

妇女界为捍卫就业权利所进行的一系列斗争，形成了一定的舆论压力，迫使国民政府于1942年2月7日饬令各机关不得借故禁用女职员。邮政总局于同年3月5日下令取消关于女性职员结婚的限制。妇女界的团结斗争取得了初步结果。当然，此后拒绝和裁减女职员的现象仍屡有发生。

但作为一种斗争方式，它标志着官方从形式上向妇女界作出了让步。

第三节 宋美龄与儿童素质教育

一、宋美龄与国民革命军遗族学校的情缘

1928年10月，当国民革命军北伐顺利推进之际，国民党中央常委会开会议决：在南京城中山门外陵园区建立国民革命军遗族学校，招收北伐中阵亡将士的子女和辛亥革命先烈的后代，施以教育，并推举宋庆龄、蒋介石、蔡元培、胡汉民、戴季陶、何应钦、何香凝、宋美龄、王文湘（何应钦夫人）等九人为筹备委员，负责筹备建校事宜，宋庆龄被推为校长。为了便于筹备工作的进行，后来又增加中华职业教育社副社长、进步教育家江问渔和中山陵园管理委员会的工作人员傅焕光两人为筹备委员。[①] 在实际的筹建过程中，宋美龄倾注了更多的精力，特别是当1929年学校初具规模时，宋庆龄在国外，所以，有关学校的校务问题基本上由宋美龄办理。

对于建立遗族学校的旨趣，宋美龄有这样的一段叙述：“自从国民政府在南京建设首都以后，蒋总司令就觉得要有一种设施来

---

① 储子润：《国民革命军遗族学校》，见中国人民政治协商会议南京市委员会文史资料委员会编：《南京文史集萃》第一辑，江苏古籍出版社1989年版，第122页。

纪念国民革命历年为主义奋斗和为党国牺牲的将士先烈，安慰他们在天之灵。及至民国十七年，统一告成，政府决定对于阵亡诸将士，为之建筑公墓，开辟公园，以志纪念；给发恤金，抚慰寡孤，以慰英魂。但是，遗族子女，大都缺乏教养，亟应设立学校，造就他们成为健全的公民，才算是尽了抚慰遗族的责任。民国十七年十月蒋总司令向中央执行委员会提议设立‘遗族学校筹备委员会’，当时就推定委员十一人，国民政府主席谭延闿先生，亦参加在内，他非常热心，并对我说：‘完全请你负责，来筹备本校。’在筹备创设的时候，当然经过许多困难，就是现在亦常有困难的问题发生，这是举办一种事业所不能免的，只要我们能努力做去，不断的改正，必可完成我们的计划。”①

上述将遗族学校的建立看做是纪念国民革命阵亡将士的一项有力举措，有利于凝聚人心，为刚刚奠基的南京政府以及蒋介石争取资本，应该说是符合当时历史实际的。而事实上，负实际筹备责任的是宋美龄。

遗族学校筹建完成后，宋美龄以大量的精力投入到学校的管理中，她说：“我对于遗族男女两校，既然负着责任，总要希望把它们办成中国的模范学校。无论那种事业，如果不是亲自去参加，只把一个计划交付别人办理，不去闻问，是不中用的。”② 从聘请教师到讨论校务，宋美龄都亲力亲为。她还经常与蒋介石一起视察校务，关心学校的教育以及学生的生活，所以从遗族学校毕业的学生都称宋美龄为“妈妈”。“遗族学校的毕业生后来分布世界各地，在宋美龄定居美国之后，每年到了遗族学校校庆那天，或是蒋介石、宋美龄生日那天，有些旅居美国的遗族学校学生，都会去宋美龄的住处看望她，遗族学校的学生称她为‘妈妈’。”③

① 宋美龄：《国民革命军遗族学校和女校建校的经过》（1931 年 10 月 10 日），见《蒋夫人言论汇编》编辑委员会编：《蒋夫人言论汇编》卷四，台北：中正书局 1956 年版，第 197 页。

② 宋美龄：《国民革命军遗族学校和女校建校的经过》（1931 年 10 月 10 日），见《蒋夫人言论汇编》编辑委员会编：《蒋夫人言论汇编》卷四，第 205—206 页。

③ 王丰：《美丽与哀愁——一个真实的宋美龄》，团结出版社 1998 年版，第 202 页。

可见，宋美龄是倾注了大量的心血和精力于遗族学校的。

二、宋美龄儿童素质教育的思想与实践

1937年，宋美龄应美国《世界青年》杂志创刊号之请，写了《中国的青年运动》一文。该文在谈到南京遗族学校时，作了这样的陈述："七年前我在南京，由政府赞助，为国民革命军将士的遗族，创设了两所学校。我们并不给那些学生以军事训练，这似乎很特殊的。我们认为国家的基本力量，并不在军事精神，大半还有赖于高尚的道德和推进经济建设的能力，所以我们特别着重农工知识与技能的训练。"①

图5-4　遗族学校学生列队入校

结合上述言论以及具体实际，我们可以将宋美龄关于儿童教育的思想归纳为以下几个方面。

第一，注重儿童良好人格的培养。首先，要培养儿童的自立

① 宋美龄：《中国的青年运动》，见王亚权主编：《蒋夫人言论集》上集，第51页。

性。她说，“我们要培养儿童的人格”，使“儿童们能自爱自立”，“摒绝他们的倨傲心和依赖性”。[①] 在遗族学校，教室、寝室以及校园的清洁整理工作，都由学生轮流去做。其次，她注重启发儿童的“义务观念”和“牺牲精神”，“我们要教导这些儿童们能劳动、能创造、能贡献、能为保卫国家民族和拯救同胞困苦而牺牲，才是我们教育和训练的要旨”[②]。她希望学生们牢记“你们受教育的宗旨是要帮助你们的国家及你们的同胞”[③]。抗战结束以后的一次遗族学校开学典礼上，宋美龄演讲“大我”与“小我”的关系，她“热情赞颂了这些学生的父辈，说他们在国民革命浪潮中，在为中华民族的统一完整而战的时候，自觉地牺牲‘小我’，为祖国和民族这样的‘大我’，英勇无畏地献出宝贵的鲜血和生命”，“她勉励全校学生要珍惜在校学习的机会，努力用功，刻苦锻炼自己的身心，培养坚定、沉着、勇敢和诚实的性格和品德。她要求全体师生互相帮助，克服私心的‘小我’，树立为公的‘大我’，将来成长为国家的栋梁”。[④] 再次，她利用各种途径教育孩子们要能够吃苦耐劳，坚韧不拔。1935 年，宋美龄在漫游西南时，写信给遗族学校的孩子们，告诉他们个旧锡矿中童工生活状况。她写道：“锡矿里的童工年纪都是十四岁以下，要到几千尺之下的地洞内工作，地洞是很狭窄的，只有他们的小身体才爬得进去。他们把锡矿挖出之后，又要搬运出来。地下的温度是多么热，他们走出洞口的时候，遇着冷风，就要昏倒。有许多因此患肺炎，或他种病症，以致送命。水是很缺乏的，他们非但全身沐浴是谈不到的，就是略为洗濯，也永不可能。”“他们的工作很劳苦，所得的工资很微薄。”她接着便引导学生们：“你们各位学生试想想，自己是

---

① 宋美龄：《对儿童保育会院长会议致词》，见王亚权主编：《蒋夫人言论集》上集，第 721 页。

② 宋美龄：《对儿童保育会院长会议致词》，见王亚权主编：《蒋夫人言论集》上集，第 721、722 页。

③ 宋美龄：《西南漫游》，见王亚权主编：《蒋夫人言论集》上集，第 455 页。

④ 贺儒雄：《回忆国民革命军遗族学校》，见中国人民政治协商会议南京市委员会文史资料委员会编：《南京文史集萃》（一九八七年），江苏古籍出版社 1988 年版，第 21 页。

何等幸运，能够在这样一个环境优美洁净的学校里读书，生活舒适，食用又好，在课堂散学之后，又有游戏的时间。当你们很不遂意的时候，你们应当记得国内还有许多穷苦的孩子，没有机会进学校读书，没有好食用，要在恶劣甚至污浊的环境内做苦工。我告诉你们这些话，使你们在不如意的时候，就要想着这些穷苦不幸的孩子们！但愿你们永不向人诉苦。”①

第二，注重培养学生良好的生活习惯。她说我们“要特别留心教育，从小时候养成他们良好的习惯，使之具备现代国民的基础”②。这些习惯包括知礼义、守秩序、能亲爱、能互助等。据毕业的学生回忆，宋美龄经常带国内外朋友或宾客到学校参观，“更常见的是她亲自驾车，由一二位随从陪同而事前不作通知的来到学校。在校园里看到学生，总是嘘寒问暖或者摸摸头，若发现学生不懂礼貌、不守规矩、服装不整、不讲卫生或随意践踏花草，她一定毫无保留地立刻予以劝导，但语气和蔼可亲，不觉得是受责备”③。

第三，宋美龄特别重视对儿童民族精神的培养。在第一届保育院长工作会议闭幕式上，她指出：“我们保育儿童，不仅给予他们以食品，给予他们以智识，更重要的要给予他们精神和道德，给予他们救国救世的主义。使他们长大以后，有益于国家，有益于世界。这真是我们同人唯一的重大责任。”④ 也就是说，除了给儿童身体上的保护外，重要的是要让他们具有服务国家的意识和能力，具有高尚的人格。我们要“启发儿童的义务观念”，使他们“富有牺牲的精神”，“世上唯有生在苦难之中，而不知国家民族同胞困苦的人，是最没有价值的人，唯有愈困苦愈奋斗，立志牺牲

① 宋美龄：《西南漫游》，见王亚权主编：《蒋夫人言论集》上集，第466页。

② 宋美龄：《对儿童保育会院长会议致词》，见王亚权主编：《蒋夫人言论集》上集，第721页。

③ 阎沁恒：《蒋夫人与国军遗族教育》，见秦孝仪主编：《蒋夫人宋美龄女士与近代中国学术讨论集》，第459页。

④ 《全国儿童保育会院长会议闭幕　蒋夫人致闭会训词》，见《中央日报》，1938年10月31日，第3版。

自己，爱护国家，救助同胞的人，才是有出息有希望的人”。“我们要教导这些儿童们能劳动、能创造、能贡献、能为保卫国家民族和拯救同胞困苦而牺牲，才是我们教育和训练的要旨”。[①]

第四，注重给学生灌输农工知识及劳动技能。遗族学校在教学内容上，遵守教育部的规定，设置相关课程，与一般学校差别不大。但该校“有一项教育的特色”，那就是依照孙中山先生“知难行易”和“双手万能，手脑并用”的教导，“强调劳动实习与社会服务的重要性”。除农科学生外，一般学生也要接受农业课程的教育并且安排到农场和牧场进行实务操作，“以养成手脑并用与劳动服务的习惯”。[②]“我们学校的男生，都要受农业训练，使学得耕种新法，将来回到田间，可以指导农民，改进农村生活。他们都得根据学校的生产计划，半工半读，分园艺、乳牛场、农场实习三种工作，就个性所近，分配给各种工作。”[③] 当有学生向宋美龄反映，说劳动服务既消耗体力、浪费时间，也与将来升学无关，没有办理的意义时，她便以“很严肃的语气”指出，之所以有这样的安排，在于担心学生在优良的环境下过着安适的校园生活，会产生心理上的养尊处优和不知人间疾苦，“将来不能成为国家真正需要的人才”。[④]

女校的学生也要受劳作课程的训练，据时人回忆，她们接受的训练主要有手工编制、缝纫、编织、织袜、家政实习等。例如织袜，“女校专门办了一个小袜厂，有三十余具手摇织袜机，安装在四架工作台上，还有五架丝袜织造机，还从上海袜厂专门请来一位女技师，从摇纱锭、接纱头教起。经过三四周的学习，女同学们就能熟练掌握。仅初中三个班级的女生每年生产的长短袜，

---

① 宋美龄：《对儿童保育会院长会议致词》（1939 年 10 月 20 日），见王亚权主编：《蒋夫人言论集》下集，第 721—723 页。

② 阎沁恒：《蒋夫人与国军遗族教育》，见秦孝仪主编：《蒋夫人宋美龄女士与近代中国学术讨论集》，第 457—458 页。

③ 宋美龄：《国民革命军遗族学校和女校建校的经过》（1931 年 10 月 10 日），见《蒋夫人言论汇编》编辑委员会编：《蒋夫人言论汇编》卷四，第 202 页。

④ 阎沁恒：《蒋夫人与国军遗族教育》，见秦孝仪主编：《蒋夫人宋美龄女士与近代中国学术讨论集》，第 457—458 页。

供应男女两校的学生都穿不了”[1]。

在服务社会方面，遗族学校也做了不少工作。据该校毕业的学生回忆，在战前，“夫人要我们高年级同学组织‘遗族学校乡村服务团’，为学校附近农村老百姓做些医疗卫生服务，儿童识字教育，成人补习夜校及文娱活动等工作，并经常叫我们到夫人官邸汇报，并给予指导。要我们从服务中建立与老百姓打成一片的感情”[2]。正是这一教育特色，厚植了学生们“成年后学业和事业的扎实基础。德、智、体兼备，为国家社会作全心全力的服务贡献”[3]。毕业生在各行各业也都取得了很好的成绩。如萧镜如博士，曾以经济学教授身份，任职于美国南康州立大学，领导创建该校的商业经济学院，担任首届院长，完成中国人在美国担任大学院长的创举；旅居美国的兽医界心脏外科权威向厚禄博士，他写的论文受到国际上的重视，在 1983 年出席莫斯科的世界兽医学会，他担任会议主讲，并赢得金牌。据不完全统计，这些学生中获得博士学位的就有 50 余人，在加拿大、美国、澳大利亚、中国香港、新加坡、印尼、非洲、法国、意大利、英国、西班牙、德国、瑞士等地，都有遗校学生的足迹与事业。[4]

---

① 桑万邦：《国民革命军遗族女校旧闻逸事》，见《钟山风雨》，2007 年第 6 期，第 58 页。

② 汤鹤松：《难忘的回忆》，见秦孝仪主编：《蒋夫人宋美龄女士与近代中国学术讨论集》，第 458 页。

③ 文思荣：《慈母恩师刻骨铭心》，见秦孝仪主编：《蒋夫人宋美龄女士与近代中国学术讨论集》，第 461 页。

④ 储子润：《国民革命军遗族学校》，见中国人民政治协商会议南京市委员会文史资料委员会编：《南京文史集萃》第一辑，第 134 页。

第六章　宋美龄与改良服饰文明和生活方式

大家都知道，宋美龄非常喜欢旗袍。有资料记载：“宋美龄的仓库里堆满了官太太们送的旗袍料子，她的专属旗袍师傅一年三百六十五天都在为她缝制旗袍，即连宋美龄访美时他也随行，直到去世前，他还在做旗袍。”① 这既反映了宋美龄个人的一种生活方式，也映衬出那个时代的生活样态。衣食住行看似简单，但文明与野蛮、进步与保守等分际却在不经意间得以渲染与表达。新生活运动从人们衣食住行这些生活行为习惯的改造着手，是社会改造的基础性工作。

第一节　新生活运动对民众着装的规范

一、服装的政治、社会、文化意义

《左传》曰：“中国有礼仪之大，故称夏；有服章之美，谓之华。”作为礼仪之邦的华夏，服饰已经远远超出其最初的“蔽体保暖”功能，而发展为一个历史悠久、积淀丰厚的绚烂文化宝藏，有着广泛的政治、社会和文化意义。读四大名著之一《红楼梦》，许多场面都给我们留下无限的遐想，让我们思索封建等级制的森严。其中第十六回关于服饰的描述让我们领略了封建时代服饰的等级意义。贾政生辰，宁荣二府正在宴饮唱戏，热闹非凡。忽然，

① 林荫庭：《寻找世纪宋美龄——一个纪录片工作者的旅程》，第222页。

太监夏老爷来降旨，宣贾政进宫陛见皇帝，贾政“即忙更衣入朝”。后来消息传来，原来是因为贾元春被加封贤德妃，请老太太们去谢恩。于是贾母等都“按品大妆起来”，贾赦、贾珍也换了“朝服”，侍奉贾母前往。这段描述，告诉我们，常服与朝服是两种截然不同的服装，贾政过生日，无论穿的服装再华丽，也超不出常服范围，一旦入朝去见皇帝，就必须更衣，也就是换穿朝服，其他人入朝，当然也都要按照自己的品级穿戴朝服。中国传统礼制，规定了人们服饰的贵贱尊卑之分。“古者贵贱有章，衣服有别，无敢惑紊者。羔裘豹袖者，望而知为大夫，褐宽博者，望而知为贱役。”① 清代的统治者虽然不是汉族，但在服饰上也做了严格规定，对于官民所穿衣服的质料、式样、颜色、纹饰等都有明确区分。有品级的命妇也有相应的朝服与之相配。历代朝服，虽然形制和颜色各有不同，但每代都有自己的规定，不可逾越。

与宣示着等级的朝服不同，绣花鞋带给我们的是有关男尊女卑社会的回忆。一双双做工精美的绣花鞋，令人们慨叹之余，也引起我们对封建社会妇女地位以及病态审美观念的思考。

图 6-1　绣花鞋

在统治阶级及其知识分子的大力宣扬之下，男尊女卑的社会思想观念在封建社会被发展到极致。人们认为，女子缠足就可以“束其身”“禁乱步”“敛性情”，故而推崇备至。小脚已成为人们

① 吴友如：《吴友如画宝》，上海古籍出版社 1983 年版，第 22 页。

认知中女性美的标准之一。“地无远迩，人无良贱，莫不以小足为美。见于民谚，咏于诗歌，衍而成风，流而为俗，深中于人心，牢固而不可拔。”① 甚至到了20世纪30年代，这种观念也还在流传着，“从前在家乡时，常常听见为父母的替儿子选择媳妇时，一开口就要问：‘姑娘的脚小不小？’而我们社会里也就隐然有一种趋势，把小脚当做美女的标准，姑娘们也就把小脚认为自己美丽的要素”②。在这种主流社会意识指导之下，妇女虽然饱受缠足之苦，也无可奈何。因为与缠足密切相连的，便是婚嫁问题，不缠足，女孩嫁人就成问题。《渜南莲话》载：渜南地区莲风盛行时，“新嫁娘之夫家重纤莲逾于姿首。入门后，足之大小，荣辱系之矣。初娶至门，村众环喜轿或喜车凝眸逼视者，首为莲足。吉时既至，舒足下车，纤妙者立邀高誉，戚朋以为赞，翁姑以为慰。拜堂后，新郎已睹真相，小则安，大则戚，爱憎已预判焉”③。封建的婚姻制度为小脚盛行提供了广阔的空间。于是，“举世之人，皆沿袭成风，家家裹足；似足不小不可以为人，不可以为妇女”④。这样，小小的绣花鞋装盛了那个时代妇女的喜怒与哀乐。

清朝围绕着剃发易服与剪辫进行的斗争更是服饰文化丰富内涵的典型体现。清入关以前，就已开始强迫被征服或投效的汉族人剃发易服，但范围有限。清入关后，剃发易服范围日益扩大。1644年，清军攻克北京，多尔衮首次强令官民一律剃发，这一举措引起汉族人的普遍不满，“入关之初，严禁杀掠，故中原人士无不悦服，及有剃头之举，民皆愤怒，或见我人泣而言曰，我以何罪独为此剃头令？”⑤ 1645年，清军攻克南京，多尔衮再次向全国发布“剃发令”，限令各地在公文下达十日内完成剃发，违令者处

① 李荣楣：《中国妇女缠足史谭》，见姚灵犀编：《采菲录》，上海书店出版社1998年版，第1页。

② 云仓：《改良风俗与女子放足》，见《民众生活》周刊第50、51、52期合刊，1933年5月27日出版，第33页。

③ 李荣楣：《渜南莲话》，见姚灵犀编：《采菲录》，第47页。

④ （清）钱泳：《履园丛话·裹足》，上海文明书局清代笔记丛刊本，第15页。

⑤ ［日］池内宏：《明代满蒙史料·李朝实录抄》（仁祖二十二年八月戊寅），台北文海出版社1975年版。

死，如果一个地区有人犯禁，官吏也要遭到惩罚。由于此次剃发比先前更加严厉，故而引起的斗争也更加激烈。据载，为强迫剃发，官府派兵士监督剃头匠挑着挑子上街巡游，看见蓄汉族传统发髻的人，就上去抓住强行剃发，稍有抵抗，就当场杀掉，有的还把头悬挂在杆上示众。为反抗剃发行为，一些地区喊出了“留头不留发，留发不留头”的口号，剃发与反剃发持续进行较量，成为引发政治、军事冲突的导火线，“嘉定三屠”“江阴十日”等著名政治事件都是由剃发而酿成的惨烈流血事件。

在剃发问题上出现如此激烈的冲突，在此前的历史上应该说是非常罕见的，那么，汉族人反对剃发，甚至不惜以牺牲生命为代价，原因何在？人们从不同的角度进行了探讨。首先是满汉民族对发辫的不同认知：在满族贵族看来，汉族人是否剃发，标志着是否顺从，而对于长期浸染儒家思想的汉族男子言，“身体发肤，受之父母，不敢毁伤，孝之始也”，剃发是大逆不道。这样，剃发与否，不仅成为区别满汉的首要身体依据，而且也是有关民族认同、文化认同层面的问题。

除了儒家传统的孝道文化，以及民族抗争外，关于发辫的斗争应该还有其他内涵。比如，作为男人的人格受到的侮辱。美国学者孔飞力推测，“当时人们也许曾由削发而联想到阉割”，“因为在旧体制下，男子的人格（也是男子社会上层人士的地位）是以精心蓄留的长发为象征的。具有讽刺意味的是那些在满族勇士看来意味着阳刚之气的东西，在汉人眼里却是娇弱妇道的象征”。[①]按照这种说法，由前额剃发而联想到的阉割，以及由背后的留辫而造成的与柔弱妇女的相似，对阳刚的男子而言，都是人格上的莫大耻辱。关于剃发，爱德蒙·李给出了另一种解释，满族人的削发留辫“是一种自制战胜放纵的象征”[②]。正如有的学者所言，满汉民族对头发的认知差异并非冲突的首要因素，“首要因素是由

① ［美］孔飞力：《叫魂——1768年中国妖术大恐慌》，陈兼、刘昶译，上海三联书店1991年版，第75页。

② ［美］孔飞力：《叫魂——1768年中国妖术大恐慌》，第75页。

满汉对辫发不同政治、文化内涵的解读以及各自所持有的呆板、强硬的态度"："从满族统治者来说，随着对明战争的全面展开，辫发也从民族风俗与服饰上升为政治含义的事件"；"对汉人而言，剃发成为接受异族统治的标志"。[①]

时间流淌到清末，随着革命思潮的兴起，辫发问题又成为历史的一个焦点。剪辫子与否成为是否与清朝决裂、拥护革命的一种标志。凡是起而革命者，无不从剪辫子开始。辛亥革命之后，剪辫子更是全面展开，剪辫子成为革命的外在身体标志。

图 6-2 清末流行剪辫子

① 侯杰、胡伟：《剃发·蓄发·剪发——清代辫发的身体政治史研究》，见《学术月刊》，2005 年第 10 期，第 81—82 页。

“发辫之所由来，由于满洲之入中原”，“发辫之消除，亦与满洲而俱尽”。[①] 围绕着辫发所进行的斗争终于告一段落。“辫发作为一种传统的象征，一种文化记忆和一种政治符号，已然随着中华民族整体意识的加强，渐渐被赋予了新的含义。”[②] 民国创建以后，短发开始普及。

图 6-3 袁世凯剪辫子表示革命

综上所论，我们看到，服饰装扮的已经不再是个体人物的气质，而是像一面镜子一样，折射出一个时代的社会环境、生活方式、审美情趣以及社会制度等，服饰的演化与变迁，成为反映时代变革的风向标，借此，我们能更加直观地感知一个时代的发展变化。

二、新生活运动对着装的规范

新生活运动一开始，就颁布了《新生活须知》，以通俗的语言对人们的服装做了规范。《新生活须知》初稿规定：“衣服要整齐，纽扣要扣好，帽子要戴正，鞋子要穿好。”[③] 后来修改的《新生活须知》关于“新生活中之衣”对着装又做了更为细致的规定：“衣服章身，礼貌所寄，莫趋时髦，朴素勿耻，式要简便，料选国货，注意经用，主妇自做，洗涤宜勤，缝补残破，拔上鞋跟，扣齐纽扣，穿戴莫歪，体勿赤裸，集会入室，冠帽即脱，被褥常晒，行李轻单，解衣赠友，应恤贫寒。[④]”

① 黄藻：《论发辫原由》，见张枬、王忍之编：《辛亥革命前十年间时论选集》第一卷下册，生活·读书·新知三联书店 1960 年版，第 748 页。

② 侯杰、胡伟：《剃发·蓄发·剪发——清代辫发的身体政治史研究》，见《学术月刊》，2005 年第 10 期，第 87 页。

③ 新生活运动促进总会编：《民国二十三年新生活运动总报告》，第 111 页。

④ 新生活运动促进总会编：《民国二十三年新生活运动总报告》，第 137 页。

上述规定，分析起来，包含了以下几层含义。第一，大庭广众之下，禁止赤裸身体；第二，帽子、衣服、纽扣、鞋子穿戴要整齐，不能歪歪扭扭、破破烂烂；第三，进入房间时，要把帽子摘掉，集会典礼等场合，也要把帽子摘掉；第四，衣服要朴素、简便，不要追求时髦、华丽；第五，衣料要用国货；第六，家庭富裕之人，应该抚恤贫寒，把衣服赠给穷人。而归纳起来，上述六点说的是三大方面的问题，第一、第二、第三，指的是穿衣的礼节；第四、第五指的是所穿衣服及衣料的特点；第六指的是由衣服而引发的道德伦理问题。

当时的中国，以上三个方面的问题都是比较有针对性的。首先是穿衣的礼节问题。每当酷暑盛夏，炎热难耐的时候，一些老百姓便会赤膊上阵，于是，码头上、大街上，甚至商店里都会不时地看到赤裸上身的人们。1934 年 5 月 26 日的《中央日报》载文指出，“查京市居民，每届夏令，多喜赤膊露体，尤以商店伙友及劳动工人为甚，此种行为，既属有碍观瞻，抑且不合卫生，历经取缔在案，现时天气日渐炎热，且值厉行新生活运动之际，亟应及时劝导，力予矫正，以除陋习，而端风尚。”① 就社会文明而言，大庭广众之下，赤裸上身的确不能视为文明的行为，但作为一种陋习，迁延已久。此外，社会上一些小青年，甚至正在接受教育的中学生歪戴帽、拖拉鞋等现象也时常可见。1933 年蒋介石初到江西的时候，“所看到的几乎无一个不是蓬头散发，有扣子不扣，穿衣服要穿红穿绿，和野蛮人一个样子”②。至于典礼脱帽的礼节，是着装的更高层次的规范，虽然可能对大多数普通人而言，都是没有经历过的事情，但作为规范之一，应该起到预先演习准备的作用。在这里，衣着形象，不再是单个个体随心所欲的一种生活方式，而是已经上升到体现社会文明程度的高度，对此，宋美龄

---

① 《警厅奉令饬属取缔旧式婚丧仪仗》，见《中央日报》，1934 年 5 月 26 日，第 3 张第 2 版。

② 蒋介石：《新生活运动之要义》，见萧继宗主编：《革命文献》第六十八辑，第 17 页。

有一段话，颇值得玩味。当有人“讥笑新生活运动是警察强迫人民扣上衣扣，或斤斤于吹求小节的工作”的时候，宋美龄给予这样的反驳：“我们谁能穿了污秽不整的衣服，入祖宗的庙堂呢？苟有这种事实，我们一定觉得这是辱及祖先的大不敬。污秽疏慢既能辱及死者，为何不可同样地解释为对于生人的侮慢呢。”因此，新生活运动中“礼”的意义，也包含着“对个人仪容”的整饬，教育人们“不论服装习惯，都得保持整洁和秩序”。[①]

其次，衣服的朴素、简便与衣料选用国货是当时战争环境的要求。要抵御外敌，反抗侵略，一方面必须节约资源，避免浪费；另一方面，也要支持民族工业发展，振兴经济。这是衣料选用国货和服装样式朴素、简便的根源。其实，揆诸新生活运动发动初始的情况，提倡国货远比新生活的其他内容更为重要。1934 年 2 月 19 日，蒋介石在行营扩大周讲演之后，3 月初开始掀起大规模的宣传浪潮，但最先召开的大规模群众集会是 2 月 28 日提倡国货提灯大会，参加大会的有党、政、军、工、商、学等 500 余团体，民众五六万人。大会通过“呈请中央通令全国公务人员，一律服用国货案”“电请中央奖励国货生产案”“电请中央厉行关税保护政策案”。号召民众，一致使用国货，告诫大家人人都要意识到“服用国货是光荣的事，购买外国货是可耻的事”。[②] 其他各地也都先后举行提倡国货提灯大会，如江西九江于 2 月 30 日举行服用国货提灯大会，到会各机关团体学校代表，以及自动参加民众，计有两万余人，会议号召各界群众“人人应服用中国货”，并呼口号：“用国货的，是中国人，不用中国货的，不是中国人”。[③]

与之相比，为宣传新生活运动之市民大会、提灯大会迟至 3 月

① 宋美龄：《中国的新生活》，见王亚权主编：《蒋夫人言论集》上集，第 24—25 页。

② 《提灯游行宣传大会》，见《江西民国日报》，1934 年 3 月 2 日，第 2 张。

③ 《九江各界日前举行服用国货提灯大会》，见《江西民国日报》，1934 年 3 月 4 日，第 2 张。

11 日和 18 日才举行。[①] 尽管在规模和规格上这两次大会都要高过前项国货提灯大会，但最早召开提倡国货提灯大会，至少说明在新生活运动内容上，反对使用外货，提倡国货以振兴民族经济占有头等重要的地位。

再次，由衣服而引发的道德伦理问题。家庭富裕之人，应该抚恤贫寒，把衣服赠给穷人。此项阐发的是人与人之间要讲关爱、互助。由于该项关涉的是伦理道德的层面，在推行过程中难于具体操作，没有具体表现，不是着装的重点，合并在其他项下论述。

除对个体民众着装进行规范外，新生活运动对于一些服务行业的着装也进行了规定，主要有茶房、人力车夫、娱乐场所服务员等。对茶房人员衣着的规定："每人都要穿本省白布制服，样子做成长衫（普通长衫的样子），或者做成短装（普通学生制服的样子）都可以，制服左襟上面，要用红线绣上本旅馆本栈房或本公寓之字号和本人的号数，字体要用正楷，并且不要洋文"，"鞋要穿黑布的，袜要穿灰线的"。[②]

对人力车夫的着装规定："衣服要用本省的蓝布，或者黑布做成短装……夏天的单裤，最好不要长过膝盖"，"春、夏、秋三季要戴竹编的斗笠，冬天要戴蓝油布做的八角鸭舌帽"，"雨天要穿蓝油布雨衣，冬天遇到雨天，要打蓝油布裹腿（帽子、斗笠、雨衣、裹腿，都由市政委员会规定，式样由车行置买）"。[③]

对娱乐场所售票员的服装规定："春秋冬三季用蓝色，夏季用白色，均须滚红边，左襟上须用红线织上'售票员'三字。"[④]

就文明社会的建构而言，新生活运动对生活中基本着装常识

---

① 《十万余市民踊跃热烈参加雄壮整齐之市民大会》，见《江西民国日报》，1934 年 3 月 12 日，第 2 版；《新生活运动提灯大会念余万人热烈参加》，见《江西民国日报》，1934 年 3 月 20 日，第 2 版。

② 《南昌市旅栈公寓厉行新生活办法》，见《新生活运动促进总会会刊》第 1 期，1934 年 8 月 20 日出版，第 48—49 页。

③ 《南昌市人力车厉行新生活办法》，见《新生活运动促进总会会刊》第 3 期，1934 年 9 月 10 日出版，第 11—12 页。

④ 《南昌娱乐场所厉行新生活办法》，见《新生活运动促进总会会刊》第 2 期，1934 年 8 月 30 日出版，第 11 页。

的规定，让国人知道什么是文明的着装形式。统一服务行业的服装，使行业文化蕴含其中，这些都有其合理的一面。对于国货的提倡以及倡导衣着朴素，有利于增进民众的节约意识和爱国意识，振兴民族经济。其不足之处在于推行过程中过于机械，过于形式化。通过政府强制手段，迫使民众遵守着装规范，其政治寓意更加浓厚：扼制自由、散漫的行为习惯，树立权威意识，由统一行为达致统一思想。

三、取缔妇女奇装异服

妇女因为爱美，在服装方面，最能追逐时尚和潮流。随着中西文化交流的深入，以及女权运动的开展，妇女们的审美意识、思想观念不断发生变化。一些走在前列的摩登妇女不仅走出家庭，而且敢于彰显个性。尤其是新文化运动以后，社会更流行一种以欧美的标准为标准的风气，表现在服饰方面，更加追求西化，即使中国传统服饰，也根据流行风尚加以改造。

就审美意识而言，妇女更加崇尚时尚性感。“民国时期，人们逐渐抛弃了传统的落后保守的陈腐思想，转向以女性的时尚性感为美的审美观。”① 表现在服饰方面，为隐匿女性的曲线和形体而设计的传统女性中式服装的宽大和严密特点，被加以颠覆，女性的曲线美和人体美更加凸显了。以旗袍为例。旗袍原为满族妇女的服装，其特点是肥大宽松，上下直线剪裁，腰平直，下摆宽大不开衩，衣长至足。20 世纪 20 年代，旗袍逐渐普及到满汉两族女子，内地、沿海等大城市也开始流行。但其变化也不是太大。后来随着人们审美观念的变化以及受西式服装的影响，旗袍不断地被改良。“受欧美短裙风的影响”，先是“旗袍的长度稍稍缩短，到膝盖下”，后来“旗袍的长度又提到膝盖处”，“1930 年，西方短裙之风继续影响旗袍，旗袍摆线又上升至膝盖以上”，到 1933 年左右，旗袍“衩越开越高，几近臀下。同时，为了更好地衬托

① 鞠萍：《民国时期审美观与上海女性美容妆饰》（1927—1937），华中师范大学硕士学位论文，2008 年，第 22 页。

女性的曲线，其腰身也越来越窄”。[①] 除了衩高、衣短之外，腰身更加收紧，衣袖也由长变短，直至无袖。同时，泳装也开始出现，“西式泳装的独特设计不但使女性的曲线美一览无余，更使女性的人体美得到了充分的展示”[②]。服装的暴露成为一种时尚和流行。加上高跟鞋、烫发、染指甲，以及口红等妆饰，女性妩媚的一面得到充分展现。

而在传统观念中，追逐时尚和性感是女性放荡的表现，因此，妇女们对新潮服饰的追逐，便引起社会上一些守旧人士的责难，指为“有伤风化”，政府也推波助澜地加以禁止取缔。新生活运动兴起后，在整齐服饰的思想影响下，妇女们性感的服装被界定为“奇装异服”，而受到禁止。先是 1934 年 6 月 6 日，江西省政府遵照蒋介石的手令，制定《取缔妇女奇装异服办法》，该办法对于为何取缔妇女的奇装异服，有两条罪状：“有伤风化”与“不合卫生”。其对妇女服装的具体规定如下：旗袍最长须离脚背一寸；衣领最高须离开颚骨一寸半；袖长最短须齐肘关节；左右开衩旗袍，不得过膝盖以上三寸，短衣须不见裤腰；凡着短衣者，均须着裙，不着裙者，衣服须过臀部三寸；腰身不得绷紧贴体，须稍宽松；裤长最短须过膝四寸，不得露腿赤足，但从事劳动工作时，不在此限；裙子最短须过膝四寸。头发须向脑后贴垂，发长不得垂过衣领口以下，长发梳髻者听；禁止缠足束乳；禁着毛线类织成无扣之短衣；禁止着睡衣及衬衣，或拖鞋赤足，行走街市。妇女衣着装束不遵守本办法者，由岗警加以干涉，如有反抗者得拘局惩处。[③] 该办法后又经修改后于 7 月颁行。修改的地方主要有：旗袍最长，不得拖靠脚背；衣领最高，不得接靠颚骨；旗袍左右开衩，宜在膝盖附近，不得过高，或过低；凡着短衣者，裙长最短须过膝；用西服者听，但禁止束腰；妇女衣着装束，不遵守本办法者，得由岗

---

① 胡铭、秦青主编：《民国社会风情图录》（服饰卷），江苏古籍出版社 2000 年版，第 69—73 页。

② 鞠萍：《民国时期审美观与上海女性美容妆饰》（1927—1937），第 22 页。

③ 《赣省府订定取缔妇女奇装异服办法》，见《中央日报》，1934 年 6 月 9 日，第 2 张第 3 版。

警随时善为劝导。[①] 无论是最初的规定，还是修改后的规定，我们看到，除了衣服过长、领子过高，不利卫生外，主要的内容还在于纠正衣服的过于暴露：旗袍的衩高、短衣的长短、裙子的长短、腰身、束腰、束胸等等规定，都揭示着传统力量与新的审美意识的撞击和搏杀。一篇对取缔妇女奇装异服的短评，更能一针见血地道出问题之所在，"妇女们的装束，好炫奇斗巧，是为了爱美，本来不必厚非，究竟如何为美，虽无定例，如以衣袖不及肘，胸腿暴露，才算为美，恐怕也就不必"，"时下摩登妇女的装束"，"实不免有故意卖弄风骚，惹人反感的意味"。[②] 根植于人们心目中的传统礼法观念仍然像无形的枷锁在束缚着妇女的生活。

继江西颁行《取缔妇女奇装异服》办法之后，其他一些地方政府也相继出台类似禁令，1934 年 7 月 5 日，贵州省新生活运动促进会拟定取缔妇女奇装异服办法四章十一条，呈请省政府转令教育厅及公安局施行。[③] 贵州省政府认为，作为抗战时期的大后方的贵州，大多是避难的人们，摩登女士的穿红着绿，是"忘却了国家民族，忘却了黄金般的故乡，忘却了敌人的暴行"的表现，"他们每天过着纸醉金迷的生活，寻求他们的目前的快乐。要是大家再不觉悟改变生活，再不刻苦努力的话，敌人无情的炮火是不是容许我们永远在后方苟安下去?"呼吁这些人，脱下奇装异服，以便"省下些钱去救国，省下些擦粉涂脂的时间做救亡工作去！希望'洋难民'们也过几天新生活"。[④]

继地方政府禁令之后，1934 年 11 月 15 日，内政部也正式制定了《取缔奇装异服办法》，该办法规定：长袍不得拖靠脚背，领高不得靠颚骨，袖长最短齐肘，衣衩须近膝盖，短衣须着裙，胸腰臀不得绷紧，裤裙长须过膝，短发不得垂过衣领，女公务员禁

---

① 《江西民国日报》，1934 年 7 月 8 日，第 4 版。

② 《取缔妇女奇装异服》，见《江西民国日报》，1934 年 6 月 7 日，第 3 版。

③ 贵州省地方志编撰委员会：《贵州省志·大事记》，贵州人民出版社，2007 年版，第 292 页。

④ 高艳妮：《民国贵州新生活运动研究》，贵州师范大学硕士学位论文，2009 年，第 29 页。

止烫发、染指甲，禁着睡衣拖鞋上街。妇女衣着不遵守办法者，由岗警干涉，如有反抗，拘局罚办。[①]

女子烫发，被认为是奢侈腐化。南京新生活运动促进会也发出通令："理发业厉行新生活"，"禁止烫发"，并于1935年2月1日起开始实行。[②] 贵州省府认为，妇女烫发"有妨善良风俗并违实行新生活简朴之要旨"，令省会公安局严加取缔，并下令发店不准为妇女烫发。贵州省新生活运动促进会颁发"严格取缔妇女烫发着高跟鞋（跟高一寸以上），以维风气"的决议，拟定取缔办法二十三条，对于烫发商店及烫发技匠进行取缔，对于烫发人民，则采取劝告方式。[③]

新生活运动对于妇女服饰的规定不是一纸空文，在有些地区得到了较为严格的执行。如在山东省，韩复榘为了彻底杜绝妇女的奇装异服和怪发型，别出心裁，通令所有妓女一律烫发、着奇装、穿高跟鞋，以与良人相区别，并布告全民，一体周知。"此令一下，时髦女子害怕被人误认为妓女，再不敢趋时'摩登'。由是，'奇装异服'一时绝迹。"[④] 在广东，1936年5月广东省会公安局组织所谓"维持风纪队"，上路执行检查，他们开着囚车、运输车，打着标语、旗帜，沿街检查妇女的服饰。遇有违反规定的妇女，即将其拘押上车，拉回公安局进行训诫，并在其衣袖盖上有"违反标准服装"字样的印记，然后逐出。[⑤]

纵观这场以政府行为直接干预妇女服饰的运动，首先，我们应该看到它有值得肯定的积极一面。如有些地方政府规定"禁止妇女缠足、束胸"，有利于妇女身体的解放；倡导妇女服用国货、衣着朴素，有挽救民族经济、艰苦建国之意；同时，

---

① 《内政部规定取缔奇装异服》，见《益世报》，1934年11月16日，第2版。

② 《理发业厉行新生活禁止烫发昨开始实行》，见《中央日报》，1935年2月2日，第2张第3版。

③ 高艳妮：《民国贵州新生活运动研究》，第28—29页。

④ 吕伟俊：《韩复榘传》，山东人民出版社1997年版，第207页。

⑤ 班忠玉：《新生活运动与民国社会生活》，苏州大学硕士学位论文，2005年，第27页。

取缔奇装异服包含着扼制都市女性过分奢侈浪费、一味趋慕新奇时尚的畸形审美意识的意义，而且这一点应该是禁止妇女奇装异服的本意。对此，宋美龄曾有论述。当新运总会书记阎宝航就“禁止妇女剪发烫发，及禁止军人与无发髻女子结婚”一事，询及宋美龄时，“蒋夫人以为新生活运动应从大处着眼，彻底改革我国人民生活之旧习惯与恶习惯，而为复兴民族之基础，关于禁止剪发烫发之事，外间颇多误解蒋委员长之真意者，蒋委员长前以妇女在国家社会家庭中所居之地位极为重要，所负之责任亦极重大，而近年以来我国妇女颇多以趋尚时髦为荣，以致生活行动多浪漫不羁，影响国家民族复兴之前途极为巨大，深觉有彻底改革之必要。务使我国妇女能崇尚朴素，保持固有之美德，所谓提倡改革蓬发烫发者，其真意不外乎此，然而并非干涉与禁止也，是以今后对于推进妇女界之新生活运动，亦应深切体会蒋委员长之真意，务从大处着眼，矫正浪漫不羁之恶习，而代之以淳厚朴素之美德。”①

然而，历史的复杂性，使得这场运动的客观后果突出了其守旧的一面。取缔妇女奇装异服最关键的还在于反对妇女对时尚性感的追求，这是传统礼教控制下的中国社会对妇女着装的一以贯之的态度。大家知道，就中国历代妇女服饰而言，除唐代较为开放外，一直都比较保守。我们先读一段张爱玲的《更衣记》，以便对妇女着装有个初步的印象。“在满清三百年的统治下，女人竟没有什么时装可言！一代又一代的人穿着同样的衣服而不觉得厌烦。开国的时候，因为‘男降女不降’，女子的服装还保留着显著的明代遗风。从十七世纪中叶直到十九世纪末，流行着极度宽大的衫裤，有一种四平八稳的沉着气象。领圈很低，有等于无。穿在外面的‘大袄’，在并非正式的场合，宽了衣，便露出‘中袄’。‘中袄’里面有紧窄合身的‘小袄’，上床也不脱去，多半是娇媚的，桃红或水红。三件袄子之上又加着‘云肩背心’，黑缎宽镶，

---

① 《蒋夫人谈禁止妇女剪发烫发》，见《妇女月报》第1卷第3期，1935年4月1日出版，第46页。

盘着大云头。削肩、细腰、平胸，薄而小的标准美女在这一层层衣衫的重压下失踪了……出门时裤子上罩的裙子，其规律化更为彻底。通常都是黑色……裙上的细褶是女人的仪态最严格的试验。家教好的姑娘，莲步珊珊，百褶裙虽不至于纹丝不动，也只限于最轻微的摇颤。不惯穿裙的小家碧玉走起路来便予人以惊风骇浪的印象。更为苛刻的是新娘的红裙，裙腰垂下一条条半寸来宽的飘带，带端系着铃。行动时只许有一点隐约的叮当，像远山上宝塔上的风铃。"① 这里所描绘的是明清时期的妇女较为普遍的着装情况。中国妇女服装，一般采用上下两个部分的形制，汉代时为"上衣下裳"（如图 6-4）。唐宋明时期，一直为襦裙（如图 6-5）。劳动妇女一般着长衣裤子，长衣最短过臀部，裤子到脚踝，衣裤都宽松肥大。（如图 6-6）。

图 6-4　上衣下裳

① 张爱玲：《更衣记》，见金宏达、于青编：《张爱玲文集》第4卷，安徽文艺出版社 1992 年版，第 28—29 页。

图 6-5　明代襦裙

图 6-6　劳动妇女着装

女子的上衣——袄衫，一般有三层，从里往外，即小袄、中袄、大袄。大袄外面，可加坎肩、披风。小袄也叫肚兜，只有前片没有后片，以链悬于项间，中袄比较贴身，颜色鲜艳，大袄分季节有单夹皮棉之分，式样多为右衽大襟，长至膝下，袖口宽大，领子时高时低。秋凉时外加坎肩。披风为外出时穿着。除坎肩、披风外，穿在外层的即为大袄。“若是光天化日之下，大庭广众之中，叫古代大家闺秀只穿着中衣（贴身衣裤）亮相，那她是宁可去死的。”① 妇女服装的宽松、严实，其目的正在于掩饰妇女身体的曲线。新生活运动取缔妇女奇装异服办法中对妇女服装的规定，明显与中国女装的传统一脉相承，受旧礼教的影响尤甚。这一点应该与蒋介石的关系密不可分。

娶一个完全受过西洋教育的女子——宋美龄为妻，并让夫人在大型国际舞台上抛头露面，对外交往，这是蒋介石对旧礼法的一个挑战，但并不表明他的思想总是趋新的，他思想中的新旧杂糅是一个很突出的特点。在对妇女服装的审美方面，他展现的是更为传统的一面。据曾经在台湾士林官邸服务的人回忆，当 20 世纪 60 年代迷你裙在台湾最流行时，新到宫邸服务的一位护士小姐穿了迷你裙，引起蒋介石的不快。蒋认为，裙子太短，大腿暴露出来，不成体统！由宋美龄出面劝告。“我十分清楚蒋介石的审美标准，他认为女人的衣服最美的就是旗袍，不然就是一般老式的长裙子，那种长度必须长过膝盖的裙子，只要露出腿，蒋介石就有意见。”“后来，凡是去士林官邸服务的女性，都受到指示：‘尽量穿素净一点的服装，不要穿花的或者暴露的，迷你裙更是绝对禁止’”。②

尽管在夫妻关系方面，宋美龄有彰显个性的一面，但“夫唱妇随”更占有主流地位。所以，在妇女着装方面，宋美龄还是以丈夫的标准为标准。这些标准既是对他人的要求，也为宋美龄自

---

① 王维堤：《衣冠古国——中国服饰文化》，上海古籍出版社 1991 年版，第 93 页。

② 王丰：《美丽与哀愁——一个真实的宋美龄》，第 61—62 页。

己所遵守。

四、宋美龄与旗袍

我们翻阅有关宋美龄的历史照片，将会发现，无论是在国内的各种场合，还是对外交往的国际舞台，大多数情况下宋美龄都穿旗袍。因此，宋美龄与旗袍有着不解之缘。

宋美龄在国外求学时期，虽然服装制式上与美国的女学生完全一样，但也许是思乡之情的表达，也许是少女对服装多样的一种渴望，她会趁没人的时候，穿上旗袍自我陶醉。“她与姐姐庆龄常趁没有外人时，在卧室里穿上旗袍；一旦有人进房来，她又马上冲进大衣橱，换上西式服饰才出来见人。”①

刚刚留学回国的宋美龄，在一段时间内，装扮还保持着西洋式的特点。“起初，美龄依然身着洋装，直到中式服装的陌生感逐渐消失，她看得顺眼为止。后来，美龄虽然也穿起了中式服装，但总爱保留某些西方的格调。例如，冬季她常戴一顶有檐的帽子，上装也总是在腰部弄得很合体，而按中国的惯例，青年女子只能身着筒式上衣。她还经常满不在乎地身着一身剪裁时髦的女式骑装，头戴一顶风致秀雅的宽檐女帽。”② 这样新颖别致的衣着与当时的传统女装形成鲜明的对比，不能不使她成为大家瞩目非议的焦点。慢慢地，回国时间长了，她开始融入中国社会，也习惯于穿中式服装。结婚以后，作为夫人的宋美龄，家居时也会穿穿大袄、长裙，但无论公私场合，还是以穿旗袍居多。时人回忆说，她“在大陆的时候，最早喜欢着洋装，后来一直就习惯穿着旗袍”，“在家居时，宋美龄是依照气温来决定是不是穿旗袍，一般的情况，只要是比较冷的天气，她会选择穿旗袍，冬天特别冷的时候，她偶尔会穿长裤”。③

在宋美龄身边工作过的人回忆说：“宋美龄的旗袍是出名的

---

① 刘巨才：《世纪传奇宋美龄》，台北：风云时代2002年版，第52页。

② ［美］埃米莉·哈恩：《宋氏家族——父女·婚姻·家庭》，第116页。

③ 王丰：《美丽与哀愁——一个真实的宋美龄》，第115、118页。

图 6-7　结婚前宋美龄于上海寓所

多，在士林官邸，有数不清的壁橱，是供宋美龄存放旗袍的地方。在她的卧房里，有两个衣橱是挂着较好的旗袍……衣橱多，里面的衣服亦是不尽其数。”①

宋美龄喜欢穿旗袍，其中原因之一，就是蒋介石喜欢女人穿旗袍。“女为悦己者容”，在穿着方面，蒋介石的偏爱对宋美龄有着巨大影响。在士林官邸服务过的人回忆了这样一件很有趣的事情，有一次，宋美龄发现官邸的一位小姐头上扎了很漂亮的丝带，就派人去买了十几条回来，一连几天都给自己的头发绑上鲜艳的丝带。有天晚上散步的时候，她征求蒋介石的意见，问她扎这些丝带好不好看，蒋介石回答：这些丝带不都是小女孩绑的嘛！宋美龄听出蒋介石话中的意思，是不喜欢她扎颜色鲜艳的丝带，回去之后，就悄悄把丝带收了起来。② 这个故事，一方面说明作为妻子的宋美龄对蒋介石的尊重，另一方面也充分体现了在一些方面蒋介石对宋美龄的影响。蒋介石“除了不喜欢人家穿短裙，他也讨厌女人穿长裤，他觉得穿长裤的女人，没有女人味，这大概便

① 王丰：《美丽与哀愁——一个真实的宋美龄》，第 62—63 页。
② 王丰：《美丽与哀愁——一个真实的宋美龄》，第 62—63 页。

是宋美龄始终很少穿长裤的一个原因吧！”[①] 可见，在衣着方面，宋美龄深受蒋介石的影响。当然，当宋美龄到前线视察、慰问时，为了行动的方便，她也多穿长裤，这应另当别论。

宋美龄喜欢穿旗袍的另外一个原因在于，旗袍是20世纪城市上层妇女服装的主流。20世纪20年代初，旗袍开始普及，到30年代，已经十分流行。经过不断改造，加上欧美服装剪裁制作技术，旗袍日益成为造型舒展优美、突显女人曲线、适体便利的女性主流服饰之一。与传统的袄、裙、裤搭配相比，“旗袍上下一体，采用适体的曲线腰身，容易衬托出人体体形的自然美。配上带跟皮鞋，更能显示女性秀美的身姿”。同时，作为主装，它很容易与西式上衣、毛线衣、各种大衣等搭配，“各种季节均可穿着”。再者，旗袍的适应性也很强，“不加任何装饰，可使人显得朴实无华；加上绣文、绦子花边，缀上珠宝，又可显示出高雅华贵的气派”。[②] 旗袍的这些特点，使它广为各阶层妇女，尤其是上层妇女所喜欢。宋美龄也不例外。“她的旗袍有一个基本的特色，就是很合身，加上她也喜欢穿三寸高跟鞋，走起路来，摇曳生姿，丰姿高雅，把她曲线优美的身材，衬托得淋漓尽致”[③]。这里展现给我们的是一个去掉政治粉彩的、唯美的女人形象！

宋美龄喜爱旗袍的背后，还应该有更深层的原因，那就是旗袍是民族的服装。尤其是在对外交往的场合，这种着装更是意味深长。无论是在美国的演讲，还是开罗会议上的纵横捭阖，我们看到身着旗袍的宋美龄，端庄、文雅、华贵，这昭示着，她是中国的。但一口纯正、流利的英语又处处提醒着在场的人们，她也是世界的。她是东西方两种文化的混血儿，但西方的文化仅仅具有工具层面的意义，其作用在于为她的东方民族文化增加风采。

---

① 王丰：《美丽与哀愁——一个真实的宋美龄》，第62页。

② 郑永福、吕美颐：《近代中国妇女生活》，河南人民出版社1993年版，第101页。

③ 王丰：《美丽与哀愁——一个真实的宋美龄》，第115页。

第二节　新生活运动对民众言谈举止的规范

新生活运动推行的“规矩”运动中，另一项内容就是对民众言谈举止的规定。《新生活须知》初稿基本勾勒了作为一个现代社会的公民在言谈举止方面应该遵守的规范。其基本内容有：行坐要正直，眼要向前正视，约会要守时间，等人家说完了再说，邻人失火要去帮救，人有丧事勿嬉笑，别人打架要劝解，见人跌倒要扶救，开会看戏要肃静，不要开口骂人动手打人，凡事要讲道理不要吵闹，坐车坐船不要高声谈笑，饭馆茶店不可大声喊叫，说话态度要和气，走路要靠左边走，走路不要争先，走路不要吸烟，走路不吃东西，走路不要大喊，走路时误碰别人说声“对不起”，车站买票一个一个顺着走，上下码头上下车船一个一个顺着走，公共场所出出进进一个一个顺着走，早晨相见要说“你早”，相别之时要说“再见”，不要去嫖赌，不吃鸦片烟，拾到东西交还原人，爱惜公物废物利用，升降国旗要敬礼，唱党国歌要起立，见了长辈要敬礼，对于妇孺要礼让，上下车船要帮助妇孺老弱，要孝顺父母友爱兄弟姊妹等。① 修改后的《新生活须知》关于举止方面，增加的内容主要有，禁止喷嚏对人、禁止随地吐痰、禁止任意便溺等。②

为推动民众改变行为习惯，新生活运动促进总会开展了如下几种工作。

第一种是派学生、警察等上街劝导，如“在街道上劝导行人靠左走，行路不吃香烟，纽扣扣好等等”。新生活运动刚开始的时候，主要采取这种办法，但效果不佳。“我们做了又做，当时受劝导的人或者接受，过后就又随便了，很少收到实效，就是由于旧

---

① 新生活运动促进总会编：《民国二十三年新生活运动总报告》，第 110—111 页。

② 新生活运动促进总会编：《民国二十三年新生活运动总报告》，第 138 页。

习惯太深的关系”。①

第二种是从“团体的训练入手，来做改造人的工作”。如首都南京，1936年春夏，新运总会利用工务局换发季节执照之机，对汽车夫、马车夫进行训练。主要讲新生活运动的意义以及交通规则，“这样训练了八天，每天四百人，差不多首都的三千多汽车夫马车夫都受到训练，得到很好的效果，并没有特别费时费钱费力”。之后，新运总会和首都新运会在首都劳动服务团中挑选一批精干团员，并加以培训担任讲师，由他们对各业侍役进行训练。训练分九区五十三班进行，每天两小时，每人受训一星期，“预计在四期之中把首都一万一千侍役训练完毕”。②

第三种是开展守时运动。南昌市为推行守时运动，曾设标准钟、午炮、电笛等装置，定时警告市民起居作息时间。同时，制定市民守时办法：（1）依各季节气候分别规定起床时间如下。自三月一日起至五月底止，及自九月一日起至十月底止，每日起床时间为上午六时，自六月一日起至八月底止，起床时间为每日上午五时，自十一月起至翌年二月底止，起床时间为上午七时。（2）全市市民须按电笛所报时间，起居作息，如有因事必须早起或晚眠者，在清晨五时前、夜晚十时后，不得高声喧叫，或弄物作声，妨碍他人安眠。（3）市民宴会时间，应照新生活运动促进总会规定之宴客须知办理。（4）市民参加集会，必须于规定时间之前十分钟到会，如有特殊事故，不能出席时，亦须先期请假，以免延误。③

第四种是开展节约运动。1935年12月，新运总会在南昌首先推行节约储蓄运动。1936年，新生活运动促进总会和国民经济建设运动委员会总会联合发起节约运动，并于8月1日成立节约运动

① 《最近首都之新生活运动——本会书记阎宝航在中央广播电台讲》，见《新运月刊》总第35期，1936年7月15日，第162页。

② 《最近首都之新生活运动——本会书记阎宝航在中央广播电台讲》，见《新运月刊》总第35期，1936年7月15日，第164页。

③ 《南昌市民新生活劳动服务团工作计划》，见新生活运动促进总会编：《民国二十四年全国新生活运动》（上），第280页。

联合办事处，作为主办机构，制定工作方案与实施办法，函告各地于9月21日全面开展此项运动。新运机关刊物《新运月刊》，推出“节约运动”专辑，大造声势，宣传该运动的意义和作用。各地也都根据实际情况，开展此项运动。在南京，1936年9月21日至10月21日开展了为期一个月的节约运动，“第一周（二十一日至二十六日）为总宣传周，第二周（二十八日至十月三日）为惜时节用运动推行周，第三周（十月五日至十日）为爱物乐业运动推行周，第四周（十月十二日至十七日）为总检查周”，后因推行工作尚未完成，乃由工作会议决定，延长推行一星期，最后分五组进行总检查。“各机关学校职教员，学生，及一般市民，虽未能将本会订定各种守则，全部实行，然大体上比较从前已略有进步，此后节约运动，将由本会继续推行，以期有完满效果”。①

抗战爆发以后，为弥补战争的巨大消耗，新运总会更加努力地推动战时节约运动。1938年10月，武汉战况危急之时，新运总会办事处在武汉举办武汉各业节约献金周，以节约所得，充实抗战力量。由10月10日起至16日止，“参加者计有特业，银钱业，纱绸业，五金业等十九业团体，此外各界个人参加者，亦复不少，总计一周以来，共得国币十五万八千五百八十二元六角九分，又金器五件，成绩以特业，银钱业，及纱绸业为最佳”②。正如时论所言，“就个人方面讲，节约生活代表一种新的生活方式，简单朴实是人人应该练习的生活习惯”，就社会国家言，在民族危机存亡之际，节约运动是“最重要的一种运动，对内足以充实抗战建国的实力，对外可以打破敌人封锁的阴谋，建设自足自给的现代国家，不仅仅是一种社会运动，实是一种政治的运动”。③

上述开展的活动，在一定时段、一定范围内产生了一定的效

---

① 《首都新运会之改组与工作》，见《新运月刊》总第39期，1936年11月出版，第160页。

② 《本会举办节约献金》，见《新运导报》总第59期，1938年10月1日，第70页。

③ 孔祥熙：《充实抗战建国力量厉行节约运动》，见《新运导报》总第59期，1938年10月1日，第12页。

果，但缺乏持久性。因为外在的强制灌输必须与内在的自觉需求相配合才能从根本上收到实效。而前述的种种规定，就理论上讲，对一个高素质的文明公民来说，固然都是应该做到的。但事实上，它脱离了中国现实的社会实际，生活标准过于国外化。蒋介石认为，“外国人无论吃饭，穿衣，住房子，走路，和一切的行动，统统合乎现代国民的要求”，“他们无论起居食息，一言一动，统统有规律，合乎做人的道理，表现有现代文明国家的国民之知识道德”。[①] 有鉴于此，新生活运动在制定规范的时候，就以国外的行为标准为标准。

按照国外标准对公民言谈举止进行规范，宋美龄应该是积极的支持者。我们知道，宋美龄的西方教育背景，使得她的生活方式相当西化，在言谈举止方面也基本上遵循西方的行为礼仪。以化妆而言，她是将它作为一种社会礼仪来看待的。“宋美龄是非常重视化妆礼节的一位长者”，“基本上，宋美龄把化妆当做是一种社会礼貌，而且很严格的划分‘等级’，比如若是只见些比较亲近的人，像是陈诚夫人、孔二，或是几个她的副官，她是不化妆的，但如果像是蒋经国、蒋纬国或是蒋孝文等儿孙辈来了，宋美龄是一定会化妆，其他的正式场合更不要说了”[②]。化妆礼仪如此，其他言谈举止的礼仪更不待言，以这些标准要求、规范公民也顺理成章。1938 年 12 月，宋美龄在新运协进会除夕聚餐会上，讲述过这样一件事情：五年前，她随蒋介石到四川，“在成都，曾亲见一个屠夫，把国旗当作围裙使用”，她认为，“在现时代的中国，这种不合理的行动，太让人痛心了。”敦嘱大家，“自二十八年元旦起，大家应该领导民众，切实纠正，使我们的青天白日旗，不再沾染些微的污秽，同时希望我们的国土，也湔涤已染的污秽”。[③]

国民的愚昧无知，使新生活运动的行为标准更显得不切实际。

---

① 蒋介石：《新生活运动之要义》，见萧继宗主编：《革命文献》第六十八辑，第 16 页。

② 王丰：《美丽与哀愁——一个真实的宋美龄》，第 58、60 页。

③ 《新运协进社除夕聚餐会蒋委员长演讲提倡正当娱乐》，见《中央日报》，1939 年 1 月 1 日，第 3 版。

那么，是否因为这些标准脱离中国社会实际，就应该完全否定呢？肯定不能。因为新生活运动就是要通过大规模社会运动的方式，训导民众，使之成为符合现代生活、适于现代生存的国民。“我们中国无论家庭教育，学校教育和社会教育，统统不完善，所以我们无论是在家庭里，学校里，机关里，或是军队里，随时随地都要以身作则的来教”，“有形无形之中，使个个学生，个个部下，以及所有的国民的生活，统统能够整齐，清洁，简单，朴素，而合乎礼义廉耻，合乎做一个现代的人的道理”。[①] 既然旨在塑造现代国民，我们就不能期望一蹴而就，这是一个长期、持久的过程。高标准的要求固然不是人人能做到的，但教育的过程就是一个不断陶冶的过程，在这个过程中，人们的行为将按照规范要求，由易而难，不断地向前进步，因此，新生活运动对言谈举止的宣传教育有利于民众增加对生活礼仪的认知，对民众生活具有一定的指导意义。

---

① 蒋介石：《新生活运动之要义》，见萧继宗主编：《革命文献》第六十八辑，第19—21页。

第七章　宋美龄倡导公共卫生与人的健康

爱整齐、清洁是宋美龄最重要的生活习惯。“宋美龄最喜欢官邸里面的各种用品被整理得有条不紊、清洁亮丽，官邸内务科的人员知道她的这个习惯，对官邸内外的环境自是格外注意”，官邸里从茶杯套到“所有的银质器皿，如餐具之类的物品，都擦拭得一尘不染，洁亮光鲜”，她的书房和卧室，每天也是“纤尘不染，光可照人”。[①]自己的生活习惯，直接影响到她参与推动的新生活运动之中，她认为，“各城市自市长县长以下，官吏都亲自扫除街道，作民众的表率，我们觉得这并不是没有意义的事情。”[②] 所以，新生活运动除了“规矩”运动之外，另一项重要内容就是与健康相关的“清洁”运动，这也是当时的社会改造较有成效的一项内容。

第一节　新生活运动对个人、家庭的卫生宣传

一、中国民众现代卫生意识的淡薄

1. “卫生”词义的现代流变

现在，对“卫生”一词，我们并不陌生，日常生活中我们随处可见，大街上可以看到“创建文明卫生城市”的标语，生活中经常使用“卫生筷子”“卫生纸”“卫生间”，还会经常“打扫卫

① 王丰：《美丽与哀愁——一个真实的宋美龄》，第116、55页。

② 宋美龄：《新生活运动》，见王亚权主编：《蒋夫人言论集》上集，第48页。

生”——对家具或者工作场所进行清洁。其意义指保护身体健康、预防疾病的各种行为措施。这是我们在现代意义上使用“卫生”一词。然而，在 19 世纪以前的漫长过程中，“卫生”一词在中国有着与今截然不同的含义。“卫生曾经是一种自信的、中国式的‘长生之道’，是一套同中国文化密切相连，并被外邦觊觎的先进的养生之术。”① 在中国的历史记载里，有大量的故事是关于帝王求长生不老之方的。秦始皇希冀长生不老，听说海中有仙人及仙药，便多次派人蹈海觅寻仙药以求不死。《史记·秦始皇本纪》记载：秦始皇二十八年（公元前 219 年），他在登泰山、芝罘后，又“南登琅邪，大乐之，留三月”。“既已，齐人徐市等上书，言海中有三神山。名曰蓬莱、方丈、瀛洲，仙人居之。请得斋戒，与童男女求之。于是遣徐市发童男女数千人，入海求仙人”。② 徐福曾多次出海，但仙人仙药终无法寻及。秦始皇不得不来琅邪督促。始皇三十七年（公元前 210 年）十月出巡又到琅邪。“还过吴，从江乘渡。并海上，北至琅邪。方士徐市等入海求神药，数岁不得，费多，恐谴，乃诈曰：‘蓬莱药可得，然常为大鲛鱼所苦，故不得至，愿请善射者与俱，见则以连弩射之。’”“乃令入海者齐捕巨鱼具，而自以连弩候大鱼出射之。自琅邪北至荣成山，弗见。至之（芝）罘，见巨鱼，射杀一鱼，遂并海西”。③ 徐福再无法推脱，只得准备好船队，携带童男、童女，向东入海，去寻找蓬莱仙山，然终究一去不返。

成吉思汗在建立大帝国的过程中，也寻求长生不老的方法。据载，1220 年，作为蒙古统治者的成吉思汗，派遣密使持虎头金牌，率二十名武士，去山东寻找一位道长。经过极为艰险的跋涉，他们终于将道长带到了这位统治者的面前，皇帝问：真人远来，有何长生之药以资朕乎？道长答：有卫生之道，而无长生之药。在回答中道长“大胆地双关回应了皇帝，回答说尽管没有长生

---

① ［美］罗芙芸：《卫生的现代性：中国通商口岸卫生与疾病的含义》，向磊译，江苏人民出版社 2007 年版，第 5 页。

② （汉）司马迁：《史记》第 1 册，中华书局 1959 年版，第 244—247 页。

③ （汉）司马迁：《史记》第 1 册，第 263 页。

（即延长生命）的药（道），但是却有卫生（即保卫生命）的道”[①]。这是一个真切地反映“卫生”一词传统意义的历史故事。“卫生”，是“捍卫或者保卫生命”的意思，凡是能够抵抗疾病、延缓衰老的各种各样的养生方法都可以称之为“卫生”。静思、运动、休息、饮食、节欲等都可以称之为“卫生”，但与“清洁”“干净”没有必然联系。

19世纪，随着西方人的到来，他们对中国人的卫生观念和印象不断被强化，“中国人是一个饱受疾病凌虐的民族，缺乏个人卫生，并且没有任何关于保护健康的公共意识”[②]。到了19世纪末，尤其是20世纪初，面对着民族危机的日益加深，一些知识分子在思考中国积贫积弱原因的时候，开始不自觉地将卫生的现代意义加以运用，不清洁、污浊、疾病，一句话，不讲卫生成为体现中国积弱的一种话语。陈独秀指出，近代华人足迹所至，备受侮辱，“非尽关国势之衰微”，“其不洁之习惯，与夫污秽可憎之辫发与衣冠”，“实足招尤取侮”：“痰唾无禁，粪秽载途”，“沐浴不勤”，“厨灶不治”，“囚首垢面，污秽逼人”。[③] 梁启超更进一步指出，“中（国）人不讲卫生，婚期太早，是以传种，种以孱弱。弱冠而后，则又缠绵床第以耗其精力，吸食鸦片以戕其身体，鬼躁鬼幽，跶步欹跌，血不华色，而有死容。病体奄奄，气息才属，合四万万人，而不能得一完备之体格。呜呼，其人皆为病夫，其国安得不为病国也。”[④] 既然认为卫生成为中国人同外国人在现代性差异方面的一把标尺，那么，他们便义不容辞地肩负其唤醒民众，实现由身体解放而达种族解放，直至民族解放的任务。陈独秀认为国“所以使之亡者，乃其国民之行为与性质。欲图根本之救亡，所需乎国民性质行为之改善，视所需乎为国献身之烈士，其量尤

---

① ［美］罗芙芸：《卫生的现代性：中国通商口岸卫生与疾病的含义》，第5页。

② ［美］罗芙芸：《卫生的现代性：中国通商口岸卫生与疾病的含义》，第5页。

③ 陈独秀：《我之爱国主义》，见生活·读书·新知三联书店编：《陈独秀文章选编》中册，第134页。

④ 梁启超：《新民说》，见梁启超：《饮冰室合集》第6册：《饮冰室专集之四》，第117页。

广，其势尤迫”，从而将“洁”作为爱国表现的道德之一，视“为持续的治本的真正爱国之行为”。[①] 这些启蒙者的广泛宣传使现代意义的卫生概念逐渐得以传播。

2. 民众卫生意识淡薄

我们先看一组数据。其一，死亡率——人口每年每千人中死亡之数。19 世纪 20 年代中期，我国的死亡率约为千分之三十，按 4 亿人口计算，每年国人死亡人数达 1200 万。而当时英美两国死亡率少于千分之十三。其二，人均寿命。同一时期，我国人均寿命在 40 岁以下，而英美等国，人均寿命已达 58 岁。[②] 这说明国人的健康状况远没有办法与发达国家相比。其中原因除了国家公共卫生落后之外，还有一个就是国人卫生意识淡薄，从而降低了人们对疾病的抵抗力和免疫力，缩短了寿命，增加了死亡数量。据学者估计，在上述千分之三十的死亡率中，“因不讲卫生而冤死的人数，要占去十五”，这样，每年中国冤死者就有 600 万之多！正所谓“每个人能实行卫生，才能得到健康，有了健康的体魄，才能求到个人的生存”，“个人有了健康的体魄，就是社会，国家，民族，得到了健康”，因此“卫生问题，不仅为个人问题，实为社会上最大的问题，也是复兴民族的第一个问题；若果不能普及卫生实施，民族复兴事业上，无形之中是一种大障碍”。[③]

较早指出中国人不讲究清洁的是 1793 年来华的英国大使马戛尔尼，他记录了对清朝官员肮脏行为的厌恶：他们很少使用口袋里的手帕，而是毫无顾忌地在房间里吐痰，用手指擤鼻涕，然后抹在袖子上，或者抹在旁边的什么东西上面。[④] 随着帝国主义发动

---

① 陈独秀：《我之爱国主义》，见生活·读书·新知三联书店编辑：《陈独秀文章选编》中册，第 132、136 页。

② 金宝善：《公共卫生》，见《卫生月刊》第 1 卷第 2 期，1928 年 2 月出版，第 3—4 页。

③ 吕季子：《新生活运动与卫生问题》，见《新运导报》总第 42 期，1937 年 2 月 15 日出版，第 29、28 页。

④ ［美］费约翰：《唤醒中国——国民革命中的政治、文化与阶级》，李恭忠、李里峰、李霞、徐蕾等译，生活·读书·新知三联书店 2004 年版，第 16 页。

侵华战争而进入中国领土的欧洲观察家们，不断强化着中国不讲卫生的意识："中国文明普遍是肮脏的"，单独的中国人表现出"个人清洁的缺失，衣衫褴褛，并且整天穿着同样的衣服"，"超群地，中国是个有着难闻气味的国家"，整个国家"完全缺乏卫生科学"。[①] 尽管他们所用的"卫生科学"一词与现代意义上的卫生科学有所不同，主要指消除气味和环境整顿，但中国人的卫生习惯不良则是毋庸讳言的。

后来随着一部分先进的中国人走出国门，耳濡目染之间，他们日益强烈地感觉到国人卫生意识的淡薄。有论著对 20 世纪二三十年代国人的卫生习惯作了如下描述：

> 肮脏不洁这四个字深入于我国的民众里头，无论在什么地方，都脱不了这种色彩，不洗澡，不刷牙，不替换衣服，随处大小二便，平常的店铺和人家，可以全间无一个痰盂，任人随处吐痰，随处泼水。如果到了公共游乐的地方，如茶馆，菜馆，戏场，客栈，则更加是无人理会，地上尘泥淤积，湿而滑滑，到处痰涎，果壳，茶屑，烟灰。……
>
> ……在中国呢，垃圾只有撒在地上，撒在门前，撒在巷口，撒在路旁，撒在河边，撒在渠里，到处露天的乱撒，一任其臭气熏蒸，蚊蝇蚤虱，飞跳于其上，到处传染疾病……
>
> 粪溺，好像垃圾一样……可以在街头巷尾，墙边屋角，随意乱撒，弄到熏天臭地，路人掩鼻而过之，此不特乡村为然，即在城市，亦大都如是。当街粪溺这四个字，在中国人看来，好像是一件很平常的事，这种景象，我们在北部诸省见之，在长江一带见之，在东南各省见之，随便坐火车，一出天津的东站，上海的闸北，推窗一望，便有此种奇景，不论男女老幼，一个个头筋尽赤蹲在路边随意撒粪。除了人粪之外，还有猪粪，牛粪，狗粪，骡粪，马粪，猫粪，鸡粪，

① ［美］罗芙芸：《卫生的现代性：中国通商口岸卫生与疾病的含义》，第108 页。

> 人尿之外，还有骡马猪牛猫狗之尿，混入泥土，经过风吹日晒，行人践踏之后，化为灰尘，随风卷入空中，稍一呼吸，便是此种资料，一切传染疾病，均由此而起。[①]

由于公共设施缺乏，当时南方大多数省份，人们都用马桶。马桶的刷洗又构成了一道“景观”：

> 马桶倒过之后，接着便是刷洗，富有家的女仆，和小户人家妇女，是专司其事，在河渠池塘河水边，水井的四周，以及僻街小巷的路边，从日出到日落，随时随地，皆可看到这种刷马桶的情形，真是臭气冲天，行人掩鼻而过。狼藉遍地，马车避道而驰……刷过马桶的污水，是随手倾倒在河里，池边，井边，街旁，直接间接，末了是万流归源，都汇聚在水内去了。[②]

上述种种不良卫生习惯，加上纵欲、乱嫖、姬妾、婢仆、大烟、花酒、赌博、乱饮、乱吃等等，使得各种疾病如天花、疮癞、肾亏、吐血、脚气、霍乱、结核、肠热、白喉、心病、肺痨病、花柳病等各种时疫和传染病，在我国不仅多发，而且传染快、死亡率高，小至影响一家生计，大至影响民族国家的强盛。

对疾病的无知以及患病后对迷信的崇拜是国人卫生意识淡薄的另一方面典型表现。在近代的天津，婴儿出生后，会被带到天后宫里“斑疹娘娘”跟前上香，以祈求保佑他不患麻疹和其他痘疹。遇有重病时，稍富裕的人家会请道士来家里，设祭坛，做法事；不甚富裕的人家，会掏钱向道士要些具有特殊疗效或保护性的符咒，挂在病房的门上，或带在病人的身上；有的也会请巫婆帮助驱邪。[③] 在江西这种积习也牢不可破，当遇有传染天花等疾病

---

① 黄尊生：《中国问题之综合的研究》，启明书社 1935 年版，第 168—173 页。

② 张恩祥：《新生活运动与马桶》，见《中央日报》，1934 年 5 月 27 日，第 3 张第 3 版。

③ ［美］罗芙芸：《卫生的现代性：中国通商口岸卫生与疾病的含义》，第 72 页。

时，人们“将生命凶吉，求神保佑，致本市奉送娘娘者，所在皆有”[①]。在迷信较为盛行的20世纪二三十年代，这种情况在全国绝非个案，而是一种较为普遍的现象。

二、宋美龄对卫生的关注

与当时的普通民众卫生意识形成强烈反差的是，宋美龄从小就在很西化的家庭环境中成长，在卫生习惯、卫生意识方面受到西方的深刻影响。父亲宋耀如在上海虹口所建的住宅，是一座“中西结合的住宅”，除外观是中式的，屋内的装饰基本上是西式的，而“楼梯和盥洗室，两者的设计”，与众不同：“楼梯通向二楼，楼上四间屋子为卧室，分别归父母、女孩、男孩和仆人所用。卧室后面有两间小屋和两间浴室，浴室里装有精美的苏州澡盆。盆的外表有一圈黄色的龙雕，里层是绿色的釉质。盆内装有冷水龙头，热水在楼下烧好，然后提上楼来用。”[②] 从小养成的卫生习惯，加上10年的美国求学生涯，使宋美龄对卫生一直保持着高水平要求。她与蒋介石下榻的很多地方，基本上都有西式的卫浴设施。另外，宋美龄体质较弱，经常皮肤过敏，这也更加促使她注意卫生安全。她认为，中国民众对“家庭生活中简单的卫生需要”“完全不知道”是件很“可悲的”事情。因此，社会改革必须“从最小处着手，向最大的目标迈进，循序推行”，而改善民众的卫生习惯就是一个抓手，“我们第一步只是鼓励大众，养成有秩序的习惯，所有居室和环境都保持清洁，然后大家的思想，也会跟着纯洁了。同样地，一村一镇一市都能讲究卫生，保守秩序，到相当时期，大家旧有的一切缺点，也就能洗刷净尽了。”新生活运动便“是一种改良生活习惯，发展民众精神的现实努力”。[③] 1939年2月，为迎接新运五周年，宋美龄于2月16日，“亲自巡视会

---

① 《省公安局强迫种痘》，见《江西民国日报》，1934年4月26日，第2版。

② ［美］埃米莉·哈恩：《宋氏家族——父女·婚姻·家庭》，第30—31页。

③ 宋美龄：《新生活运动》，见王亚权主编：《蒋夫人言论集》上集，第41—43页。

场，有所指示，对于新生活厨房浴室之布置，尤加赞许”①。

宋美龄对于卫生的重视，不仅限于个人卫生，对于工厂、学校、医院等关涉公众卫生的状况、设施，也高度重视。她从美国回国后，曾经应公共租界和市政府之聘，出任女工童工委员会委员。她用了很长时间，考察了上海的许多工厂，对于“各工厂里女工和童工工作时间之长（每班 12 小时），以及工作环境之坏，感到非常不满。工厂的卫生状况之劣是骇人听闻的，当女工们工作的时候，她们的婴儿就躺在厂房的通道里。丝厂里女工的双手往往是紫红色的，经常被敞开大桶中的水蒸气烫起了水泡”②。正是有这样的经验积累，抗战时期，她领导的“妇指会”，在指导重庆各工厂时，就特别重视卫生的清洁。

学校卫生，也是宋美龄关注的对象之一。她认为，“学校的环境，在教育上关系很重要”。因此，在办遗族学校时，不仅重视校址的选择，对于学生的卫生、防疫尤其重视。遗族男女两校，“对于学校和个人的整洁也非常注意，每天朝会十五分钟，指导一切，并检查各处整洁两次”；儿童在入学时，“先要检查身体，有病的儿童，留在学校医院调养，或送到中央医院诊治；平日外界如有流行疾病，随时注射预防药剂”。③

与工厂、学校一样，医院也是众人聚集的场所，而且与工厂、学校不同的是，它还担负着救死扶伤的任务，因此，讲究卫生就成为这一场所最基本的要求。然而，当时有些医院卫生状况极差。1938 年 10 月 13 日，蒋介石在武汉巡视伤兵收容所，认为这里“所长无识”，致使医院“污秽不堪”，让人“痛恨之至”！④ 宋美龄自告奋勇，代蒋介石进行监督监察，蒋对此事赞赏有加：“幸有

---

① 《新运五周年各业准备热烈献金》，见《中央日报》，1939 年 2 月 17 日，第4 版。

② 宋美龄：《与鲍罗廷谈话的回忆》，见王亚权主编：《蒋夫人言论集》上集，第 430—431 页。

③ 宋美龄：《国民革命军遗族学校和女校建校的经过》，见《 蒋夫人言论汇编》编辑委员会编：《蒋夫人言论汇编》卷四，第 198、200 页。

④ 黄自进、潘光哲编：《蒋中正“总统”五记·爱记》，第 175 页。

余妻代为监察，聊得自慰耳。”[①] 抗战期间，宋美龄不仅经常到医院慰劳伤兵，并亲为伤兵包扎伤口，而且不时地召集医院工作人员训话，“要求后方伤兵医院为前方浴血奋战的伤兵将士切实做好服务工作”[②]。1939 年 11 月，宋美龄巡视湖南的伤兵医院时，对于一些医院为伤兵设置的淋浴设施给予高度赞扬，“有若干医院里面有很巧妙的淋浴设备，他们把一些五加仑汽油的洋铁桶挂起来，上面系着一条绳子，只需把绳子轻轻一拉，桶里的水便能溅泻出来，且能随意节制水势的缓急，我有一次亲自试验这种设备，差一点溅了一身的水，足见这种方法是很合于实用的。另一个医院的淋浴室，则将一个盛水的木槽挂起来，所用莲蓬式的漏斗，也是自己用简便的方法造成的，这种漏斗是用铁钉在一块洋铁片上穿很多小孔而成，等到入浴的人一齐立在漏斗下面的时候，然后才引水入槽，经过一声命令之后，各人把绳子一拉，便可以自由的洗澡了。这样的方法，也可以节省水量的消耗。”对于一些医院为伤兵去虱子的工作更给予有力的支持：“我曾经答应各医院尽力为他们筹措必需的款项，使他们能够大规模的继续进行这一种重要工作。身体的清洁，本来仅次于心灵的清洁，我们就撇开这一层不谈，也得要拿最大的注意和活动来防止疾病的发生”。[③] 此外，募集医药器械，也是宋美龄着力进行的工作之一。1939 年 1 月 6 日，她致电香港妇女慰劳分会：“拟于西北及粤桂两战场设战地服务社，并择中心地点设后方医院，人力方面已获上海妇女团体踊跃参加，物力方面拟请香港妇女团体募捐四万元，购置一切医用器材药品车辆，尽速运往，以便应用。”[④] 1940 年 9 月 23 日，她向海内外同胞发表征募药品通电。[⑤]

---

① 萧李居编：《蒋中正总统档案：事略稿本》第42 册，台北“国史馆”2010 年版，第 432 页。

② 《蒋夫人亲为伤兵裹伤》，见《中央日报》，1938 年 9 月 19 日，第 3 版。

③ 蒋宋美龄：《从湘北前线归来》（上），见《中央日报》，1939 年 11 月 29 日，第 2、3 版。

④ 《蒋夫人电港募集》，见《申报》，1939 年 1 月 6 日，第 3 版。

⑤ 《宋美龄通电征募药品》，见《申报》，1940 年 9 月 24 日，第 6 版。

此外，她还号召妇女界行动起来，在卫生方面为社会作出积极贡献。1938 年 12 月 31 日，她在中国妇女协会发表演说，认为妇女们“至少可设法改善伤兵之生活状态，参加街道整洁运动与公共卫生事业”①。要求妇女在力所能及的范围内为国效力。宋美龄在倡导卫生方面的身体力行，得到外国记者的高度赞誉。1938 年 12 月，英国记者珊珊逊在香港接受《南华晨报》记者访谈时，称赞宋美龄：“在武汉时代，蒋夫人为中国妇女领袖最活跃之一人，余曾见蒋夫人在妇女服务团中，以身作则，洗刷地板，以示团员保持清洁之重要”，“彼又时至伤兵医院，为伤兵换药及洗涤伤口，其工作之精密完善，实属难能”。②

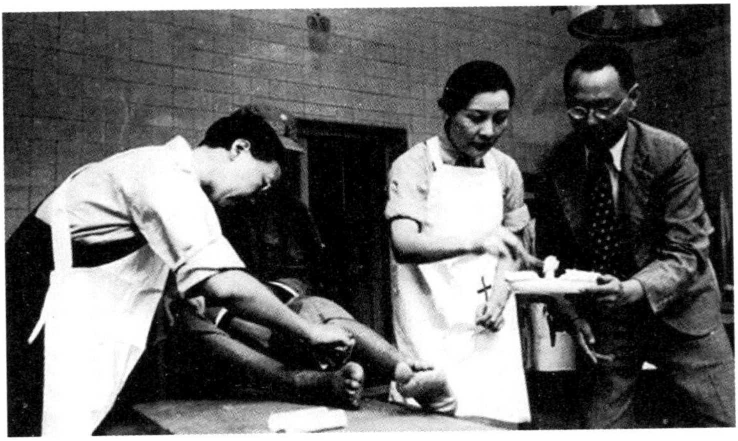

图 7-1　抗战时期宋美龄为受伤战士包扎伤口

三、新生活运动对民众卫生的启蒙

新生活运动最初从规矩、清洁运动开始，故而《新生活运动纲要》对于清洁运动作了具体规定：个人方面提倡衣服整洁、食物洁净、勤洗身脸、勤洗衣服、勤理发及剪指甲、不随处吐痰。家庭方面提倡儿童清洁、庭除洒扫、衣服居住的清洁、厨房及饮食用具的

① 《宋美龄请川妇女为国尽力》，见《申报》，1939 年 1 月 1 日，第 3 版。
② 《英国记者赞誉蒋夫人》，见《中央日报》，1938 年 12 月 16 日，第 3 版。

清洁、雇佣的清洁等。[①] 为便于民众理解和实行，《新生活须知》对于清洁，作了更为简单、便于实行的叙述：早起早睡，脸要洗干净，手要洗干净，要漱口要洗头，要吸新鲜空气，头发要梳理，指甲要常剪，常常要洗澡，衣服要干净，衣服破绽要补好，被褥要常晒常洗，小孩要干净，不要吃零食，物不洁不食，水不沸不喝，不酗酒，不吸烟，房屋要常常打扫，窗户要多开，桌椅要干净，厨房要干净，碗筷要干净，厕所要干净，不要到处吐痰，不要随地小便，垃圾倒在垃圾桶，字纸不丢马路上，果皮不要随地乱抛，晒衣不挂在街上，家家天天要打扫门口的街道，人人时时要讲究个人的清洁。[②] 1934年5月修改后的《纲要》和《须知》从衣食住行四个方面对于人们的日常卫生也做了详细的规定。

为大力倡导，新生活运动利用各种媒介和宣传方式。

（一）举行各种形式的群众大会。在南昌，1934年3月11日召开市民大会，十余万市民踊跃参加。[③] 3月18日的提灯游行大会，参加提灯人数在七八万以上，为历史所罕见。[④] 3月，各地新生活运动纷纷发动以后，新生活运动大会以及提灯大会也都相继举行。福建，4月24日，在公共体育场，举行省会新生活运动大会，大会除由主席报告开会宗旨外，还有政训处长、省党务专员、高等法院院长、努力小学女生代表等，相继演说；4月26日，举行提灯会，进行游行，提灯之外，“各种化装表演尤为滑稽有趣，引人入胜，足以补通俗教育所不逮”[⑤]。河南，5月1日，在河南体育场举行市民大会，参加单位有各学校机关团体共计107家，2万余人，当晚，提灯游行，次日分三处举行游艺，“参加民众，亦甚

---

① 新生活运动促进总会编：《民国二十三年新生活运动总报告》，第108页。

② 新生活运动促进总会编：《民国二十三年新生活运动总报告》，第111—112页。

③ 《十万余市民踊跃热烈参加雄壮整齐之市民大会》，见《江西民国日报》，1934年3月12日，第2版。

④ 《新生活运动提灯大会念余万人热烈参加》，见《江西民国日报》，1934年3月20日，第2版。

⑤ 新生活运动促进总会编：《民国二十三年新生活运动总报告》，第291页。

踊跃”[①]。其他如山东、浙江、安徽、江苏等各省也都举行了类似的大型活动。

（二）举行化装游行。1934 年 5 月南昌夏季运动大会期间，省公安局保安第一、二队及消防队，各警士连日进行化装游行。扮演分三种：疫病之可怕；除三害；不清洁之食物不可吃。游行“由警乐队领导，沿街游行经过各马路及街巷，观众途为之塞”，游行一直从上午进行到下午，“宣传效力颇大”。[②]

（三）张贴标语，散发宣传资料。为划一标语形式、整齐观瞻起见，新生活运动促进会从南京、上海等地印制标语，广为张贴。有关卫生的标语主要有：“清洁可以延年却病”“个人清洁个人健康”“一家清洁一家健康”“公共清洁公共健康”“不要乱倒垃圾”“不要随地吐痰”“厨房厕所最要清洁”“身宜常浴脸宜常洗”“衣服被褥宜常晒涤”“龌龌东西不可吃”“生冷东西不可吃”“街道常常洒扫阴沟时时疏通”“扑灭苍蝇，苍蝇是会传染疾病”“扑灭老鼠，老鼠可以传染疾病”“劳动健康整齐清洁是幸福之源”“懒惰疾病纷乱污秽是灾祸起点”。[③]

广泛印发宣传资料是新运宣传的另一种形式。如 3 月 11 日南昌市民大会，在未正式开会以前，有飞机旋空绕市飞行，散发五色小传单。[④] 首都新生活运动促进会为清洁运动发布告市民书，简单明了。为便于了解起见，特摘录于下。

亲爱的市民们：

蒋委员长提倡新生活运动，最重要的八个字，就是整齐，清洁，简单，朴素。我们现在举行的，是清洁运动，所以单捡清洁两个字，来说一说。

---

① 新生活运动促进总会编：《民国二十三年新生活运动总报告》，第 302 页。

② 《省公安局昨举行夏季卫生运动大会》，见《江西民国日报》，1934 年 5 月 16 日，第 2 版。

③ 萧继宗主编：《革命文献》第六十八辑，第 80—81 页。

④ 新生活运动促进总会编印：《新生活运动》，第 118 页。

一般人都是这样说，强国必须强种，强种必须强身，试问身体怎么样才能强健呢？那就非注重清洁卫生不可了。

因为一个人的身体强弱，全在于平日保养得法，如果饮食起居，都合规矩，恶劣嗜好，一概没有，对于疾病，知道预防，不糟蹋，不斵丧，那么任是先天不足的人，能够后天调养得法，也可以强壮起来的。

平常我们谈教育，知道德智体三育，是缺一不可的。体育不单指运动，也包括着日常生活的清洁卫生与规矩法度。如果体育良好，有了充实的体力和精神，那么无论求学也好，工作也好，自能应付裕如，产生圆满的效果。

以上不过就个人而言，如果由己及人，由小至大，先修其身，后齐其家，然后再推而至于国家社会，人人都能走到清洁卫生的道路上去，则外人望见我们个个身体强健，精神焕发，他们自然就不敢来欺侮我们了。

所以我们今天举行这个清洁运动，就是要唤起大家，个个照着我们的清洁规约，去身体力行，父诏其子，兄勉其弟，切切实实的遵守，那才不负新生活运动的宏旨美意，而我们民族的转弱为强，也就在此一举了。

衣食住行最低限度的清洁要求。清洁而有运动，则平素之不清洁可知，新生活运动中有清洁一项，则清洁之重要亦可知，京市过去虽曾举行过清洁运动，可是仍未养成清洁的习惯，这恐怕是还有许多人不很明了清洁的好处和清洁的方法的缘故，所以今天特别将几件重要的事项提出来，和各位谈一谈，希望大家能切实实行，以适应我们的新生活。

一、衣。衣服是保持体温，遮蔽身体的东西，与我们的肌肤直接接触，关系密切，如若不洁，害处很大，如外衣，每日与外界接触很多，最易污染，油渍墨渣有碍美观，假使污染了细菌毒物，极易传染疾病，与我们的健康，发生了直接影响。至于内衣，与身体终日摩擦，吸取身体里所排泄的污物，且极易污秽，而一经污秽之后，便失却了吸收效能，并且予各种菌虫以滋生的机会，来伤害身体，所以衣服不洁，不但失却美观，而且有害健康，应当常常换洗，使污秽不能存留，最多三五日就当换洗一次，务要清洁整齐。

二、食。饮食之于健康，其关系之大，已是尽人皆知的了，衣服不过保护于肌肤的外面，饮食则充实于肠胃之中，要是不洁，立刻就能现出症状来，常言道病从口入，这是不容你不信的。如伤寒，霍乱，赤痢等病，都是由饮食不洁之故，所以应当注意，每次食前食后把碗筷用沸水洗过；不清洁和不新鲜的食物不吃。尤其是水，是大家喝的用的东西，要大家保护它的清洁。

三、住。房屋不清洁为害尤大，因为我们每天的光阴消磨在房屋里面的很多，鼻所吸收的，手所接触的，都与健康有极大关系，如果房屋不洁，细菌的滋生必定很多很快，因为细菌最易在污秽中生长，尤其是不常见阳光的地方。所以房内空气必须要流通，阳光必须要充足，污秽必须要清除，我们应当每日把窗开大，放进新鲜的空气，充分的阳光，并注意洒扫，对于壁角室隅等凸凹不平的地方，更要着意加工，这种地方最容易存积污秽。扫集的垃圾，须要放在有盖的器具里面，等卫生机关来收取，一则可以防止苍蝇虫类的生长，一则可免被风吹动起来，仍旧飞扬到我们的身上，发生危害。

四、行。街巷车窗，是我们必经的所在，但也是容易传播传染病的地方，大家应当特别注意来保持它的清洁，假使一人不守清洁，就会有许多人受他的危害。下面几件事是我们所必须遵行的：1. 垃圾不要随处乱倒。2. 不要随地吐痰遗涕。3. 不要随处大小便。4. 果皮废纸不要随手乱抛。5. 咳嗽嚏喷要用手帕，掩住口鼻。

以上衣食住行，四件大事之外，我们本身肢体的清洁是更重要了，我们应当常常洗手，一天至少四五次，常常洗面刷牙，每天至少二次，常常洗浴，至少每三天一次。

照上面所说的看来，不洁的害处甚大，然而清洁也并不是繁重难办的事，只要我们稍稍注意，就能办到。清洁不但能避免疾病，增进健康，而且增进生活上的美观舒适，我们又何乐而不为呢？①

宣传资料涉及面非常宽广，如安徽省，“关于灭蝇之宣传，及收买苍蝇之成绩甚见功效，并编有灭蝇须知小册一本”。② 南京夏季防疫联合办事处，拟就预防霍乱方法，印成传单，散发市民知照。③ 在贵州，秋季卫生运动，由贵阳卫生事务所直接承办，印发秋季时令病表，教育民众注重秋季卫生。其阐述的秋季卫生要点如下：第一，扑灭苍蝇，苍蝇可传播伤寒、霍乱、赤痢等病，须尽力扑灭，窗户装设铁纱，使蝇不能飞入室内；第二，勿吃苍蝇停留过的食物，苍蝇脚上带有许多微生物，一经停留，食物沾染，吃下便发病，冷菜饭尤难免苍蝇停留过，临吃时宜加热；第三，罩盖食物食具，防苍蝇停留；第四，勿喝生水，生水内有各种生活的病菌和寄生虫卵，吃下会发病，生水漱口，生水洗涤食具和吃生水的作物，其害与吃生水同；第五，勿吃切开及生水浸的瓜果，切开瓜果，蝇可停留，且易染灰尘，生水浸者，有把生水吃下的危险，故瓜果须临时以热水洗净而剖食；第六，病人的大小便要严格消毒，伤寒、霍乱、赤痢等病菌及各种寄生虫卵，多存在病人大小便或食物内，要喷洒石灰或臭药水等消毒；第七，扑灭蚊虫，蚊虫可传播疟疾、黄热病、象腿病；第八，避蚊叮，门等装铁纱、竹帘，床挂蚊帐，免蚊叮生病；第九，勿着夜凉，夜宜盖被毯，勿贪凉致起肠胃病疾，或感冒而引起胃炎。④

由上可知，这些宣传材料，从民众衣食住行这些日常生活入手，既让大家了解了不卫生的危害，也知道了讲究卫生该从何处入手，易于操作实行，是一种基本的卫生常识教育。

---

① 《新生活运动促进会敬告市民书》，见《中央日报》，1934 年 5 月 1 日，第 3 张第 3 版。

② 新生活运动促进总会编：《民国二十四年全国新生活运动》（下），第 605 页。

③ 《防疫处开始工作》，见《中央日报》，1934 年 6 月 2 日，第 3 张第 2 版。

④ 高艳妮：《民国贵州新生活运动研究》，第 19 页。

（四）组织演讲宣传。

首先，组织宣传队，深入街巷、家庭进行宣传。新生活运动发动以后，按照宣传计划和《新生活运动宣传纲要》的规定，各机关团体踊跃组织宣传队，截至1934年2月28日，已向新生活运动促进会宣传组登记者，计讲演队207队，家庭宣传队159队。[①]江西省执委会，为提倡新生活运动，分别组织讲演队，化装宣传队，于3月1日起，开始上街宣传两星期。[②] 在南昌市，仅3月3日一天，新生活运动促进会组织的“演讲队演讲观众，达五万余人以上，家庭宣传队已宣传者，约二千余户”[③]。

5月中旬，夏季卫生运动大会开始后，宣传的势头更加强劲。5月15日，各机关团体、市政会等，组织宣传队，上街讲演；各中等学校，亦同时举行街巷演讲，一时间，“各马路街巷，均有宣传队讲演”。同时，省立民众教育馆，也特派讲演干事项竺僧、曾诚明，暨特约讲演员刘石阁等，往莲塘实验区，举行化装宣传，讲题为“清洁运动与新生活进行”，听众极为踊跃；午后四点半至七点，在湖滨公园，举行通俗讲演，项竺僧讲“人的生活”，曾诚明讲“衣食住行的需要”，刘石阁讲“夏令卫生之重要”，还有人讲“儿童的卫生”等；晚上八点至十点，在洗马池新民堂继续讲演，并分送国医曾诚明所编之卫生丛刊各一册。[④]

其次，为使市民了解卫生之重要意义，新生活运动期间，还举行名人讲演会。在南昌，敦请南昌市闻人及卫生专家讲演。行营调查课长邓文仪、南昌医院院长吴绍青、行营侍从医官杨济民、

---

① 《各界踊跃组织讲演队家庭宣传队》，见《江西民国日报》，1934年3月2日，第2版。

② 《省执委会积极提倡新生活运动》，见《江西民国日报》，1934年3月3日，第2张。

③ 《新生活运动促进会讲演各队昨开始大规模宣传》，见《江西民国日报》，1934年3月4日，第2版。

④ 《省公安局昨举行夏季卫生运动大会》，见《江西民国日报》，1934年5月16日，第2版。

陆军后方医院院长杨不平等，都受聘担任讲演。[1]

组织游艺活动配合讲演。单纯的讲演，会让观众感到枯燥乏味，适当游艺活动则既可以活跃气氛，又能吸引观众，因此，各讲演活动，往往与游艺活动相结合。如南昌市的大成公园讲演会，每日由公安局乐队到场奏新生活运动歌，湖滨公园由省府乐队及市国术馆表演国术，豫章公园由豫章中学乐队负责，铁柱公园由商办乐队担任。[2]

（五）举行卫生展览会。南昌市公安局于1934年5月14起，举行卫生展览会及游艺会。展览会场布置简洁，有各模型挂图，如人体方面、助产方面、卫生设备方面，及儿童用具等，均应有尽有。[3] 会期原定十天，至23日截止，由于观众极为踊跃，为使更多市民参观起见，特将会期延长四天，继续展览，游艺会亦延长四天。[4]

（六）歌曲、图画等也是重要的宣传手段。新生活运动一开始，就编有《新生活运动歌》《新生活须知歌》等，在各种集会的场合传唱。同时，一些音乐从教人员也根据新生活运动的意义，创作歌曲，编辑成册，“除供给各小学平时训练的实际教材外，并可作为宣传推行新生活之新工具”。在这些歌曲中，有关卫生的常识是其中的重要内容。如，《衣服要清洁》，歌词如下：衣服应当常常洗，衣服清洁体强健，如果肮脏不清洁，旁人看见便讨厌。《剪剪指甲洗洗手》：剪剪指甲洗洗手，剪剪指甲洗洗手，微生虫不入口，百样毛病不会有。[5] 这些歌曲朗朗上口，易于记诵，儿童在欢悦之间即可检视并端正自己的卫生习惯，收到潜移默化的效果。

图画，通俗明了，贴近民众生活，所以新运一开始，就运用

---

① 《各机关昨派员会同警士举行全市清洁检查》，见《江西民国日报》，1934年5月17日，第2版。

② 《新生活运动促进会讲演各队昨开始大规模宣传》，见《江西民国日报》，1934年3月4日，第2版。

③ 《黄公安局长昨欢宴新闻界》，见《江西民国日报》，1934年5月19日，第2版。

④ 《卫生展览会延长四天》，见《江西民国日报》，1934年5月24日，第4版。

⑤ 孙白玉编：《新生活唱歌集》，上海儿童书局1935年版，第5、7页。

了图画这一宣传媒介。1934 年 3 月 2 日，是新运开始宣传的日子，当天，新生活促进会宣传组，就将“各学校所绘之竹布壁画”，分贴于三道桥、百花洲口、湖滨公园、豫章公园、德胜路杨家厂口等地方，“阅各画含意深刻，路人围观者均甚感励”。[①] 新生活在全国普遍开展后，更广泛地使用图画进行宣传。

（七）建筑模范家庭以便仿效。1934 年 5 月 14 日开始的南昌新生活运动卫生运动展览会，除举行展览、游艺、化装游行、名人讲演外，筹委会还请泥木匠多人，建筑模范家庭一所，给民众参观，以便仿效。该模范家庭，多开窗户，栽植花木，用具整洁，“处处合乎新生活及卫生之原则，如市民均能仿效，不但可增加全家大小康健，且可增加家庭之愉快”[②]。虽因制造需时，在展览开始时没能竣工，但赶筑较快，于 5 月 18 日完成，即开始展览。

（八）举行大扫除。大扫除是宣传与检查并重的一种卫生宣传方式，也是新生活运动最经常开展的活动。大扫除要求机关、学校、团体、家庭等广泛进行。对住户的检查事项有：厨房厕所，是否清洁；厅堂卧室，有无灰尘；用具是否整洁；沟渠有无秽气或闭塞；户外有无垃圾堆积；衣服是否整洁等。公共场所也包含于大扫除的范围之内。1934 年 5 月 15 日，南昌全市进行大扫除。水上公安局，便令饬省河各队，举行沿河清洁大扫除，并饬派各督察员，分段监督，同时严切取缔沿河堆积竹木片柴。“省河河岸，为之一新。”[③]

在江西，卫生宣传不仅在省城南昌举行，而且也深入到设有实验区的乡镇。1934 年 9 月底，江西省农村改进社万家埠实验区，举行卫生运动大会，参加大会的有十余团体，乡镇民众五百余人。大会除演讲、散发宣传品、张贴标语外，会后进行大扫除，“扫除

① 《各学校所绘竹布壁画分贴百花洲等处》，见《江西民国日报》，1934 年 3 月 3 日，第 2 版。

② 《卫生展览会之第四日市民参观极踊跃》，见《江西民国日报》，1934 年 5 月 18 日，第 2 版。

③ 《省公安局昨举行夏季卫生运动大会》，见《江西民国日报》，1934 年 5 月 16 日，第 2 版。

村镇积秽，一时扫帚筐担，满布街头巷尾，片刻间道途整洁，观瞻为之一新”。扫除完毕之后，还发起“清洁运动促进会”，负责办理乡镇清洁事宜。①

随着新生活运动的深入，运动除了经常性工作外，又增加了季节性的工作。季节性的工作主要有：春季种植运动、夏季卫生运动、秋季节约运动和冬季救济运动。经常工作的“清洁”着重于个人、机关、团体、行业公共场所等日常性的卫生防疫；夏季运动则集中于疫病多发期，采取大规模的社会运动的形式进行。1936年首都南京首届夏季卫生运动自5月20日至8月20日举行，为期三个月，工作大纲包括实施卫生训练、举行卫生运动周、举办卫生展览、公厕消毒、举行防疫灭蚊灭蝇运动、整理沟渠、推广饮用自来水、举行各行业卫生检查等诸多事项。首都南京的新运卫生做得较有声势。②

在福建，新生活运动期间，“经常开展清洁卫生运动，尤以夏令和冬季开展的规模为大。夏令于端午节时，冬季于农历新年时各进行一次大扫除、大检查，挨户评定等级，贴签门首，以利互相促进”③。

大扫除在各地开展得最为普遍。如在安徽省，1935年2月份开始，省会每月月终进行大扫除一次。④ 在江苏省，1935年上半年，新生活“以整洁为中心”，由各地服务团，全体动员扫除街市，并举行各地日常扫除清洁大运动。⑤ 在山西省，“全省各县每年春夏秋三季实行大扫除，自厉行以来，迄未间断，且颇能自动

---

① 《万家埠实验区举行卫生运动大会》，见《江西民国日报》，1934年10月5日，第4版。

② 《二十五年首都新运工作概况》，见《新运导报》总第44期，1937年3月15日出版，第105—106页。

③ 王宜祜、萨福简：《福建的新生活运动》，见中国人民政治协商会议福建省委员会文史资料研究委员会编：《福建文史资料》第12辑（内部发行），福建人民出版社1986年版，第173页。

④ 新生活运动促进总会编：《民国二十四年全国新生活运动》（下），第605页。

⑤ 新生活运动促进总会编：《民国二十四年全国新生活运动》（下），第609页。

举行”[1]。

良好的卫生习惯源于良好的卫生意识，而广泛的社会舆论宣传则是灌输卫生常识、启迪卫生意识的主要方式。因此，对于缺乏卫生常识的广大民众而言，新生活运动的宣传，是应该给予充分肯定的。事实上，我们肯定新生活运动在宣传方面所做的工作，也在于它与新生活运动发动的目的相吻合。新生活运动最终目的在于求“民族复兴”，而进行方式，即在于造舆论、树风声，转移社会风气。这一点蒋介石在 1934 年 2 月 19 日的讲话中说得非常清楚。他认为：“随地吐痰，撒尿，到处脏的不堪，床下门角，这些地方，永远不洒扫，这些极不卫生的事情，就绝对不是现代任何文明国家的国民所可以存留的。尤其是随地吐痰，撒尿，简直只有最野蛮的民族才如此。我们要有合乎礼义廉耻的新生活，就要从不乱吐痰做起。……这种注重公共卫生的知识和习惯，我们今后一定要告诉一般国民，并且以身作则，领导他们来做，总要使一切受教的人，能从这一件事开始，养成爱清洁讲卫生的习惯。”因此，“转移风气改造社会”的关键，在于“各界领袖，能够以身作则实实在在来做”，也就是说，复兴民族开步走的工作是要对民众进行启蒙。“一个社会的良，和一个国家的兴亡，就看这种人能不能尽到教导一般国民之重大的责任”，“人人要以身作则的教导，务使一般国民的衣食住行，统统能合乎礼义廉耻，如此我们的社会才容易进步，国家和民族才可以复兴”。[2] 因此，新生活运动的宣传工作，正是通过社会教育的方式，对民众进行的卫生教育启蒙工作。它弥补了长期以来民众所缺乏的卫生教育，给民众灌输了相当多的卫生常识和卫生意识，有利于日常生活中民众良好卫生习惯的养成。

需要强调的是，随着抗战爆发后国家政治中心的西移，大批人员流入西南地区，尤其是学生的输入，使这里的卫生宣传深入

---

① 新生活运动促进总会编：《民国二十四年全国新生活运动》（下），第 621 页。

② 蒋介石：《新生活运动之要义》，见萧继宗主编：《革命文献》第六十八辑，第 14—19 页。

到了偏远的农村。新运暑假农村服务团深入到偏远的后方农村，不仅宣讲抗战建国的各种问题、进行农事指导，而且非常注重卫生知识宣传，他们给农民“解释卫生的意义”，讲“我国先贤对于卫生的启发（修身的一部），后人对于卫生的不思改进”，阐释“卫生实行的步骤，当先由个人家庭卫生做起，再推行到公共卫生”，以及个人、家庭、公共场所讲究卫生的入手之处，“另外，对于夏季最易流行的霍乱痢疾伤寒疟疾的病源、病状预防治疗，加以详细的说明”。[①] 闭塞的内地也有了一些卫生的常识。另外，“妇指会”的乡村服务队在普及内地卫生常识方面也做了不少工作。在四川永川服务的乡村服务队，对当地妇女进行培训，“卫生常识”即是其内容之一，包括“个人卫生、家庭卫生、公共卫生、孕妇卫生、婴孩卫生”；在进行家庭访问时，队员们还“告诉她们家庭要清洁，清洁可以减少疾病”等等。[②] 在四川江津，乡村服务队开设有救护班，培训时间一个月：每日上课六时，所授科目有卫生常识、防空常识、急救法绷带学、药物学等。[③]

第二节　整顿公共服务场所卫生

一、公共服务业与国民健康

公共服务业是以提供国民公共服务为主要内容的行业。根据当时的资料记载，这些公共服务业主要包括：旅馆栈房公寓、饭店酒楼、茶楼、娱乐场所、澡堂、理发店、菜场、冷食店、肉店及豆腐店、商店等。由于是以服务为主，所以，其行业的卫生状况会直接影响到国民的身体健康。

---

① 戴炳亚：《暑假农村服务报告之三》，见《新运导报》总第 59 期，1938 年 10 月 1 日出版，第 49—50 页。

② 《第七队工作报告》，见《妇女新运月刊》第 2 卷第 1 期，1940 年 1 月 30 日出版，第 55 页。

③ 《乡村服务第三队实习期间工作报告》，见《妇女新运月刊》第 2 卷第 1 期，1940 年 1 月 30 日出版，第 45 页。

20世纪二三十年代，当时的科技虽还没有进步到像今天这样的程度，但并不代表着没有食品安全隐患。如饭店酒楼以提供食品服务为主，除了灶台、地板、门墙、服务员的制服油渍污浊外，当时最令人困扰的问题就是苍蝇多。由于卫生环境差，苍蝇滋生繁殖特别快，尤其是夏季，更为猖獗。作为各种传染病的传播媒介物，苍蝇爬过的食品，甚至夹杂着死苍蝇的食品就成为了疾病之源。

再看旅馆栈房。由于条件差，大都存在着“床帐被褥之肮脏，臭虫蚤虱之多”的现象。“大约中国的客栈，十间有八间是臭虫窟，而中国臭虫之多，亦为世界各国所罕有。”加上其他足以传播疾病的蚊蝇、老鼠等，“对于我国人之健康寿命，便是一个致命的打击”。①

再看澡堂。一般的澡堂，昏暗，不通风，空气污浊。“百十人列坐其间，吸烟，吐痰，唱曲，嗷嘈笑语，如此已足使人头昏，而热气熏蒸，湿烟弥漫，窗户又复尽闭，空气恶浊，使人面红发热，而气为之塞，心为之翳。加以尘垢衣服，到处乱堆，大小毛巾，轮流揩抹，味腥而咸腻，触鼻欲呕，浴盆泥垢而潺腻，地下则秽水淋漓，热气熏蒸，墙壁尽湿，而浴身者，擦背者，剪发者，剃面者，捏脚趾者，划脚甲者，捶背者，百十人团在一个地方，于是乎人气，汗气，臭气，一齐迸出，和以茶房呼客之怪声，配以浴客一丝不挂，倒在床上之奇景，活活的演成一出无遮大会，而一般人乃以此为娱乐场所，借此来请客，谈天，消遣永日，而不知其为一极可骇之传染病养成所也。”②

以上种种，都昭示着公共服务业卫生状况对国民健康的重要性。

二、新生活运动对公共服务业的整顿

新生活运动一开始，清洁运动的重点之一，便是各公共服务

① 黄尊生：《中国问题之综合的研究》，第169页。

② 黄尊生：《中国问题之综合的研究》，第168—169页。

行业。对这些行业的整顿，先是宣传，继之劝导、督促，与检查、评比，互相促进，以提高服务行业对卫生重要性的认识，并身体力行，做好卫生工作。1934 年 2 月，新生活运动一开始，江西省新生活运动促进会宣传组就组织宣传准备工作。3 月 3 日是星期六，各机关、团体、学校组织的讲演队、家庭宣传队投入工作，除演讲、宣传外，还散发宣传资料。[①] 在此前后，江西省党部也会同省公安局，派员指导各菜馆。[②] 在新生活运动促进总会成立以前，除南昌外，各地新生活运动的重点在于成立组织，进行大规模的集会宣传等，对公共服务行业的整顿基本上未列入议事日程。

1934 年 7 月 1 日，新生活运动促进总会成立以后，根据前期调查所得及实际情况，先后拟制厉行新生活办法 23 种，有关公共服务业的有：《南昌市旅栈公寓厉行新生活办法》《菜馆酒楼厉行新生活办法》《娱乐场所厉行新生活办法》《澡堂厉行新生活办法》《理发业厉行新生活办法》《菜场厉行新生活办法》《冷食店及冰馆厉行新生活办法》《肉店厉行新生活办法》《豆腐店厉行新生活办法》等。总会要求，对这些办法，“分别缓急难易，就南昌市实地施行，并随时公布推行状况，以为参考改正之据。他处可参酌地方情形，拟定适合环境之办法行之”[③]。就推行情况看，南昌、南京由于得地利之先，成效最为显著，地区不平衡非常突出。

在南昌，为便于推行，总会首先对推行人员进行教导，这些人除警察、青年假期服务团员外，每个商店抽调一名职员作为推行该商店新生活的指导人员。1934 年，从 9 月 10 日起到月底至，分三期进行教导，每期分为两次。10 日至 16 日为第一期，进行了两次教导。教导的行业与数目见表 7-1。

---

① 《新生活运动各种宣传队今日动员出发工作》，见《江西民国日报》1934 年 3 月 3 日，第 2 张。

② 《省党部及公安局派员指导菜馆最近情形》，见《江西民国日报》，1934 年 3 月 3 日，第 2 张。

③ 新生活运动促进总会编：《民国二十三年新生活运动总报告》，第 272 页。

表 7-1　第一期第一次教导数目表（单位：家）

业别	数目	业别	数目
钱业	57	派报业	8
公寓业	66	理发业	8
竹木业	20	晒纸业	5
鞭炮业	18	玻璃业	24
新药业	25	简贴业	48
绸缎洋货业	80	瓷业	20
中药业	85	戏剧业	8
粮食业	18	轮船业	12
蛋业	8	书业	21
煤炭业	15	帆船业	2
木业	3	航业	2
华泰食品商店	1	漆业	9
扇帽业	25	白纸业	4
盐业	63	中西菜馆业	31
膏磨业	27		
总计		713	

资料来源：温波：《重建合法性——南昌市新生活运动研究》（1934—1935），第107—108页。

表 7-2　第一期第二次教导数目表（单位：家）

业别	数目	业别	数目
旅栈	10	公寓	11
菜馆	10	娱乐场所	8
理发店	9	浴室	4
永和路商店	26		
总计		78	

资料来源：温波：《重建合法性——南昌市新生活运动研究》（1934—1935），第108页。

由上述表格统计可知，第一次教导，公共服务行业虽不是重点，但也有公寓业、理发业、食品商店、中西菜馆等行业106家，占指导总数的七分之一。第二次指导，完全是公共服务行业。这就说明公共服务行业是指导的重要行业。

对于各业，教导与督促检查相互为用。“最先根据办法详加解说，并就各该处所指明应兴应革之事项，嘱其改正。教导完毕后，检查其已否照办，如仍未办，则限期举办，至期再加督促，就中不无有玩忽情形，但大体皆能遵办。比较言之，以茶馆酒楼旅社公寓之进步为多。”① 1934 年对酒店、旅社的教导督促情况从表7-3可见大概。

表 7-3　教导督促商店工作报告

名称	原有缺点	教导改善事项	改善情形	督促
德胜路 大三元酒店	1. 门前停放脚踏车壁上橱柜堆满什物殊不雅观；2. 食桌上所铺蓝绒已污旧；3. 后进蔷薇厅旁放置什物厨房显露眼前殊不雅观；4. 沙发椅颜色不一；5. 香烟广告满贴室内颇不整洁；6. 天井花架污浊破烂；7. 后进天井木架污旧；8. 前进满挂金字塔香烟广告牌有碍观瞻；9. 电灯罩灯泡尘垢颇多；10. 窗户门壁及各处玻璃地板均污浊；11. 厨房地面污浊高低不平；12. 客房垫椅布套多肮脏未换洗；13. 厨房灶面污浊；14. 门首电灯柄污旧	1. 比饬将车移放他处将什物收拾整齐；2. 改用白磅纸垫铺玻璃板下面俾臻洁白整齐；3. 用屏风遮拦；4. 一律换套白布；5. 限令将不要者分别摘除；6. 重新油漆修理并洗抹花盆；7. 重新油漆；8. 限令完全摘除并将墙壁洗抹；9. 限即洗抹干净；10. 限即洗抹干净；11. 地面加铺砖石每日打扫一次使之平整清洁；12. 分别换洗并用熨斗熨平；13. 加铺铁皮随时洗抹；14. 改用油漆加漆蓝色	1. 已移放收拾齐整；2. 已改铺整洁；3. 已用屏风遮围；4. 完全更换；5. 已分别摘除；6. 已重新油漆；7. 已油漆整洁；8. 已拆除洗抹；9. 已完全洗抹；10. 已分别洗抹干净；11. 改铺砖石打扫干净；12. 已换洗；13. 铁皮未铺但已将灶面瓷砖洗抹干净；14. 油漆一过	关于清洁事项除督促立即办理外其余日常应行拖洗抹试之事责令依照办法逐日洗抹俾永远保持清洁

① 新生活运动促进总会编：《民国二十三年新生活运动总报告》，第 272—273 页。

（续表）

名称	原有缺点	教导改善事项	改善情形	督促
永和路九州旅社	1. 大门堆置什物凌乱污浊殊不雅观；2. 厨房不洁；3. 墙壁上粘贴污旧纸条有碍观瞻；4. 楼梯污浊不洁；5. 楼梯栏杆扶手污浊；6. 厨房门窗污浊；7. 房间被褥帐帘污浊；8. 楼上地板污浊；9. 天花板污浊；10. 电灯满布灰尘；11. 台凳污浊；12. 小便池肮脏不洁；13. 痰盂未倒洗；14. 门窗油漆脱落；15. 墙壁破旧污损；16. 茶房未受训练	1. 搬移整理打扫干净；2. 限即打扫拖洗；3. 限令撕毁洗刷；4. 限即洗抹干净；5. 限即洗抹干净；6. 限令洗抹干净；7. 限即换洗以后勤加洗换；8. 限即拖洗洁净；9. 限即打扫干净；10. 限即洗抹；11. 限即洗抹；12. 限即打扫冲洗洁净；13. 限即倒洗以后每日倒洗二次；14. 限期重新油漆；15. 限期粉刷洁白；16. 个别讲解新生活	1. 已搬移打扫但未甚洁净；2. 已打扫；3. 已完全撕毁；4. 已洗抹但不甚干净；5. 已洗抹；6. 已洗抹；7. 已分别换洗；8. 已拖洗但未臻洁净；9. 已打扫；10. 已抹洗；11. 已抹洗；12. 已清理；13. 已倒洗；14. 已油漆但未妥善；15. 已办	关于清洁事项除当时督促办理外并责令以后逐日依照打扫洗抹务必永远保持清洁

资料来源：温波：《重建合法性——南昌市新生活运动研究》（1934—1935），第109页。

教导督促之后，南昌市的各新运服务团开始对南昌市的理发业、浴堂业、餐饮业、旅栈公寓业、商店服务业的卫生状况进行大量检查。新运总会会同有关部门于10月1日，抽查商店105家、酒菜馆16家、旅栈公寓40家、娱乐场所8家，发现“各业商店之柜台，玻璃柜门窗货橱厕所甚形清洁，店内均备有痰盂”，人员“更无随地吐痰之恶习”；较大旅馆“茶役皆着有制服，房间、客厅、饭堂、厨房、厕所、楼梯、天花板等，均已为清洁”；茶楼酒馆“食具用具清洁”，“天花板上蛛网，地上垃圾，皆已扫除”；戏院“场内甚为清洁，厕所无随地便溺现象”。[①] 初始的雷厉风行，由此可见一斑。对于不合格的场所，限期整改。新兴、德胜等8家娱乐场所，经总会督导应改47处。数日后再一次检查时，就有19

① 《南昌市商店服务工作近况》，见《新生活运动促进总会会刊》第6期，1934年10月10日出版，第27—28页。

处得到改正，其他 12 处正在改进之中。[①]

除教导督促外，新运总会还筹设食堂，以为示范。针对南昌各饭馆价格昂贵、与新生活运动提倡的简单清洁不相符合的现状，新运总会还在环城路开办一处民众食堂作为示范，“房屋构造，家具设置，务求简单，朴素，清洁，整齐，食料方面，择价值低廉，养料丰富之物”[②]。

为调动公共服务行业商人实行新生活运动的积极性，新生活运动促进总会经常邀请公共服务业人员进行谈话，共商推进办法。新运总会刚一成立，就于 1934 年 7 月 10 日，邀请市商会全体执监委员暨各业公会主席、委员，举行谈话会，共商进行办法。[③] 对于这些行业反映出来的、新生活推行过程中存在的一些问题，相关部门也会注意调整。6 月 22—23 日，南昌市公安局长，连日召集“关系公共生活”的各行业，主要有公寓、旅馆、菜馆、饭店等业负责人谈话，“考询各该业是否遵照新生活须知改良业务，指示注重夏令防疫卫生，如捕杀蚊虫，臭虫，苍蝇，老鼠等，至为详尽”。当“公寓业代表申述茶服工人领取执照号牌困难之点，请求予以该业变通办法”时，黄局长“允于在可能范围以内，将商同省党部予以变通”。[④]

至于各地方，新生活运动的施行，遵循的是“因地制宜，因时制宜，因事制宜”的原则，所以，推行事项与总会所在地所推行者难免有出入，但 1935 年，各地新运工作之实施，公共服务行业整顿位列其中。“公共场所之指导旅栈公寓，酒店，茶楼，浴室，理发店，豆腐作坊，肉店，其他食品商店，娱乐场所……卫生设备之改良，规定工役茶房须受新生活训练，并按期检阅，或

---

① 《教导娱乐场所工作概况》，见《新生活运动促进总会会刊》第 8 期，1934 年 10 月 30 日出版，第 20—29 页。

② 新生活运动促进总会编：《民国二十三年新生活运动总报告》，第 280 页。

③ 《新运促进总会召各业商人谈话》，见《江西民国日报》，1934 年 7 月 10 日，第 4 版。

④ 《黄公安局长注意旅栈公寓卫生》，见《江西民国日报》，1934 年 6 月 24 日，第 4 版。

随时抽查”，属于“已经有相当成效”的工作。[①]

新生活运动进入深化阶段之后，公共服务行业的卫生状况持续得以关注和改善。1935 年，新运会根据南昌市的警区范围，划分全市为 10 区，“就各区面积之大小及公共场所之多寡，每一区或两区，派定干事一人，会同省会公安局官警，逐日挨次前往各处，督促办理”[②]。检查同时，检查人员要填报由公安局和新运促进总会会同制定的“成绩进度表”，每半个月为一期，评定成绩，分别奖惩。1935 年 4 月份，上半月与下半月评定结果，除成绩及格者免于置议外，其成绩优良，及不及格者，均按照规定办法，将“受奖商店”和“警告商店”的名字列于报端，公之于众。[③]经过大规模的群众发动，强力的宣传劝导和督促，南昌市的公共服务业的卫生整改，短期效果还是较明显的。

在南京，1936 年新运总会对 301 家旅馆、421 家酒菜饭馆、453 家理发店、299 家茶社、37 家娱乐场所进行卫生调查，结果显示，设备整齐清洁（包括比较整齐清洁，下同）者占 75. 3%（42 家未详）、食品清洁者占 69. 2%（48 家未详）、痰盂消毒者占 40%（76 家未详）、厕所干净者占 69. 9%（193 家未详），服装整洁者占 89. 4%（77 家未详），阴沟流通者占 70. 4%（178 家未详），另茶社、酒菜饭馆业有灭蝇设备者占 27. 6%（64 家未详）。[④] 1936 年南京开展首届夏季卫生运动，在清洁运动周内，共检查住户、商店，及公共场所计 66538 户，列甲等者 4843 户，乙等者 15359 户，丙等者 24282 户，丁等者 23054 户。[⑤]［注：检查事项有六项：（一）厨房设备与人事须合乎整齐清洁；（二）打扫庭院门前屋旁；（三）

---

① 新生活运动促进总会编：《民国二十四年全国新生活运动》（下），第 835—836 页。

② 新生活运动促进总会编：《民国二十四年全国新生活运动》（下），第 757 页。

③ 《公安局考核公共场所厉行新运成绩》，见《江西民国日报》，1935 年 5 月 9 日，第 6 版；《公共场所四月份下半月厉行新运成绩》，见《江西民国日报》，1935 年 5 月 25 日，第 6 版。

④ 《调查组最近工作概要》，见《新运月刊》第 35 期，1936 年 7 月，第 149—160 页。

⑤ 《二十五年首都新运工作概况》，见《新运导报》总第 44 期，1937 年 3 月 15 日出版，第 112—113 页。

疏通水沟，起出泥污；（四）勿任意倾倒垃圾；（五）杜绝蚊蝇发生处所；（六）打扫厕所。以上六项全部合乎整齐清洁者为甲等，五项合格者为乙等，三项合格者为丙等，三项以下者为丁等。] 1936年年底，南京举行冬季大扫除运动，经查合格者计酒菜饭馆248家、茶社102家、水炉83家、点心店174家、烧饼店14家、鸡鸭店85家、水果店67家、理发店143家、浴室18家、旅社103家、娱乐场6家。[①] 1937年上半年，南京于3月18日至24日举办清洁运动周，联合各有关机关举行清洁大扫除并进行检查，公共场所，如理发店、浴室、茶楼、酒饭馆、旅社、食品店、豆腐店、娱乐场所等，"清洁者则予以奖励，不洁者则予以警告或通知警厅与卫生事务所加以取缔"；5月15日开始，举办夏季卫生运动周，再次"举行公共场所大检查"。[②] 这说明，在全面抗战爆发前，公共服务行业的卫生整顿一直是新运会工作的重点之一，三年来南京的公共服务场所卫生状况正趋于改善。因此，可以说，其成效是比较显著的。

即使到了抗战期间，普及卫生运动仍是总会规定的中心工作之一。公共服务行业卫生状况仍是各地新运会关切的对象。1943年，福建省新运会于2月21日、22日两天，举行各业商店整洁竞赛，联合宪警卫生机关派员评判，分饮食、旅馆、理发、浴室、糕饼九业比赛，整洁者加以奖赏，不洁者交警局勒令停业一天整理卫生。[③] 1944年，重庆市新运会于4月初指定饮食清洁示范店18家。5月份，新运会与卫生局、各饮食业公会会同派员检查，5日、10日、15日三次检查，合格者有14家，由公会颁给清洁示范店牌悬挂，尚有四家未能尽合清洁标准，限6月上旬办竣。"此次推行饮食店清洁收效甚宏，发动之初，十八家饮食店中，无一家

① 《京市冬季大扫除成绩评定》，见《新运导报》总第41期，1937年1月30日出版，第141—142页。

② 王漱芳：《首都新运会一年来之回顾》，见《新运导报》总第53期，1938年3月出版，第84—85页。

③ 《福建省去年新运全貌》，见《新运导报》总第96期，1944年9月出版，第18页。

合于标准，经四次指导与检查，仅有四家尚有数点未能办竣外，其余均合规定。”① 此次办理情形及成效由新运会、卫生局报呈重庆市市长并建议在全市饮食店开展清洁竞赛，得到批准后，于6月上旬实行。6月3日，市卫生局召集有关机关商定重庆市饮食店清洁竞赛推行办法，规定在一至七区推行，7月底完成。除茶社业仍指定每区一家为示范店，以鼓励其余自动改进外，其余各饮食店，凡加入公会者均须参加清洁竞赛。新运会担任标语奖牌等设计工作。②

第三节　改进公共卫生与增强国民体魄

一、改进公共卫生

1. 强化卫生行政管理

南京国民政府建立后，在中央设立卫生署，作为全国卫生行政机构。在各地方，卫生行政缺乏专属机构。如在上海特别市，设有卫生局；首都南京市，国民政府初建时设有卫生局，但未久即归并于公安局，设卫生课。而市党部、市政府、警察厅、医师公会、清洁总队、卫生事务所等都或多或少地参与卫生相关事务。在各省，基本上也是由公安局管理卫生事宜。

新生活运动兴起后，为便于推行卫生事项，各地根据不同的情况，强化卫生行政机构的统筹管理作用。在首都南京，由市党部、市政府、卫生署、警察厅、医师公会、清洁总队、卫生事务所等七机关共同组织，于1934年6月1日成立“首都夏季防疫联合办事处”，简称“防疫处”，统一筹划井水消毒、注射预防针、取缔不洁食物等工作。并决定每星期开会一次，讨论各项进行事宜。

---

① 《渝市新运改善饮食店清洁示范》，见《新运导报》总第100期，1944年6月出版，第11—12页。

② 《重庆市新运会最近四月事工概况》，见《新运导报》总第101期，1944年7月出版，第20页。

在江西省，1934 年 6 月，当夏令来临，卫生事宜刻不容缓之际，“省政府为综理本省一切卫生事宜起见”，设立“全省卫生处”，并派任潘骥为该处处长，颁发委任状及组织章程。[①] 在贵州，为增进行政效率，省政府于 1938 年 4 月设立了一个“卫生委员会，主持全省卫生行政，并于卫生委员会中附设健康教育委员会，计划设计全省卫生教育事项”[②]。

上述机构的设立，大大便利了新生活各项卫生事项的统筹兼顾与贯彻落实。以江西省卫生处为例。该组织成立以后，对于应行筹办各事，积极实施，按步推行。如建立疾病治疗的省立、县立医院系统，这一系统建立以前，先在南昌市内设立不同于以前的、完全营业性质的诊疗所二处，为赤贫市民前往就诊者，免费提供服务，在重要的县份和旅游景点建立相关的机构；颁布卫生行政条例，如对南昌市的旅馆饭店公寓，及各公共场所，派员严格检查，拟定改良方法多种，通知实行；全面实施防疫，而以前由各县政府委派种痘人员负责办理的种痘事宜，从 1934 年秋季开始，也收归卫生处主持办理。[③]

因责有专属，公共卫生事宜的办理更有系统，也更有成效。尤其是当疫病发生时，多元一体的防控措施的贯彻更充分体现出行政管理的作用。1935 年 3 月初，南京市绳金塔小学学生突发脑膜炎，被传染者六七人之多；随后又有百花洲及其他小学亦出现此症，于是“市民谈虎色变，大有满城风雨之慨”[④]。疫情发生后，卫生处采取治疗与防控兼施的措施，一方面，将脑膜炎病人送省立医院，住院治疗；同时，于发生脑膜炎的地段，严密消毒，并对发生疫情的各学校及各住户，分别派医检查，检出的带菌者，

① 《全省卫生处正式成立》，见《江西民国日报》，1934 年 6 月 10 日，第 4 版。

② 吴鼎昌：《花溪闲笔正续集》，台北：文海出版社 1972 年版，第 16—17 页。

③ 《各县秋季种痘应归卫生处办理》，见《江西民国日报》，1934 年 9 月 18 日，第 3 版。

④ 《预防脑膜炎》，见《江西民国日报》，1935 年 3 月 19 日，第 3 版。

进行隔离治疗。[①] 另一方面，借机强化宣传，将此项传染病的预防方法详细注明，印制传单散发。[②] 由于防控得力，很快便遏制了疫情的发展。

2. 整顿市容

市容是观测一座城市的窗口，其整洁与否，直接影响着人们对这座城市的印象，是文明社会推进中的着力点。新生活运动一开始，就将整顿市容列为重要工作之一。而且终其整个过程，对市容的整顿也是收效较为显著的方面。宋美龄曾不无骄傲地指出："新生活运动现已风行全国，很偏僻的内地城市或村镇，都整理得非常清洁；学生们竭力鼓吹卫生与清洁的益处，结果很好。凡是深明中国内地情形的游历者，假使把过去和现在的状况作一比较，谁都能说出新生活运动推行以后，各方面有了多大的变化。"[③] 新生活运动中对市容的整顿，有清扫街道、洗抹墙壁、撕毁张贴不当的广告、整顿什物的乱堆乱放、整顿街道沟渠、整顿厕所等，甚至修整破烂不堪的房子也在其范围之内。

（1）整理街道、洗刷墙壁

1934 年 3 月 18 日，是南昌新生活运动全市大扫除的日子，为了取得好的效果，市公安局的全体警士，于两天前就开始工作，他们"分赴各街巷，洗刷墙壁，将所有不按规定张贴之标语广告，概行撕除干净，藉整市容而壮观瞻"，当天他们"工作尤为紧张"[④]。

由于当时南昌是蒋介石经常驻节的地方，蒋介石会不时巡视，指示工作。1934 年 5 月中旬，蒋介石经过查巡，认为"南浔路过渡所，牛行车站，公路处各汽车站，各轮船码头等处附近居民房屋，或未尽盖瓦，或破烂不完，当此交通之要枢，殊属有碍观瞻，

---

① 《全省卫生处极力防治脑膜炎》，见《江西民国日报》，1935 年 3 月 27 日，第 4 版。

② 《预防脑膜炎》，见《江西民国日报》，1935 年 3 月 19 日，第 3 版。

③ 宋美龄：《新生活运动》，见王亚权主编：《蒋夫人言论集》上集，第 47 页。

④ 《大扫除总检查情形》，见《江西民国日报》，1934 年 3 月 20 日，第 2 版。

且各处附近街道，尚多污秽，未加清除尤不合新生活运动之条件”，特亲下手令，谕江西省政府主席熊式辉严饬市政委员会公安局速加整饬清除。①

因此，南昌市的街道墙壁整理工作，成效比较显著。以1935年为例，南昌市各马路街巷，每日清晨6时以前，由省会公安局分派清道夫，打扫一次；凡沙土马路，遇气候干燥时，均由市政委员会，派扫水车随时浇洒清水，以免尘土飞扬；墙壁方面，由市政委员会规定张贴广告标语一定处所，并先行举行大规模清壁运动，将市内墙壁过去粘贴不合规定之广告标语概行洗刷清楚，清壁后，凡属不在规定张贴广告之处，一概不许粘贴，并由公安局派警随时取缔。并规定每年3月15日和10月15日，为全市清壁时间，届时由保甲长率领全市居民，将破坏污损之墙壁，自行修理粉刷。②

清理街道、墙壁的工作，已经深入到县一级地方。广东省梅县，城区各处“墙壁，及通衢道上，张贴广告，触目皆是诱惑及暗示民众吸烟之意”，新运会认为，这种状况，“于厉行新运，殊有不合”，遂“函请附城分局布告取缔”。③ 广东省高要县，1936年12月，各劳动服务团，全体出发，“举行清壁大运动”，及“大扫除”④。四川省罗江县，新运会“派员至城区各街巷监督清道夫及各商店店员洗涤门柱墙壁，并施行各街大扫除”⑤。全面抗战爆发后，“妇指会”派出“乡村服务队”，深入僻远乡村，为民众服务，队员所到之处，“宣传新生活”，“以身作则的亲自扫街”，并“逐日检查清洁”，在她们的带领之下，“不清洁的地方变成清洁

① 《蒋委员长手令整理码头车站》，见《江西民国日报》，1934年5月14日，第2版。

② 新生活运动促进总会编：《民国二十四年全国新生活运动》（下），第758页。

③ 《各地新运情报》，见《新生路月刊》第2卷第1期，1937年6月，第77页。

④ 李磊夫：《新运的步骤与高要县过去推行的概况》，见《新生路月刊》第4期，1937年3月出版，第24页。

⑤ 新生活运动促进总会编：《民国二十四年全国新生活运动》（下），第690页。

了”。[①] 乡村面貌在一定程度上也得到改善。

清理街道，如果仅仅关涉公共场所部分的整理，相对比较容易，只要发动各机关团体学校集体行动，即可立见成效。最困难的是私人整理部分，如市民门前清理等，经常出现反复情形。为此，南昌市政会颇费一番周折，最后决定派员“分头在街巷查察，其有不整洁之处，如墙壁污秽，什物零乱，或张挂不合规定暨房屋倾斜等情事，随时报告该会，分别审核，即予警告，限在两星期内，自行整理，如过期仍不遵办，即用积极手段，照物估价，由公家收买，代为整理”[②]。

为保持清洁，甘肃省新运会“责成各商店住户于门首设置太平水桶及痰盂”[③]。为防止各住户将垃圾倾倒在大街上，江西省会公安局，要求该市各户，自制垃圾箱一只以供存放垃圾之用，其通告内容如下：“一、本市各户，于接通知后十日内，应须各自制木板或洋铁垃圾箱一只，放在屋内偏僻的地方；二、各户每日扫除的垃圾，应倒在自制垃圾箱，不得倒在街道上；三、各户垃圾箱内垃圾，每日上午七时以前，或下午十时以后，由本局派清道夫挨户前往收集运去；四、违反第一、二两项者，一经察觉，照章处以六小时以内的拘留，或一元以下的罚金。”[④]

整理道路，除清洁外，还有对道路的改建、修理。1934 年 3 月份，南昌市政会拟就的道路改建计划，一是中山路新闻报馆北面的石拱桥，由于桥基过高，西湖之水，非至高水位时，不能流入东湖，且桥身亦出现裂痕，故加以改建；一是状元桥及洪恩桥，桥身突起，交通不便，拟于该两处各建钢筋混凝土桥一座。[⑤] 而自中山路至状元府，衔接环城路之国货路的改、扩建工程，到 1934

① 黄佩兰：《观察乡村服务队工作以后》，见《妇女新运月刊》第 2 卷第 1 期，1940 年 1 月 30 日出版，第 4 页。

② 《市政委员会严厉整饬市容》，见《江西民国日报》，1934 年 7 月 6 日，第 3 版。

③ 新生活运动促进总会编：《民国二十四年全国新生活运动》（下），第 675—676 页。

④ 《本市各住户应自制垃圾箱》，见《江西民国日报》，1934 年 4 月 4 日，第 2 版。

⑤ 《市政会计划整理街道沟渠》，见《江西民国日报》，1934 年 3 月 27 日，第 2 版。

年12月，也已进行大部分。[①] 至于马路两旁之人行道，有低洼破坏者，新运会随时通知市政委员会进行修理；各街巷街石，有残破倾仄不平者，由公安局责成保甲长，领导居民，集资自行修理。[②]

在江西九江，市政会，以滨江路同济轮渡至招商局一段路面，破坏不堪，宽窄不一，江边驳岸，大多损坏，又不整齐，上面旧铁栏杆毁失殆尽，对之分别加以整理。[③] 甘肃省，1935年已经完成的新运工作中，一项是“改修省城马路为鱼脊型”，一项是“改修省城各街两廊台阶为平阶”[④]。

沿江沿海的城市，码头清洁整理是重要的环节。重庆三面环江，舟楫繁多，码头便成为脏乱之地。新运会在渝成立后，为厉行码头清洁，“函请各方协助工作”，如“请别动总队指挥工作”，“函巴县县府囚狱担任清洁工作”等，七日时间，即完成工作。[⑤] 江西九江，市政会以各轮船码头设备简陋，错综不齐，石阶亦多毁坏，客货上下不便，一律拆除重建，并添建混凝土平台，便利行旅检查之用。[⑥]

（2）整顿公私厕所

我们知道，建设污物排泄系统是城市公共设施建设的重要内容，也是建设公共卫生环境的确切保障。然而20世纪30年代，我国的公共设施建设远没有解决这个问题。当时的厕所主要是粪坑、粪缸。由于缺乏管理，大都污浊不堪，有的甚至粪尿四溢，连个下脚的地方都没有。新生活运动开展以后，为解决便溺污浊的问题，总会要求对公私厕所消毒，各地新运会及相关部门也都积极响应，把厕所消毒作为重要活动内容。1934年4月，江西省省会

---

① 《高桥一带商店准备月底拆让马路》，见《江西民国日报》，1934年12月10日，第4版。

② 新生活运动促进总会编：《民国二十四年全国新生活运动》（下），第758页。

③ 《浔市委会建筑滨江路》，见《江西民国日报》，1934年12月9日，第3版。

④ 新生活运动促进总会编：《民国二十四年全国新生活运动》（下），第676页。

⑤ 新生活运动促进总会编：《民国二十四年全国新生活运动》（下），第682页。

⑥ 《浔市委会建筑滨江路》，见《江西民国日报》，1934年12月9日，第3版。

公安局，以厕所卫生关系重要，令饬各分局，暨各厕所主人，认真办理，后经检查，发现“各街巷厕所，对于打扫洒石灰等，仍有未履行者”，便定于该月 11 日上午，召集该市各厕所主人谈话“指示维持厕所卫生办法，并督促即日实行”。[①]

新运初期，新生活运动促进会随时派有纠察队，巡视各地，对于不合新生活之各项，商请公安局、市政会等主管机关，督促办理。1934 年 5 月，江西省新运会检查认为“公私厕所，臭气冲天”，函请公安局，“请饬警限粪夫勤加清除冲洗，并请设法杀灭蚊蝇”。函请市政会办理的事项，其中有两项与厕所有关：其一，认为全市公共厕所，均有整理改造必要，“请设法进行”；其二，认为中山益巷厕所（形如便桶）太多，“请设法建一公共厕所，以免三步一处，五步一所”。[②] 这里涉及的问题主要是关于厕所改造的问题。

对厕所改建、扩建，有的地方做得比较好些。在江西省南昌市，1934 年 8 月的统计，共有厕所 87 所，市政会曾经派员实地勘察，认为“应保留改造者，约计六十所”，经青年服务团进行卫生检查，又函请省公安局“封禁厕所，不下数十所”。后经市政会计划，“改造为公厕者，计有二十七所”，遂函请省会公安局，绘图雇工，积极改造，估计改造费用，大者约五百元，小者约二百元，并拟设立清洁所一处。[③] 同时，新生活运动促进总会拟定《本市公共厕所改造办法》。[④] 此外，为谋卫生改善，市政会还设法建筑储粪池两所，以便于集中管理。[⑤]

在首都南京，为防范苍蝇，以免夏季发生疠疫，由市政府第三科、清洁总队、卫生事务所等机关，“组织改造粪坑缸盖委员

---

① 《公安局整理厕所卫生》，见《江西民国日报》，1934 年 4 月 8 日，第 2 版。

② 《新运会纠察队报告应改善各点》，见《江西民国日报》，1934 年 5 月 12 日，第 2 版。

③ 《市政会函公安局改造公厕》，见《江西民国日报》，1934 年 8 月 13 日，第4 版。

④ 《江西民国日报》，1934 年 8 月 25 日，第 4 版。

⑤ 《储粪池将兴工建筑》，见《江西民国日报》，1934 年 9 月 14 日，第 4 版。

会”开会讨论改造粪坑缸盖问题。[①] 鉴于市区辽阔，人口众多，南京市市长石瑛于 1934 年 5 月初令工务局“设卫生厕所数处”[②]。6 月初，工务局、清洁总队及卫生事务所三机关奉令开会讨论筹建女厕所事宜，会后勘查，决定在下关、新街口、大行宫三处，先行建筑。[③]

在四川省，新运会在抗战前，“改良公厕一百〇四所，拆除不良公厕二十九所”[④]。

无论是建设符合标准的厕所，还是对原有厕所的改建，其数量都难以满足社会的需要，因此，更为普遍地开展的是厕所消毒。如福建省城，虽设法改建公厕，但为经济所限，不能将全部公厕均加改建，故“每日加派清道夫洗扫，间日施以消毒”[⑤]。首都南京，由新运会函请市政府，“于厕所外面，加绿色油漆，并注意各处厕所内部之清洁消毒事项”[⑥]。

（3）整理沟渠

由于经济发展水平的制约，20 世纪 30 年代，城市公共设施建设尚不完备，道路狭窄，坑洼不平，上下水系统或缺如，或简陋。这些都直接影响着城市的整体卫生状况。如南昌，道路泥泞、阴沟淤塞等，使得每遇大雨，有的街巷“积水甚多，行人非涉水不能通过”[⑦]，对于交通、卫生，均有妨碍。新生活运动兴起以后，作为发起地的南昌，对于沟渠整理力度是相当大的，很快就被列入市政工作日程。

1934 年 3 月，新生活运动刚刚开始月余，南昌市政会就筹备对于旧式街道之沟渠进行改造，就可能范围内，或改变旧街局部

---

① 《改造粪坑缸盖》，见《中央日报》，1934 年 6 月 3 日，第 3 张第 2 版。
② 《市府注意公共设备》，见《中央日报》，1934 年 5 月 2 日，第 3 张第 3 版。
③ 《市府筹建女厕所》，见《中央日报》，1934 年 6 月 1 日，第 3 张第 2 版。
④ 萧继宗主编：《革命文献》第六十八辑，第 376 页。
⑤ 新生活运动促进总会编：《民国二十三年新生活运动总报告》，第 295 页。
⑥ 新生活运动促进总会编：《民国二十三年新生活运动总报告》，第 369 页。
⑦ 《新运会纠察队报告应改善各点》，见《江西民国日报》，1934 年 5 月 12 日，第 2 版。

沟渠系统，或建筑窨井，利于污水排放。[①]

南昌市对于下水道整理，用力颇多。“省府熊主席，鉴于本市沟渠淤塞，排泄不通，每遇天雨之时，到处成渠，影响交通，妨害卫生，莫此为甚，故对下水道之改良，极为急要之图”。为此，市政会请南京下水道总工程师马育麟设计整理。他依据市政会所提供的地图，拟定《整理南昌下水道计划大纲》。该大纲具体内容分为四个部分：（甲）南昌下水道问题之真相；（乙）解决该问题之根本办法；（丙）城内下水道布置之大概；（丁）将来施行工程应采取之步骤。

南昌下水道之问题，分两个方面。一是整理东湖（东西北湖之简称）。由于全市大部分之污水，均排放在东湖里边，天热一经腐化，则水色变黑，臭气熏散。二是宣泄雨水。南昌城内，一经梅雨，辄苦泛滥，其主要原因，在于雨水主要流入东湖，当湖水高涨，湖内水位与城内低洼之地高度相同时，沟渠水流不畅，作用难以发挥。整理办法，有修马路，安埋下水管，在各段设置溢水口，建有系统之下水道，改造各桥桥闸等。[②]

下水道关涉卫生甚巨，但耗钱需时，当尚未达到从根本上解决下水道问题的时候，旧式沟渠的改造整顿就成为优化城市整体卫生环境的权宜之策，因此，旧式沟渠整理具有相当大的积极意义。

同时，疏湖工程也开始着手，市政会“督饬各办事人员、雇用挑泥工人万余人日夜工作”，“限一个月内，即要全部竣工”。[③]虽然后来由于天雨没能在一月之内完成，但其速度也是值得称赞的。其他省份，如福建省，1934 年、1935 年都对淤塞的“福州河道”加以清理，并严禁临河居民将垃圾倾倒河中。[④]

---

① 《市政会计划整理街道沟渠》，见《江西民国日报》，1934 年 3 月 27 日，第2 版。

② 《马总工程师拟定整理本市下水道计划》，见《江西民国日报》，1934 年 5 月 11 日，第 2 版。

③ 《疏胡工程限一月内完竣》，见《江西民国日报》，1934 年 3 月 5 日，第 2 版。

④ 新生活运动促进总会编：《民国二十三年新生活运动总报告》，第 295 页。《民国二十四年全国新生活运动》（下），第 579 页。

（4）整顿菜场

由于缺乏固定的菜市场，所以在很多城市，每天早晨都可见到菜贩在大街上叫卖兜售，有的甚至摆设在店前人行道上，既阻碍交通，又污秽街道。新生活运动兴起后，不少城市都规划建筑固定的菜市场，集中管理。至1935年2月，江西南昌市，陆续建成三个菜市场；[①] 在九江，市委会原计划在全市设立菜市场四处，只以适宜空地不易寻找，致一时未能实现。后经数月努力，向天主堂租定环城路西门口空地一片，先行建筑第一菜市场。[②] 1935年，安徽省新运会进行的工作之一，便是由公安局择定于山路、中选路两处，“设立市场”，“先行建筑”[③]。

对于市容的整顿，还不仅限于上面所列内容。以南昌为例，蒋介石认为该地“为新生活策源地，一切事宜，均应为各省市模范”，所以，对于这里的市容整顿要求更为严格。1934年11月，西北之行结束后，他回到南昌进行全面考察，他认为，“各方面虽尚整齐，然事业之推进，应与日俱新，不可稍事松懈”，并将应行改进之点，“令饬省府饬属迅速遵办，以为继续努力之张本，而树全国模范之先声”。省府奉令后，即于当日分饬新运总会、市政会、公安局等机关，认真办理，并限最短期间办理完善。蒋所指示各点，主要为：“指导人民实行新生活，应加紧努力，街巷行人仍有纽扣不扣好，及吸香烟者，应严予取缔，公务员应遵行新生活，僻街小巷污秽处应打扫清洁，已计划兴筑之马路，应迅速完成，公园及汽车道之不好者，应整理，消防设备应扩充，各被焚店户应从速恢复建筑，其无力建筑者，应予以设法救济”等。[④] 由此可见，市容整顿是一个涉及面非常广泛的事项。

公允地说，抗战爆发前，新生活的市容整顿工作取得了相当好的成绩。尤其是南昌，市容整顿效果非常明显。在新运三周年

---

① 《本市第三菜市场建筑完成》，见《江西民国日报》，1935年2月19日，第3版。

② 《浔市政会努力建设工作》，见《江西民国日报》，1935年2月17日，第4版。

③ 新生活运动促进总会编：《民国二十四年全国新生活运动》（下），第582页。

④ 《蒋委员长指示本市应行改进各点》，见《江西民国日报》，1934年11月16日，第3版。

来临之际，一篇来自南昌的通讯对南昌市新运前后的情况做了一个对比：

“公安机关，虽也设有‘卫生警’，‘清道夫’，其奈市民不能遵从法令，对于街道的清洁，市容的整齐，实在是马马虎虎的，沿街的瓜皮果壳，以及便溺唾痰，香烟头，瓜子壳，残石碎瓦，破缸败纸，狼藉满地。车来轿往，横街直冲，此东彼西，前拥后挤，行路的人，都是攘背争先，咨徂恐后的，慌慌张张地在人群中乱钻，在街道上奔走的人，一部分是日作日食，胼手胝足的劳动家，科头赤足，散钮敞胸的，大踏步向前赶路，一部分是有钱无事的资本家，一步三踱，摇头幌（晃）脑的向前徜路。香烟的嗜好，倒不分什么阶级……其爱行路吸烟则一也，所以大街小巷，闹得烟雾弥天，唾痰满地。还有便溺的不道德，街头巷尾，臭气熏天，尽自你禁止小便的牌子有形无用的站在那里，行路的人，还是大行其方便之道，这些是街头上的一般情形。……自从‘新运’推行以来，这一切腐化现象，已都将次绝迹，马路固然建筑得焕然一新，行路的人，也没有不扣扭子，敞着胸，拖着鞋子，赤着脚的，来往车辆，也自然地顺着左边走，也没有便溺唾痰的秽迹，前拥后挤的喧闹，香烟头，离开行路者指缝，甘蔗杆儿，溜脱饕餮者口边，一步三踱的先生们，还不免尚有人在，但至少旱烟杆儿，是不拿了……总之，凡是远道景慕‘新运’策源地而来观光的人们，谁个不钦佩而道名不虚传呢。”①

事实上，不仅南昌市区市容市貌有明显改善，即使长期以来卫生问题难以解决的南城地区，面貌也大为改观。南城城厢，有一万余住户，五万以上居民，“因地处僻壤，风气闭塞，民间习惯于卫生上素不讲究，以致污秽满地，垃圾山积，臭气熏蒸”。军队进驻该地以后，切实推行新生活运动。一方面积极宣传倡导，大力宣传；另一方面，举行全城大扫除，加以整顿。“现在全城各街道，平日堆积如山之垃圾均已扫除干净焕然一新”，“其他各街道

① 朱剑华：《新运在南昌》，见《新运导报》总第42期，1937年2月15日出版，第145—146页。

沟渠业已修竣，多年垃圾，亦已清除，全城厕所，逐渐改良，食品纱罩，均已设备，清道夫役，业已增设二十四名，及垃圾车二十四辆，分配各保每日清除垃圾，菜场已建筑两处，公私各井，亦正从事疏浚，奖励捕鼠，业已实行，公私污水池塘，有碍卫生者，亦正分别填埋清理”。① 由此可以看出，在市容整顿方面，南昌的确不负表率全国的担当。

与南昌相比，其他城市的市容整顿工作主要集中在夏季大扫除，缺乏持续性。即便如此，有些省份还是取得了一些成绩。1935 年在山东济南，“街巷墙壁之清理，暨各商店门面之涂饰，因省会公安局协助本会努力办理，均在可能范围内，有一度之改进”②。

3. 防疫

旧中国，每到春秋季节，霍乱、伤寒、天花、白喉、脑膜炎、赤痢等疫病多发。又由于公共防疫措施的缺乏，造成大量的死亡。根据 20 世纪 20 年代末、30 年代初的统计，当时中国因传染病而死亡的人数，占全体死亡人数的百分比，与其他各国相比是相当高的：中国为 42.3，日本为 29.0，希腊为 24.2，英国为 15.0，美国为 13.1，法国为 12.7，澳大利亚为 9.0。③ 也就是说，在每 100 个死亡的中国人中，有近乎一半的人是死于疫病，同时也意味着如果卫生防疫能够广泛开展，死亡率将大大降低。如霍乱，从前在英美各国，也像在 20 世纪 30 年代的中国南部一样流行，但从 1883 年发明霍乱病菌以后，运用医学研究成果，积极预防，结果，40 年来无论在英国或美国都找不到一个患霍乱的人，而中国每年有几千人死于此病。再如伤寒，20 世纪的最初十年，它在欧美各国都很盛行，每 10 万人中，染此病而死亡者每年有三十多人，但

---

① 《北路顾总司令在南城厉行新运》，见《江西民国日报》，1934 年 7 月 10 日，第 2 版。

② 新生活运动促进总会编：《民国二十四年全国新生活运动》（下），第 596 页。

③ 吕季子：《新生活运动与卫生问题》，见《新运导报》总第 42 期，1937 年 2 月 15 日出版，第 29 页。

自从发现了此病的传染媒介为苍蝇和水以后，欧美各国极力改良地方卫生状况，特别注意处置粪便、改善饮水及灭蝇等，结果，每10万人中，每年得此病而死者美国仅3人，英国仅1人，而中国却至少在30人左右。[①] 由此可见，发展公共卫生，可以改善社会的卫生状况，预防疾病，减少死亡。为此，新生活运动在倡导个人、家庭养成良好的卫生习惯的同时，推动各种预防措施的实施，主要有注射疫苗、扑灭鼠蝇、整顿公厕、净化饮用水等。

1934年5月南昌举办卫生展览会，为便利市民防疫注射起见，于展览会场，“特设立防疫注射室，凡市民入内，要求注射者，不取分文”[②]。6月，江西全省卫生处成立以后，更加大了防疫工作力度，“由医务保健科，就原市立医院院址，每日下午施行伤寒霍乱混合注射”。[③] 为预防天花流行，卫生处还通饬各县局实施种痘，其实施种痘办法如下：

> 第一，各县应于春秋二季规定期内切实实行种痘，组织种痘宣传周，由县长区长联合各界领袖及民众保甲长，分区举行宣传天花之害，人民不可迷信痘神，必须种痘方可免除天花，并编发预防天花宣传种痘等标语分给人民，使对天花及种痘预防有确切之了解。第二，各县应按自治区之大小，每区设一种痘员，月薪仍遵照原预算案规定每年以六个月计算，如三、四、五，三个月为春季，九、十、十一，三个月为秋季。第三，区内不设种痘局，种痘员应在指定区内依次轮流，到该区全境内布种，以便普及，就每期三个月时间计算，无论区之大小，种痘员实可周轮一次。第四，种痘员应携带到达簿（式样另附由县长制发），由到达地方之区长联保

---

① 安生作，季青翻译：《公共卫生与人民幸福》，见《新生活周刊》第1卷第35期，1935年1月11日出版，第5页。

② 《各机关昨派员会同警士举行全市清洁检查》，见《江西民国日报》，1934年5月17日，第2版。

③ 《全省卫生处施行伤寒霍乱注射》，见《江西民国日报》，1934年6月23日，第4版。

主任保长甲长等依次签名盖章，以作证明，该种痘员曾到该区境内布种牛痘之根据，此簿于每季种痘期终了后，由县呈报全省卫生处，以备存查。第五，种痘时应携带种痘记录簿（式样另附由县长或处或局制发），依式记录，此记录俟每季种痘期终了后，由县呈报全省卫生处，以备存查统计，全省卫生处可于相当期间内派人按记录抽查，以核虚实，如成绩确实优良，则给奖状，或奖品，否则饬县惩处。第六，种痘员当每到一地之前，应函告该地区保甲长等声明该地某月某日种痘，请其务必转告该地民众注意，将应种痘之儿童洗澡，更换清洁之衬衣，以利布种而免传染他病。第七，各县应于种痘期前，两星期内，饬令区保甲长等严密协助种痘员，并劝告民众引种牛痘之利益，及应缴纳之材料费（每人不得超过铜元二十枚，但只限于自备种痘材料者，如由县发给费用或材料者，不得另取），如有疏忽以溺职论。第八，痘苗可由全省卫生处代备，各县应于每季种痘期前一月向全省卫生处呈明定购，兹于种痘期前两星期内备具现款照价领取。第九，全省卫生处代备之苗，每颗可种五人，该县种痘人数之多寡及零用痘苗若干，可依此推算之。第十，痘苗由县发给种痘员，不得由各员自备，脱脂棉及酒精，可由种痘员自备，其自备应用材料者，准向被接种人收取材料费，惟每人不得超过铜元二十枚。第十一，本实施种痘办法以广为劝种为宗旨，不采用强迫方法，除遇天花流行之区域，必须一律种痘外，其他有现当理由者（如三年以内曾经种过，或发过生热病症等），可以免种。①

在首都南京，1934年5月29日在筹备成立“夏季防疫联合办事处”的第一次会议上，就讨论通过了“夏季防疫计划大纲”，对工作期间、工作项目、工作人员等做了具体规定：工作期间，自6

① 《全省卫生处通饬各县种痘》，见《江西民国日报》，1934年10月4日，第4版。

月1日起至8月1日止，必要时得呈请延长之。工作项目：第一，预防霍乱注射，分全市为八区，每区有注射队一队，负责注射，以棚户及旅客为主要，其次则挨户注射，并于适当期间，举行扩大注射运动三日，又委托医师公会转托各医师负责注射，霍乱疫苗材料，由办事处供给，六人一次注射一公撮，全市以注射十五万针为目标；第二，井水消毒，距离自来水较远之公私水井，一律用漂粉精溶液消毒，每隔日夜消毒一次；第三，报告及检疫，发给医师报告片，遇有霍乱病人，应立即报告，必要时，得于轮埠车站检疫，遇有可疑者，即送传染病医院检诊；第四，调查病人及检验大便，派员调查病人及检验同居者之大便，是否带菌；第五，管理饮食物品商贩及清凉饮料商贩，由警察厅及卫生事务所派员切实管理商贩；第六，指导消毒，凡霍乱病人呕吐物排泄物及各项用具，以及便器厕所，均应派员指导及实施消毒；第七，治疗病人，霍乱病人应送入传染病医院，隔离治疗。工作人员，除由担任各机关派医师护士警察及夫役外，须雇佣注射员八人，消毒员九人，临时稽查员一人，工役一人。①

6月1日，防疫处成立当日，即率领役夫携带消毒药品，按照划定区域，给井水消毒；预防针注射也于当日开始。② 据报载，当日工作情形如下：井水消毒队八队，分赴规定地段，将公私井加以消毒；防疫注射，除卫生事务所所辖之各诊疗所开始免费注射外，并组巡回注射队，赴各地挨户注射；当日组成注射队六队，三队应江东门外陆军模范监狱之请，前往注射，三队至夫子庙，在除三害宣传大会现场为参观者注射；京市医师公会各医师，亦于当日起免费注射；取缔不洁饮食物，也已令卫生稽查随时调查。③ 据统计，卫生事务所，利用“肃清三害展览会”机会，为参观民众注射霍乱预防针及布种牛痘，工作六日，“共计受注射种痘

---

① 《市党政机关昨开联席会决定防疫计划大纲》，见《中央日报》，1934年5月30日，第3张第2版。

② 《防疫处今日成立》，见《中央日报》，1934年6月1日，第3张第2版。

③ 《防疫处开始工作》，见《中央日报》，1934年6月2日，第3张第2版。

者，不下一万六千余人”①。

为积极从事预防工作，防疫处“并逐日派卫生人员分赴全城调查时疫现况”②，有针对性地开展工作。防疫处认为，“霍乱伤寒赤痢等传染病，均为苍蝇媒介物，故欲免此种危险病症，必须扑灭苍蝇”，故成立之后，组织灭蝇队，出发全市，实施扑灭工作。③

除上述措施外，有的地方还对挑水码头进行改建，使之更符合卫生要求。如在九江，市民饮水，江边宁绍码头是其中取水点之一。但该码头靠近西门口下水道出口，对于饮水卫生十分有害。市政委员会有见及此，一方面将西门下水道，改筑江滨泥底，引长 20 余丈，伸入江中；一方面改建挑水码头，即在下水道往上游 30 尺，另建挑水站。④ 这样在一定程度上有利于改善饮水状况。

其他各地，也都程度不同地开展防疫工作。福建省“福州青年假期服务团，实行灭蝇捕鼠运动”；1935 年，新运会“联络省会防疫委员会，进行防疫事宜”，于 9 月间办理结束。⑤ 在安徽，新运会会同省会公安局于 1935 年 6 月 1 日起至 8 月 21 日止举办灭蝇运动，“成绩甚见功效”⑥。

夏令卫生运动，是新运会推行的季节性工作。1936 年新运总会通令各省市铁路新运会，于 5 月 20 日起，一律举行夏令卫生运动，并颁布夏令卫生运动工作计划大纲，划一工作范围。其推行事项，包括防疫注射、种痘、井水消毒、推广自来水、厕所消毒等。遵照办理者，有首都、上海两市，江苏、浙江、江西、湖南、湖北、安徽、福建、河南、云南、山东、山西、陕西、四川、甘肃、贵州、青海等省，以及津浦、京沪沪杭甬、浙赣、陇海、胶济、平汉等六铁路。据统计，期间，全国各地注射防疫针人数

① 《肃清三害宣传展览会今日闭幕》，见《中央日报》，1934 年 6 月 3 日，第 3 张第 2 版。

② 《伤寒症流行》，见《中央日报》，1934 年 6 月 7 日，第 3 张第 2 版。

③ 《防疫处积极灭蝇》，见《中央日报》，1934 年 6 月 4 日，第 3 张第 2 版。

④ 《浔市政会努力建设工作》，见《江西民国日报》，1935 年 2 月 17 日，第 4 版。

⑤ 新生活运动促进总会编：《民国二十四年全国新生活运动》（下），第 581 页。

⑥ 新生活运动促进总会编：《民国二十四年全国新生活运动》（下），第 605 页。

473813人，种痘人数129516人，消毒水井10839口，推广自来水用户6273家，消毒厕所4981处，整理沟渠928处，整理池塘774处，举行大扫除306次。[①]

作为新运季节性工作，夏令卫生运动即使在抗战爆发以后，也仍在推行。1938年，广东省新运会于5月2日成立夏季卫生运动委员会，推行防疫工作。市各医院、红十字会暨中央卫生署驻粤防疫队，分派医生、护士作为技术人员组成防疫注射队，采取分队分站注射、旅店车站码头设站注射、难民区注射、机关团体注射、流动注射、水上疍民注射等形式，至7月底止，共注射防疫人数54686人，“开广州历年防疫注射成绩之纪录”。此外，还开展全市大扫除、灾区消毒、灭蝇灭蚊等运动等。[②] 福建省新运会在1943年的夏令卫生运动中，鼠疫预防注射10629人，霍乱伤寒注射3512人；熏蒸消毒灭鼠724户，捕鼠953头；卫生店场检查756家，违章取缔392家，警告173家；指导摊贩改善432起，取缔786起；取缔随地便溺105起；取缔乱倒垃圾143起；公厕消毒15所；公井消毒118口，妨碍饮水取缔159起。[③]

二、举行各种体育活动

体育是增进人的体质、促进人的健康的重要途径。宋美龄认为，“新生活运动的目标在指导人们养成强健的体格和崇高的道德”，因此，在教导民众“养成合乎新生活规律的日常习惯”的时候，适当的“体育和游戏”是必需的。[④] 新生活运动一开始，就非常关注儿童健康比赛。1934年5月，江西省省会公安局，为使市民注意儿童卫生起见，“举行儿童健康比赛会”，报名儿童“极为

---

① 《二十五年度本会工作概况》，见《新运导报》总第44期，1937年3月15日出版，第95页。

② 《广东省新运会举办广州市夏季卫生运动工作报告书》，见《新运导报》总第58期，1938年9月1日出版，第44—48页。

③ 《福建省去年新运全貌》，见《新运导报》总第96期，1944年9月出版，第20—21页。

④ 蒋宋美龄：《妇女新生活应有的精神》，见《妇女新运》创刊号，1938年12月20日出版，第4页。

踊跃”。比赛备有纪念品及奖品，给参加儿童以鼓励。[①] 1934 年 5 月，首都南京卫生事务所主持举办儿童健康比赛，共录取优胜者百名，“成绩最优胜之第一名，即赠呼‘南京小孩’，以示为南京市健康儿童之模范”。中央各院部会长及各界人士赠送了丰富奖品，“蒋委员长致赠之银质小飞机五架，实寓有鼓励儿童努力航空救国之意”。[②]

新生活进入“三化”阶段后，体育活动成为广泛开展的一项重要内容。各省组织各类成人体育活动。1935 年，安徽省新运会“鉴于健全体格，为复兴民族第一要图”，邀集各体育专家“组织体育会”，“曾主办篮球网球赛多次”。[③]

1937 年，首都新运总会为谋增进各省新运工作效率，特修订工作改进办法，通令各省遵办，以求步调一致。关于工作事项中，“提倡体育”便是其中一项，主要有：举行早操、举行工余运动、组织或参加军事训练、实施健康检查等。[④]

新运总会迁渝以后，对于体育，尤多倡导，组织爬山比赛、水上运动大会、龙舟竞渡、横渡嘉陵江、篮球、排球、网球、足球、乒乓球、板羽球比赛等；1940 年，新运六周年纪念时，蒋介石宣布成立体育协进会，由新运总会主持此事，鼓励学生课余运动，联络体育界人士，经常举办球赛，以资观摩。同时，在都邮街中央公园、夫子池，先后建立球场，便利市民就近活动；陪都新运模范区建立后，设有体育组，该组与市体育协进会配合，经常举行星期球赛，及各种球类活动。[⑤]

各地新运会也都根据各自实际情况，开展形式多样的群众体育活动。福建省，1943 年，举办有下列体育活动：1 月间，联合省立公共体育场举办民众体育竞赛，分国术、篮球、排球、越野、

---

① 《儿童比赛》，见《江西民国日报》，1934 年 5 月 16 日，第 2 版。

② 《儿童健康比赛今午举行》，见《中央日报》，1934 年 5 月 20 日，第 3 张第 2 版。

③ 新生活运动促进总会编：《民国二十四年全国新生活运动》（下），第 604 页。

④ 《各地新运信息》，见《新生路月刊》1937 年 5—6 期，1937 年 5 月出版，第 125 页。

⑤ 萧继宗主编：《革命文献》第六十八辑，第 345 页。

自由车等项竞赛，以及龙灯高脚表演；2 月 22 日，会同卫生事务所举办儿童健康比赛，4 岁至 12 岁儿童参加，分五组评判给奖；6 月 7 日开始，举行水上运动，分龙舟比赛、游泳比赛两种，龙舟比赛参加者四艘，游泳比赛分成人、儿童两组，参加者 40 余人；9 月为民族健康月，会同社会处举办宣传周，工作项目有民族健康比赛、民众体育运动、民众远足旅行等。①

① 《福建省去年新运全貌》，见《新运导报》总第 96 期，1944 年 9 月出版，第 18—21 页。

第八章　宋美龄与礼俗改革

由“变俗”到“变政”是新生活运动发起者所设计的行进路径，因此，为转移社会风气，改革鄙陋不合时代需要的习尚礼俗，新生活运动将改革习俗作为经常性的工作之一，主要包括对婚丧筵宴的改革以及对禁烟、禁毒、禁娼的倡导。

第一节　新生活运动与婚丧筵宴改革

一、新运总会对全国婚丧礼俗的调查

1. 对南昌市婚丧礼俗的调查

1934 年 7 月，新运总会成立后，内部设置调查股，其职责是“专作社会各部门之调查，以为设计之根据，而资推行”①。其调查范围最初主要在南昌市，而“婚丧礼俗调查”便是其中之一项重要内容。

调查发现，当时南昌的婚嫁礼俗包括“婚娶”与“遣嫁”两个部分。

（1）婚娶。当时的婚娶有三种情况。

第一种，旧式婚娶。其进行程序有：凭媒说合、合婚、聘礼、报期、大期（即迎娶）。

第二种，新式婚娶。采用新式婚娶办法的主要是军人、学生。

---

① 新生活运动促进总会编：《民国二十三年新生活运动总报告》，第 211 页。

其手续简单，只有订婚、结婚。

第三种，买卖婚娶。又分完全买卖式和童养媳两种。完全买卖式：以金钱为交换条件，不问年龄门户或已否婚娶，其简单手续有：身价、谢媒钱、契约。有的还有简单的交拜仪式，有的直接以包车接入男家。童养媳：有因女家贫困、无力负担女儿教养费用而为童养媳的，有恐将来子弟无力娶亲而收养童养媳者，还有因迷信（希望生男孩不夭折）收养童养媳的。

（2）遣嫁。除赤贫、买卖婚姻以及童养媳之外，不论新旧式婚姻，都有遣嫁风俗。主要有赠嫁房产田亩、陪嫁器具、宴客、回门酒等。

对于丧礼及其风俗的调查包括以下几个方面：

丧礼与宗教：当时南昌丧礼主要用佛教和道教。佛教为丧家作法事，有的在自己所在庙宇举行，有的在丧家举行，其费用视日期长短、仪式、人数为定，除应用法事上所需物件外，斋素饭食概归丧家，平均每一和尚约合每日工资1元至2元。每庙和尚不敷分配时可在其他庙里聘请，所请客僧工资由承办法事者支配。道士做法事，界限较为森严。如某区或某街巷为某道士管辖，此区域内发生丧事，不得另请其他区域内之道士，且宗派分别极重，如必须请人帮助时，先须容纳同门师兄弟，除用食以外，平均每日每天合工资1元至1元3角。

丧礼之仪式：死者根据断气时所在的位置分寿终内寝（死于卧房中）、寿终正寝（落气的时候抬入正厅）以及侧寝（此种情况并不多见）等情况。仪式主要有：守夜——死者断气的当晚，举家男女围在死者身旁；入殓——给死者擦身、穿衣；举哀——合家举哀答礼；大殓——封棺；大夜——出殡前一日晚上，合家举哀用祭奠礼；点主——由当地缙绅或官吏主持，请死者之灵位（所谓的主）；出殡。

出殡之仪仗：出殡之仪仗，繁简不一，视情形不同而有所区别。主要有：执事——牌灯执贴封之类；音乐——有喇叭吹鼓手等；火炉；香亭；福主——由外男孙女或亲戚中之童男女捧着灵位，在八足轿内；相亭——将死者的遗容供于四人或八人所抬的华亭，供人观瞻；龙杠——龙杠有全副与半副之分，全副又分有没有龙戏珠的区别，全副由36人合抬，半副者18人；僧道——各穿法衣鼓乐，鱼贯而行，有所谓“七僧八道”者。

丧礼中之服色：子侄之服色——子女之丧服，俗称“披麻戴孝”，孝帽带棉花所垂之珠，纯白孝衣，麻袄，全白鞋子；女出殡者，鞋子用红带，前半节要棚白布。子婿之丧服——郎为半子，亦孝服，镶红带。远房亲戚——带白掩巾，间有着丧衣者。通家亲友——袖缠黑纱。

丧家所用祭奠之礼物有酒碗、挽联、祭席、香烛等。

守制问题：丧家对守制问题非常重视。主要为：祖父母死，守孝一年；父母死，守孝三年；丈夫死，守孝一年；妻子死，守制100天。

在当时的南昌还存在一个“婚丧礼俗与码头权”的问题。婚礼中如花轿，丧礼中如杠具、亭轿、牌灯、人夫、僧道各有规定之码头权，彼此不能侵犯。设或侵犯则必引起械斗。而其价值则无一定标准，如果属殷富之家，丧礼中之全副龙杠，以及要龙戏珠者，奢侈者有超过100余元的。

此外，还有血灵留停一年，或七七四十九日者；化冥钱，烧冥屋等，共为遵守。①

2. 对全国婚丧礼俗的调查

1936年以后，各省新运会都先后对该省进行婚丧礼俗调查。从1937年开始，新运机关刊物《新运导报》不断登载全国各地的婚丧礼俗调查情况，一些关注风俗习惯的人士，也不断发表各自对婚丧礼俗的调查文章。如1937年1月份《新运导报》推出的“婚丧礼俗特辑”，登载了如下一组文章：《江苏省会婚丧礼俗调查及改革意见》（江苏省新运会）、《广东各县民情风俗调查》（广东省新运会）、《芜湖婚礼习俗调查及改革意见》（江南铁路新运

① 新生活运动促进总会编：《民国二十三年新生活运动总报告》，第222—232页。

会）、《四川婚姻礼俗及改革意见》（四川省新运会）、《山西省婚丧礼俗调查纲要及改革意见》（山西省新运会）、《江西浙江婚丧习俗比较观》（朱剑华）、《鄂西丧葬仪式习俗》（何培）、《无锡的婚嫁习俗》（中汉）、《安徽当涂亟应改革的几个礼俗》（肖白）、《川苗的风俗》（罗念生）、《云南摆夷风俗谈》（笑岳）、《蒙古人的婚丧》（立民）、《猺人的奇异婚俗》（陶人）、《塞北节礼漫谈》（宗丕风）。[①]

其他各地新运会也都进行了有关调查，如《赣粤川晋婚丧礼俗调查》[②]，《福建婚丧仪礼改革草案》（福建省新运会）[③]，《南阳一带的丧葬礼俗》（李皓）[④]，《安徽省各县婚丧礼俗迷信习惯调查》（安徽省新运会）和《山西省丧葬礼俗调查纲要及改革意见》（山西省新运会）。[⑤] 全面抗战爆发后，新运会的工作重点转向服务抗战，有关礼俗的调查遂告一段落。

这些调查不仅描述了各地的婚丧礼俗，一些地方还给出了改革的意见。如江苏省新运会关于省会婚礼的改革意见有八条：提倡集团结婚；禁止幼年订婚及指腹为婚；废止买卖式的礼金；提倡节约废止靡费；订婚结婚仪式宜庄严而简单，废止一切繁文缛节；废止闹新房之陋习；废止以妆奁招摇过市；废止鼓乐及喜轿。关于葬礼的改革意见有五条：提倡公墓，废止选择墓地之陋习；服丧之制应保存而不剃发之习可革除；废止焚化冥钱；废止僧道诵经；禁止大出丧。[⑥] 再如安徽省新运会，针对蚌埠地区在襁褓时订婚以及早婚的习俗，给出的改革意见为：应取缔在襁褓时期订婚；男女双方必须有独立能力后再谋订婚，虽由媒妁介绍父母做主，亦当以本人判断力而去认择以杜绝将来之怨偶；各地宜举办

---

① 《新运导报》总第 41 期，1937 年 1 月 30 日出版。

② 《新运导报》总第 44 期，1937 年 3 月 15 日出版。

③ 《新运导报》总第 45、46 期合刊，1937 年 4 月 15 日出版。

④ 《新运导报》总第 47 期，1937 年 4 月 30 日出版。

⑤ 《新运导报》总第 49 期，1937 年 6 月 30 日出版。

⑥ 《新运导报》总第 41 期，1937 年 1 月 30 日出版，第 43—44 页。

集团结婚等。[1]

二、新生活运动对婚姻礼俗的改革

1. 从传统婚礼到“文明结婚”

中国传统婚礼一般取“六礼”之制。所谓“六礼”，一是“纳采”，即男家使人纳其采择之礼与女家，表示想和女家提议婚事，女家如不承受，便不能进行第二步。二是“问名”，主人具书，遣使者至女家问女所出及生年月日。三为“纳吉”，问名后，归卜于庙，求决于祖先鬼灵，问与此姓结婚之吉否，卜如不吉，便止婚罢议。四为“纳征”，卜筮得吉，遂遣使纳币以成婚礼，婚约至此才正式成立。五是“请期”，男家欲娶时，具婚期吉日书，备礼物告女家。女家受礼，便是答应，否则须改期。六为“亲迎”，结婚日，子承父命，先往女家。女父拜迎于门外，祭女家之庙，再拜奠雁。出，御妇车，俟于门外。妇至，婿揖以入，载之归家。亲迎以后，便可“合牢而食，合卺而饮”了。[2]

由于中国幅员辽阔，各地“六礼”的程式也不尽相同，大致情形如下。

第一，媒人提亲。媒人在男女双方奔走说合，介绍彼此的年龄、家境、人品等，如双方星命相合，即可继续进行，如男女命相有克，即作罢不议。

第二，订婚。订婚，也称“定亲”，形式多种多样。

第三，择期。也就是确定娶亲的确切日期。多由男方选定日期，征求女方意见，协商确定。一般都讲究良辰吉日。

第四，迎娶。在结婚日，男方用花轿、马车或汽车迎娶新娘，举行结婚典礼。

上节新运会关于南昌的婚礼调查也证明了旧式婚礼的基本程序，大致如此。

---

① 《新运导报》总第49期，1937年6月30日出版，第87—88页。

② 陈东原：《中国妇女生活史》，上海书店1984年版，第30—31页。

传统婚姻的花费，贫富虽有不同，“但中国长期以来形成一种习惯，婚姻论财，各地皆然”。订婚时送彩礼，全国都很盛行。如“奉天一些地方，订婚时先议财礼价码，根据女之年貌确定低昂。次议财礼形式，或牛马，或粮食，或银元。三议日期，即论定某月某日交齐礼物。”轿子、乐队及酒席也所费不菲。“迎娶之期，雇轿子一顶，轿夫八名及头目二名，鼓手二十名，锣九对，执事人夫二十名，以上共须三十元。新郎及娶亲太太用的两辆轿车约两元。席棚一座，须五元。厨役五名及茶房二名，须七元。十桌酒席，每桌三元，共计三十元。”此外，赶制被褥服装、收拾婚房等在所难免。因此，婚姻的花费还是相当惊人的。在 1911 年左右，北京郊区农村，结婚费用，“男家至少须筹备二百元左右，才能举行婚事”，而且这是“最低限度的体面办法”。①

传统婚礼还包含着男女婚姻的不自主及对妇女的歧视。如婚姻讲“父母之命，媒妁之言”，使得男女当事人对于自己的终身大事没有决定权；索要巨额财礼，无异于把妇女置于买卖的一方，而买卖婚姻、童养媳等，更是把妇女当作物件一样出售；女儿出嫁时，拜跪父母，父母千叮咛万嘱咐，在夫家要无违“翁姑之命”“闺门之礼”，“折射出妇女无独立人格可言”。② 此外，“广家族、繁子孙”的婚姻目的，“闹房”“验贞”等种种陋习，也都在反映着传统妇女地位的低下。

有鉴于传统婚礼的诸多弊端，以及国门敞开以后西式婚礼的逐渐传入，从清末开始，一些开明人士开始对婚礼、婚俗进行改革，出现了人们称之为“文明结婚”的新风尚。“文明婚礼”，有三点有别于传统的基本精神贯彻其中，第一，“以父母之命，媒妁之言，而取男女之同意，以监督自由”。也就是说，婚姻不再仅仅是两个家庭、家族之间的事情，更重要的是男女双方的事情，结婚的男女有了自主权。“其办理次序，先由男子陈志愿于父母，得父母允准，即延介绍人请愿于女子之父母，得其父母允准，再由

① 郑永福、吕美颐：《近代中国妇女生活》，第 142—145 页。

② 严昌洪：《中国社会生活变迁史》，人民出版社 2007 年版，第 159 页。

介绍人约期订邀男女会晤，男女同意，婚约始定”。第二，“订婚后，男女立约，先以求学自立为誓言”。子女独立，不再依赖家庭，成为婚姻自主的基础。第三，“婚礼务求节俭，以挽回奢侈习俗，而免经济生活之障碍”。因男女当事人结婚时，有的还在求学，有的刚刚结束学业、谋得职业，经济上不会很富裕，所以要节俭办事，以免给新婚生活带来过重的负担。①

当时流行的婚礼情形，大致如下：

一、奏乐。二、司仪人入席，面北立。(以下皆由司仪人宣唱。)三、男宾入席，面北立。四、女宾入席，面北立。五、男族主婚人入席，面南立。六、女族主婚人入席，面南立。七、男族全体入席，面西立。八、女族全体入席，面东立。九、证婚人入席，面南立。十、介绍人入席，面南立。十一、纠仪人入席，面北立。十二、男女傧相引新郎新妇入席，面北立。十三、男傧相入席，面北立。十四、女傧相入席，面北立。十五、奏乐。十六、证婚人读证书。十七、证婚人用印。十八、介绍人用印。十九、新郎新妇用印。二十、证婚人为新郎新妇交换饰物。二十一、新郎新妇行结婚礼，东西相向立，双鞠躬。二十二、奏乐。二十三、主婚人致训词。二十四、证婚人致箴辞。二十五、新郎新妇谢证婚人，三鞠躬。二十六、新郎新妇谢介绍人，三鞠躬。二十八、奏乐。二十九、新郎新妇致谢辞，双鞠躬。三十、女宾代表唱文明结婚歌。三十一、证婚人介绍人退。三十二、男宾退。三十三、女宾退。三十四、新郎新妇行谒见男女主婚人及男女族全体礼。三十五、奏乐。三十六、男女主婚人及各尊长面南立，三鞠躬。三十七、男女平辈面西立，男女晚辈面东立，双鞠躬。三十八、男族女族全体行相见礼，东西相向立，双鞠躬。三十九、男女傧相引新郎新妇退。四十、男女两家

① (清)徐珂编撰：《清稗类抄》第五册，中华书局1984年版，第1987页。

主婚人及男族女族全体退。四十一、纠仪人司仪人退。四十二、茶点。四十三、筵宴。①

进入民国以后，这种文明结婚逐渐流行开来。1927 年 12 月 1 日，宋美龄与蒋介石在上海大华饭店举行的盛大婚礼算得上新式婚礼的典型个案。根据程序单上的安排，这次结婚典礼的程序如下：

一、来宾入场

二、主婚人和证婚人入场。

三、新郎入场。

四、新娘入场。

五、向孙中山先生三鞠躬。

六、宣读结婚证书。

七、在结婚证书上盖公章。

八、夫妻对拜。

九、新郎、新娘向主婚人和证婚人鞠躬，以示感谢。

十、新郎、新娘向来宾鞠躬，以示感谢。②

下午四时许，宋美龄和蒋介石从宋宅赶往大华饭店。当二位新人走进礼堂时，司仪高声宣布请来宾入席，全体贵宾鱼贯入座，主婚人蔡元培与证婚人相继入席。全部站定后，新郎入席。蒋介石在男傧相刘纪文的陪同下，慢慢走向结婚礼堂，现场响起一阵热烈的掌声。伴着和缓悠扬的乐曲，新娘宋美龄在两位少女陪同下，由哥哥宋子文手挽手地缓步向前。轻歌曼舞中，宋子文把妹妹交给了新郎蒋介石。二位新人在礼堂正中站定位后，在司仪的口令下，向国旗、党旗及孙中山遗像行三鞠躬礼，然后由主婚人蔡元培宣读结婚证书，随后一对新人用印。用印毕，新人相向，

① （清）徐珂编撰：《清稗类抄》第五册，第 1987—1988 页。

② 简洁、孟忻编著：《蒋介石和宋美龄》，吉林文史出版社 1989 年版，第 74 页。

面对面行一鞠躬礼，再向前方的主婚人和证婚人行一鞠躬礼，又向来宾一鞠躬，在全体来宾热烈的掌声中，婚礼告成。①

图 8-1　1927 年 12 月 1 日宋美龄与蒋介石结婚照

新式婚礼不仅在大城市流行，甚至在一些中小城市，也有仿行。在江苏镇江，"有行新式婚礼者，有证婚人演说，介绍人演说，新人行三鞠躬，证婚人读证书，新人互相签字，互换戒指。新人谢证婚人，晋见家族，皆行三鞠躬礼，观礼者不下千人"②。需要强调的是，这种文明结婚，还只是当时婚姻礼俗变革的一种趋势，旧的婚礼婚俗仍然广泛存在。

新式婚礼，参酌中西，摒弃了不合中国社会习惯的教堂仪式（由于宋美龄是基督教徒，所以，在大华饭店举行婚礼前，在宋家举行了基督教家庭婚礼仪式），吸取其隆重、热烈等优点，对传统婚礼有不少突破和改良，如废除跪拜，改行鞠躬礼；打破了门当户对的传统，由父母包办到征得男女双方同意；废弃野蛮低俗的

① 王丰：《美丽与哀愁——一个真实的宋美龄》，第 188—189 页。

② 郑永福、吕美颐：《近代中国妇女生活》，第 134 页。

闹房陋习等等。“唯一未改的是花轿迎娶的传统，虽然逐渐出现用西式马车取代中国花轿，后来又以轿车取代了马车，但其象征意义依然如故。”①

2. 集团结婚

集团结婚出现于20世纪30年代，其发源地是上海。新生活运动发动后，上海市社会局首先制定了《上海市新生活集团结婚办法》，全文如下：

> 一、凡本市市民举行结婚礼，得申请参加集团结婚典礼，每届以一百对为限。
>
> 二、规定每年二月、四月、六月、十月、十二月第一个星期三为集团结婚日，在市政府大礼堂举行结婚典礼，由市长及社会局长证婚。
>
> 三、参加者每对应缴洋二十元。
>
> 四、参加者应先向社会局申请核准，申请书可向社会局函索，概不取费。
>
> 五、社会局将核准登记之结婚人于婚前公布之，如利害关系人对于结婚人之婚姻有异议者，应于结婚七日前呈报社会局核办。
>
> 六、核准登记之申请人由社会局发给登记证，届期凭证参加。
>
> 七、呈准参加者应依照《参加新生活集团结婚须知》各项办法办理，所有时间及手续均应绝对遵守。
>
> 八、结婚证书由市政府印备发给。②

该办法还有几个附件，对有关婚礼仪式的具体程序以及参加者的注意事项等都做了详尽的规定。

---

① 严昌洪：《中国社会生活变迁史》，第172页。

② 严昌洪：《中国社会生活变迁史》，第174页。

集团结婚办法颁布以后，一些准备结婚的男女前来报名参加。经审核、批准，参加首届集团结婚的有57对青年。

1935年4月3日，上海第一届集团结婚典礼在上海市政府新厦二楼的大礼堂隆重举行。市政府大门前党国旗飘扬，二楼栏杆上，缀扎着国民党党徽及党国旗，台阶的阶沿上排列着鲜花，喜气洋洋。礼堂门首上方悬挂着红绸横幅“上海市第一届新生活集团结婚典礼”，礼堂内以红柱彩带围出一个礼台，大红地毯从台内铺展到大门，孙中山铜像安放在礼台正中，台前放置有一对大烛台，礼台后部为新郎新娘站立处，堂之东西两边为观礼来宾席位。

婚礼开始后，在《结婚进行曲》的乐曲声中，新郎新娘徐徐步入礼堂。新娘白衣披纱，胸佩证章及扎花，一束配以粉色绸带的鲜花捧在手上；新郎则穿中国特色的蓝袍黑马褂。中西合璧，别有情趣。

“在结婚仪式上司仪报告新人姓名、服务单位后，每两对为一组，步上婚礼台，向孙中山先生像行三鞠躬，然后新婚夫妇相对两鞠躬，再向证婚人一鞠躬。作为证婚人的市长吴铁城和社会局长吴醒亚，分别向新人颁发结婚证书及纪念品并致证婚词。”① 吴铁城证词为：“中华民国二十四年四月三日，上海市政府举行新生活集团结婚首届典礼，本市长吴铁成及社会局长吴醒亚为之证婚，正式宣布某某（五十七对名单）等参加人，依法结为夫妇。”②

纪念品是经过精心设计的、纯银制的团月式镶花太极图，中题“新生活集团结婚”字样，直径10寸左右，可以分合，以示团结和好之意。

礼毕，新人在音乐中步出礼堂，到广场摄影留念。下午6时左右婚礼全部结束，新郎新娘及观众们都各自散去。

“上海首届集团结婚这种隆重、热烈又简朴文明的做法，给人

---

① 萧继宗主编：《革命文献》第六十八辑，第404页。

② 《首届集团结婚昨在市府举行婚礼》，见《申报》，1935年4月4日，第4张第13版。

以耳目一新的感觉。”① 时人认为，这样的婚礼“可谓简便之至，而庄严景况，尤非旧式婚礼所能及”②。

一时间，集团结婚得到社会各界的认可和支持，不仅上海市，北京、天津、武汉、无锡等地的青年也纷纷响应，这种婚礼形式很快风靡各地。

在河南，1935 年 10 月 10 日“双十节”，举办第一届新生活集团结婚，8 对新人参加。同日，河南省郑县也举行一次集团结婚。安徽，1935 年 12 月 15 日，举办该省第一届新生活集团结婚，“参加者虽仅四对，但仪式之严肃，筹备之周到，观众之踊跃，并不因四对而减色也”③。

在福建，抗战期间，新生活运动促进会举办集团结婚两次：第一次举行于 1941 年 1 月，第二次举行于 1942 年 5 月，“由该会请省高等法院院长，民政厅长，教育厅长为证婚人，典礼隆重，社会风气顿见一新”④。

在贵州，贵州省政府颁发了集团结婚办法，积极推行集团结婚，并要求每县将集团结婚情况定期呈报。对于集团结婚，还有一些优惠措施。“凡是举办集团结婚的，政府都有明确实施细则，要求男女双方婚前出示合格医师所写的健康证明书，具体规定是：双方缴政府结婚费一千元，市长作证婚人，由政府代办婚礼的一切设备，服装自备（男方一律短装，女方服式不拘），男女方宾客不超过三人。与此同时倡导的苗汉通婚，政府则给与更多的优待，如政府不收任何费用并代为布置礼堂，汉嫁苗由政府各赠衣服一身外，酌赠文具书籍等，苗嫁汉由政府赠衣一身。有的时候，市长还赠送新婚人纪念礼品等等，以示政府的提倡和鼓励。”在此背景下，贵州集团结婚的成效较为显著。在抗战结束后的 1946—

① 萧继宗主编：《革命文献》第六十八辑，第 404 页。

② 《首届集团结婚昨在市府举行婚礼》，见《申报》，1935 年 4 月 4 日，第 4 张第 13 版。

③ 新生活运动促进总会编：《民国二十四年全国新生活运动》（下），第 593、594、606 页。

④ 萧继宗主编：《革命文献》第六十八辑，第 404 页。

1948年三年间，贵州各地参加集团结婚的共有140人。[①]

抗战结束以后，新运总会迁回南京，与南京市社会局合办南京市新生活集团结婚，共有六届，参加者达700余对。[②]

新生活运动对于集团结婚的倡导，旨在“改革繁琐铺张的旧婚俗”[③]，使之合于经济原则。因为无论是传统婚礼婚俗还是“文明婚礼”，都讲究一定的场面，并且都要大宴宾客，置办酒席，所以结婚费用花销相当大。据黄仁霖的回忆，当时，“成千上万的金钱都花费在结婚仪式上，交换饰物、展览嫁妆、布置新房、邀请大官来做证婚人，并签署结婚证书，在时髦的旅馆或酒楼里，摆设了豪华阔绰的喜宴，来招待上百的亲戚和朋友们。有些家庭，只因为举行如此奢侈的婚礼，即因而借债，甚或倾家荡产，亦所不惜”[④]。有人撰文对世界各国结婚费用进行比较：一个家庭年收入2000元者，结婚费用所占收入之百分比，英、法为1，美国为2，苏联为8，日本为20—25，中国为25—30。年收入在1万元者，其百分比，英国为0.8，法国为1，美国为2，苏联为8，日本为10—20，中国则为30。通过比较，作者不无感慨地说：“咱们样样落后，事事闹穷，处处束手，惟在结婚费用的豪奢一点，几乎考了第一”。追究原因，“就只有一个：讲面子，讲漂亮”[⑤]。在歌舞升平的祥和富足之年，奢华一点也还能够理解，但在战祸频仍、天灾不断的20世纪30年代，那简直就是不合时宜了。

有鉴于此，在新生活运动之前，社会上便有一种节约结婚费用的要求，但“市民对于俭婚之希望虽殷，终不敢以身作则，惧遭亲友之轻视”[⑥]。新生活运动兴起以后，宣传“婚礼所以表示男

① 高艳妮：《民国贵州新生活运动研究》，第27—28页。

② 萧继宗主编：《革命文献》第六十八辑，第436页。

③ 萧继宗主编：《革命文献》第六十八辑，第404页。

④ 黄仁霖：《黄仁霖回忆录》，第62—63页。

⑤ 琼声：《谈集团结婚及其他》，见《申报》（本埠增刊），1935年2月12日，第1版。

⑥ 黄华节：《集团结婚的来龙去脉》，见高洪兴：《妇女风俗考》，上海文艺出版社1991年版，第176页。

女双方之结合，而告于亲族知交及示诸社会人士承认"的一种仪式，没有必要大肆铺张，浪费金钱。新生活运动为此规定了各种改革婚礼条规："一、婚礼之喜柬先期发送，但不得滥发。二、该喜宴为茶点，以养成节约风气。三、废除不必要之仪仗。四、婚礼时间以二小时左右为准，不得过长。五、贺客应准时到贺，不得迟至婚礼以后。六、新郎新娘宜服普通常礼服，且须以国产资料制之。"①

新生活运动告诫年轻人，"婚姻费用，必须要花得实在"，而"集团结婚"，既能"彼此分担费用"，"可以节省许多金钱"，又有当地的最高长官来"充任证婚人"，不失"严肃而庄重"，"结婚仪式所应有的华丽而光荣的大场面，仍然自会保留着的"。② 因此，这种隆重、简约而又具有纪念意义的集团结婚被加以倡导和推行。当上海集团结婚的办法发布以后，就有舆论评价说这种婚礼是"在极度俭约之经济支配下举行极度庄严之结婚仪式"③，评价可谓中肯。

新生活运动对集团结婚的倡导，一方面体现出对婚姻礼俗的变革，有利于转移社会风气，树立良风美俗；另一方面，也具有妇女解放的意义，促进了社会进步。

三、新生活运动对丧葬习俗的改革

中国传统的丧葬习俗，讲究"事死如生""厚葬久葬"。进入民国以后，厚葬久葬之风仍然非常盛行。"城市富有的工商业者和农村中的缙绅土豪之家，往往通过厚葬的巨大花销和盛大排场来显示财力雄厚或势力广大。"④ 即使贫穷之家，为风尚所趋，也不得不极力支撑，甚至于举借债务。以华北地区为例，在河北的怀安县，"俗最重葬礼，习尚厚葬，甚有变产拖债而为尊亲办丧事

---

① 萧继宗主编：《革命文献》第六十八辑，第242页。

② 黄仁霖：《黄仁霖回忆录》，第63页。

③ 《四月三日举行第一届集团结婚典礼》，见《申报》，1935年2月7日，第4张第16版。

④ 严昌洪：《中国社会生活变迁史》，第287页。

者，以为不如是不足以尽其礼。所谓惟送死，可当大事者矣”。在河北的万全县，“丧礼最繁琐，习俗多尚厚葬”，“至中产以下者，亦行之惟谨，虽葬费无着，以至售产、借债，亦不能从俭也，非贫至家徒四壁、穷无立锥之地者，不能薄葬也”。在山西陵川县，“丧之弊，为家计稍裕，一经葬亲，率以铺张扬厉，招致僧道，化（花）费较多，至数年后尚复欠债累累者”。之所以如此铺张，是因为大家都认为不如此，不足以尽到自己的“孝道”。然而，具有讽刺意味的是，为了讲究排场，一些人限于财力，不得不将尊亲草草埋掉，“近日文过乎情，一味奢靡，否则，旁观则谓俭其亲，往往力不能办，停柩有年，风雨一棺，几乎朽敝，卒至草草入土。不孝其亲，莫此为甚”。[①] 对这样的奢侈和巨大的花费，传教士明恩溥不无感慨：“单纯因为这种一时的炫耀而给家庭造成如此大的负担，这种做法在西方人看来无疑是十分愚蠢的。尽管他们也只是从这种炫耀的形式中获得某种满足，而这种形式对我们来说毫无吸引力可言。但是，中国人对这种炫耀的热衷无法阻挡，许多中国人处事行为的特点是来世的享乐比今世的需求更为重要。为给父母办丧事，许多家庭卖掉了所有的土地，甚至卖掉了房子。因为若不能为死者办一场像样的葬礼是很没面子的事。他们心甘情愿和满怀神圣地举办这种非理性的仪式，好像是在向他人表明：‘看看我吧！无论付出多大代价，我都能把丧事办好！’”[②]

中国人传统葬礼的场面宏大是一个突出特点。美国传教士明恩溥描绘了他所见到的中国乡村葬礼的场面：当有人故去时，恸哭即告开始，家人须立即或于日落之前赶到当地寺庙发丧。类似的哭丧在第二天（有些地方是第三天）还要举行，这就是具有特殊意义的“头三”。在仪式规模宏大的丧事中，每个第七天还要举行一次活动，总共有七次活动，葬礼则到第 49 天举行。期间，在临时搭起的阔大而俗气的草棚里，和尚和道士们同时各念其经。

---

① 徐吉军：《中国丧葬史》，江西高校出版社 1998 年版，第 562—564 页。

② ［美］明恩溥：《中国乡村生活》，陈午晴、唐军译，时事出版社 1998 年版，第 192—193 页。

参加葬礼的宾客众多，宴席常达数百人。出殡时，葬礼达到高潮，16个（有时是36个）杠夫（越多越好）抬起了这由灵柩台支撑着的棺材。因为只有最前排的杠夫能看见路，所以必须由葬礼的指挥者引导方向，他尖着嗓子用假声喊出号令，这种喊声与野猫的叫声极为相似，他每喊一声，所有的杠夫就像船上划桨的水手一样齐声回应。杠夫的叫声与举哀者夸张的哭声混合在一起，产生出一种完整的效果。较大规模的葬礼仪仗所经过的路上都会挤满人群……①

葬礼中的仪仗，更加排场。1931年天津出版的方志中有一则描述天津葬礼的情况："柩出堂，孝子手执引魂幡，导于前。及门外，上小杠；至大街，上大杠。上大杠时，孝子掷丧盆，即起杠，复号哭如前，戚友之送殡者，步行在孝子之前；女乘车在柩后。所用仪仗，贫富不同。富家贵人，则加用全副执事及车、轿、亭、马；更以松狮、松亭、松鹤、松鹿、童男童女、花盆纸桌，对对排列，衔接而行，并有僧道奏乐送殡，颇为奢盛。"② 仪仗成群结队，招摇过市，妨碍交通，耗费金钱，败坏社会风气，几乎成为当时社会的一种公害，不断为人诟病。1935年，上海市市长吴铁城曾批评说："我们看现在上海街上出丧的仪仗，有许多地方，真与喜事一样，而且仪仗，本来是用以表示庄严的，却由一般极不像样的人充之，精神姿态，固都不整，穿的服装，尤是无奇不有，军乐队所奏的音乐，往往丧事奏喜乐，喜事奏丧乐，十足的表现出我们社会的没有规则，与没有礼节。"③ 有鉴于此，一些地方政府已经在逐步对此风尚加以改良。在广西，1933年省政府颁布了《广西省改良风俗规则》，关于丧祭从简做了具体规定："入殓衣衾量力购置，最多不得超过100元；衣衾外不得陪葬珍玩物品；不准用僧道作法事；祭品以香烛蔬果为主，酌用三牲，均不得过五元；

---

① ［美］明恩溥：《中国乡村生活》，第193—195页。

② 徐吉军：《中国丧葬史》，第557页。

③ 吴铁城：《社会建设中婚丧礼节问题——吴市长在市府纪念周报告》，见《申报》，1935年2月12日，第3张第12版。

吊唁挽联、挽幛须用廉价土布或纸张，如送奠仪，不得超过 2 元；丧家接受奠仪用回帖致谢，不准回答银钱物品；丧家对于吊客必要留餐时，务须节俭，应用素菜；要求速葬，停柩在堂不得过 5 日，如有故障，应向县政府或公安局、乡公所报请展限，展限不得过 1 日；禁止浮厝郊外，客死者暂厝不得超过 1 年。”“如违反各条规定者，予以劝导或警告，如属公务人员，并由本管长官加以记过或免职处分”。①

为了严加取缔，革除陋俗，新生活运动促进总会作出了废除丧礼仪仗的规定，该会制定的丧礼改革办法第六条规定：“一、往吊之时间宜在上午，须以丧家通知之时间为准。二、丧家不设酒食（办事人员待以便餐）。三、讣告不得滥发，以亲旧知交为限。四、讣告不得列叙前清官衔及无谓之象赞。五、如有宗教关系须诵经斋奠者，时日不得过长。六、举殡时应废除不必要之仪仗。”②这些规定虽然不能有效地刹住丧礼中的恶风陋俗，有钱有势者照旧大办丧事。但是，新生活运动促进总会关于丧礼的规定在当时还是有一定的正面影响的。

新运总会还提倡火葬和公墓制度。1934 年，新运总会复函江西省政府，“指定南昌牛行车站至梅岭间之森林山冈，建筑公墓，以资示范”③。抗战时期，湖南省也提倡“公墓制度”，联合有关机关整理地方义山，并指定公墓山场，扩大破除风水迷信宣传，发动各界于民族扫墓节举行公墓挂扫仪式等。④ 对于火葬、公墓，宋美龄是非常赞赏的。1935 年她游历四川、贵州，对于公墓及火葬发表自己的感言，她指出：“四川贵州的百姓，比较聪明些，他们大都利用不能耕种的山坡做葬地，许多坟聚葬在一处，成一个大坟场，每一个坟前有一块石碑。这样可以省下许多有用之地，却是一个聪明的办法。和尚们更是聪明，因为他们用火葬，将尸

---

① 严昌洪：《中国社会生活变迁史》，第 288 页。

② 萧继宗主编：《革命文献》第六十八辑，第 243 页。

③ 《去年新运回顾》，见《四川经济月刊》第三卷第一期，1935 年 1 月出版，第 230 页。

④ 萧继宗主编：《革命文献》第六十八辑，第 409 页。

灰装在瓷坛里，藏在殡葬室里，又简单，又洁净，又可以保持长久。"①

此外，家庭追祭，废止做冥寿等，与先前比，也都有所变革。

四、送礼与宴会改革

送礼是基于人情而发生的礼尚往来赠送活动，应重在"情"而不在所送物品的多寡贵贱，但习俗奢侈，以致送礼成为一般人的沉重负担。以江苏省为例，该省"习尚奢侈，婚丧喜庆，遇事铺张，而送礼之风，日愈奢靡"，"往往有在机关或商店工作者，勤劳终年，毫无积蓄，询其故，则曰：'同事喜庆事太多，每月收入，大半为送礼之费'"。这样，本可过上小康生活的人，却因"送礼频繁，无由积蓄，以致本人之婚姻大事，亦有未能举办者，不独有助人而不能自助之叹，且亦类似为人剥削"。更为可恨的是"人情类多畏富欺贫，谄上骄下"，故而"富贵之家，喜庆事愈多，则贫乏之家喜庆事愈少，而贫富愈不能调剂"。② 如此一来，不仅"礼"失去了它的本意，对社会的危害也相当大。为戒奢崇俭，转移风尚，新生活运动根据"'送礼'应求受者不伤廉，送者不伤惠"的原则，制定以下之限制办法：

一、凡婚、丧、寿等事之送礼以烛券、礼券、物品三种为限。

二、凡送烛券、礼券及货品者，应以简约为主。

三、所送物品，以国货而适用者为限。

四、凡素不相识者虽请柬，亦不得送礼。③

新生活运动的倡导得到各地的响应。如在江苏省，政府制定了"节制婚丧喜庆送礼"的《办法六则》：

> 一、凡月薪在五十元以下之公私机关工作人员，对于上司之婚嫁喜庆事宜，不得送礼，只须亲自道贺或以书信道贺。

---

① 宋美龄：《西南漫游》，见王亚权主编：《蒋夫人言论集》上集，第464页。

② 《婚丧喜庆送礼宜从俭约》，见《中央日报》，1934年5月21日，第2张第3版。

③ 萧继宗主编：《革命文献》第六十八辑，第244页。

（店伙对店东或教职员对校长，工人对工头均准此。）

二、上司对于下属，凡遇有婚丧大事，视其经济情形，得致送礼金。

三、凡在职之公务人员，无论其本人或夫人，不许公开做寿，收受僚属金钱礼物，否则查处以受贿论。

四、亲族友朋之间，如遇有婚嫁喜庆，互相赠送礼物或纪念品，每次不得超过每月收入额百分之一。

五、丧葬之礼，得赠送礼品奠仪，冥寿追□（注：该字不清楚——作者），不得发请柬并不得收受亲朋礼金。

六、亲朋之间遇有婚嫁喜庆大事，如欲庆祝，得依照公宴例，自由聚餐，聚餐用费，由参加者均分之。①

至于宴会，其本意在于为祭祀而亲友共聚，以使子弟能够知长幼进退之礼节。然至近代，其本意已经灭失，人们“稍有故即请客，且无故亦请客，豪侈相尚，以为常事”。宴会之间，大家“闲谈笑谑，食毕哄然而散”，“耗时伤财，莫此为甚”。新生活运动为“正虚浮之风”，对宴会加以限制：

一、无故不得宴会。

二、宴会之肴馔不得过昂。

三、宴会时间以二小时为限。

四、施邀请之客必准时莅止，否则不候。

五、仆从不发车饭费。

六、不得徵妓侑酒。

七、一切设施应从俭朴。②

各地新运会也根据本省情况，实行限制宴会的相关措施。在

---

① 《江苏省政府节制婚丧喜庆送礼》，见《江西民国日报》，1934年5月23日，第1版。

② 萧继宗主编：《革命文献》第六十八辑，第244页。

绥远省，抗战开始后，新运会“为提倡节约增强抗战力量”，制定《限制宴会暂行办法》，并由推行股召集饭馆业会商，演讲实行这一办法的意义，并“由调查股组织检查队随时抽查”。①

上述限制，对于相习已久的社会习俗而言，不一定具有多大约束力，但它揭示出了社会风气改革应有的发展方向，具有积极意义。对于新生活运动中倡导的“节俭”办事原则，宋美龄给予了高度的称赞，“新生活运动差不多任何方面都鼓吹节俭，它指导大家，世上正有许许多多不必费大量金钱而可以娱乐的事情”，其主要目的，“在改善全体人民的生活”。②

第二节　禁止烟、赌、娼及其他

一、南京国民政府的禁政

近代以来鸦片及毒品、赌博、娼妓一直是严重的社会问题，清政府和北洋政府虽都采取了相关措施，但效果不佳。1928 年来到中国的斯诺，在上海所看到的场景给我们了解近代社会提供了素材：

上海似乎是一座五光十色、光怪陆离的杂技场，形形色色的人物在那里公开表演各种各样的肉体功能和社会功能：到处是熙熙攘攘的人潮，在各种交通工具之间，在老式和新式汽车之间，在为争得人力车费而疯狂奔跑的苦力之间，冒险地挤来挤去。在静安寺路上，偶尔小心谨慎地拉过一辆辆装满粪便的粪车，一旁却走过几个香气袭人、盛装艳服、大腿半露的中国妇女。在一些叫卖面条的小贩面前，一个体格魁梧、赤身露背的苦力小心翼翼推过一辆手推车，上面载着六个咯咯地说笑的丫头。在金字招牌下面的店堂里，放满了各色绫罗绸缎。毫无表情地睁着大眼走过的农村妇女，朝着身旁的印度巡捕瞥了一眼，远处又传来了一阵

---

① 萧继宗主编：《革命文献》第六十八辑，第 418—419 页。

② 宋美龄：《新生活运动》，见王亚权主编：《蒋夫人言论集》上集，第 45 页。

阵清脆的打麻将牌声以及在回力球场和跑狗场里赌博的喧闹声。满街幽微地散发着一阵阵甘甜而辛辣的鸦片烟气味。经过香味扑鼻的餐馆和灯光通明的妓院，偶尔有一辆辆奥斯汀小轿车载着从跑马厅打罢板球归来的年轻英国人经过那里。沿着外滩，一辆辆马车里传来了年长的白人绅士同他们的娇妻或俄国情妇的窃窃笑语声，一群外国水兵又匆匆忙忙地走过，急于寻找啤酒和女人——从喧闹嘈杂的黎明直到凄切动人的夜晚，到处是无休止的叫卖声。成人随地吐痰，孩子在路边撒尿，女佣人唠唠叨叨的吵架声随处可闻。永安公司屋顶花园的剧场里又传来了用假嗓高唱的曲调，隔壁旅馆房间里充斥着卖淫姑娘，供来自外省的富商们尽情纵欲玩弄。跳舞场乐队发出的呼啸声似乎在为身材苗条、珠光宝气的中国舞女们奏哀乐。无数乞丐以及衣不蔽体、蓬首垢面的孩子们哀声乞讨。整队的外国军舰，简陋的运输驳船，无数风帆以及数以千计、挂着灯笼的小舢板，像萤火虫那样在银色月光笼罩下的黄埔江面闪烁着星光，使得具有魅力的黄浦江浊流弥漫，遭受致命的污染。[①] 繁华熙攘遮不住的贫穷落后：赤膊、随地吐痰、随地小便、蓬头垢面、公共场所大声喧哗、环境污染等；十里洋场的阔绰气派投射出的则是烟、赌、娼以及由此而来的社会风尚的污浊；洋人的寻欢作乐与乞丐的沿街乞讨反衬出近代中国被扭曲的部分原因所在。

上述社会病灶，在刺激斯诺眼球和神经的同时，也在侵蚀着南京国民政府的肌体。正如《第一次全国禁烟会议宣言》所指出的，“鸦片及各种麻醉品，戕贼个人之健康，影响社会之生计，动摇国家之根本，危害民族之生存，为祸之烈，言之恫心”[②]。为“迅扫毒氛，而救中国”[③]，在各界民众严禁毒祸运动推动之下，南京国民政府改变了方略，制定了一系列相关的法律、法规，对烟、

---

① ［美］洛易斯·惠勒·斯诺：《斯诺眼中的中国》，王恩光、申葆青、许邦兴、乐山、欧阳达、王学源等译，中国学术出版社1982年版，第19—20页。

② 《第一次全国禁烟会议宣言》，见《禁烟论丛》第一集，禁烟委员会刊印，第1页。

③ 《禁烟委员会张主席之江宣言》，见《禁烟论丛》第一集，第8页。

赌、娼等严加禁止。1928 国民政府公布的《中华民国刑法》和 1935 年公布的《中华民国新刑法》中都对“赌博罪”作了规定。南京国民政府在禁娼方面也比较坚决，1928 年 6 月内政部在《保障女权令》的训令中规定，因拐卖、押当及被父母强迫而为妓者，一经查明属实，或据人告发及本人奔诉，均应依法究办。1928 年 7 月，南京国民政府公布的《违警罚法》也对娼妓问题作了法律规定。对于禁烟，国民政府于 1928 年 8 月设立禁烟委员会，各省设立分会，撤销原有各省属的禁烟机关，统一禁烟行政；1935 年 6 月，又裁撤了禁烟委员会，设立禁烟总会，蒋介石兼任总监，办理全国禁烟事宜；1928 年 9 月，国民政府公布《禁烟法》和《禁烟法施行条例》，之后又进行修正；1935 年以后，还先后颁布了《禁烟治罪暂行条例》《禁毒治罪暂行条例》《禁烟禁毒考成规则》《禁烟调验规则》《公务员调验规则》等。在强化管理的同时，还把林则徐虎门销烟的 6 月 3 日作为禁烟纪念日，每年召开纪念大会，宣传烟毒危害，引起人们的警戒。有些年份，还会在禁烟纪念日将查获的烟、毒、器具等当众销毁。如 1934 年 6 月 3 日上午，江宁地方法院就将查获的烟土、烟具、毒品等进行焚烧，共计焚毁烟土 3100 余两。①

在贯彻落实方面，禁烟效果比较明显。国民政府从 1935 年开始实施“二年禁毒，六年禁烟”的计划。这一计划在有些省区取得了较大进展。以云南省为例，国民政府内务部得到该省禁烟委员会汇报数据如下：1934 年鸦片种植面积 933120 亩，产量 18662432 市两；1935 年降至 675375 亩，产量 13507424 市两；1937 年时再降至 85350 亩，产量 1464256 市两。四川、贵州两省成绩也较为明显。这些成绩得到国际禁毒会议代表的认可：“据鄙人所得情报，中国政府在上述三省施行之限制办法，已显著成效，言之殊觉愉快。按 1936—1937 年之产量估计，云南约 50%。四川

---

① 《地方法院焚毒物》，见《中央日报》，1934 年 6 月 4 日，第 3 张第 2 版。

递减之比例，与云南大致相同。现在之产量亦约为往年之半数。”①

二、新生活运动对禁绝三害的倡导

鉴于三毒的危害以及国民政府的厉行措施，新生活运动也将严禁三毒作为一项重要内容。上海曾有中华国民拒毒会②，抗战以后工作停顿。1939 年冬黄仁霖总干事认为此会有积极恢复工作之必要，“遂邀集该会原有负责人张伯苓、钟可托先生等，重行成立”，开展工作，“并在六三禁烟纪念日中，大量焚毁毒品，收效颇丰”。③

新生活运动最大的贡献在于对三害危害的大力宣传。1934 年 5 月，南京市社会局通俗讲演团认为，对于毒品的危害“若不做有力之宣传，民族前途，将不堪设想”。筹备于 5 月 14 至 18 日，举行拒毒宣传五日，“商借中央禁烟委员会，卫生署，青年会，南京民众教育馆，镇江民众教育馆，南京市戒烟医院等机关，有关毒品之标本药料模型挂图幻灯片活动电影片等陈列品宣传品”，于每日上午 9 时起至下午 5 时止，在夫子庙大成殿陈列公开展览，晚间则利用幻灯片，分赴本市各区，做幻灯讲演，“以期唤起中毒民众及早回头”。④ 为纪念六三禁毒日，首都南京于 1934 年 5 月 28 日开始，进行为期一周的“肃清烟赌娼联合宣传大会”，主要的宣传形式有展览、演讲、广播等。民众连日参观展览，盛况空前，每天参观人数不下五六万人。5 月 31 日，民校联合讲演队于上午 8 时半开始在新街口世界大戏院举行讲演游艺大会，首由王绳武主席，讲述举行宣传大会之目的“在戒除三害”，随即开始表演游

---

① 秦和平：《云南鸦片问题与禁烟运动》（1840—1940），四川民族出版社 1998 年版，第 246—247 页。

② 中华国民拒毒会，是规模最大、影响最为广泛的全国性民间禁毒团体，成立于 1924 年 8 月 5 日，由上海总商会、中华教育改进社、江苏省教育社、中华医学会、中华全国基督教协进会、中华基督教青年会全国协会等六大团体发起组织，总部设在上海。该会每年都有大量的禁毒活动，在全国影响巨大。

③ 萧继宗主编：《革命文献》第六十八辑，第 344 页。

④ 《市府今日起举行肃清烟毒娼大运动》，见《中央日报》，1934 年 5 月 4 日，第 3 张第 2 版。

艺，之后又有胡百行讲演，最后播放幻灯片、拒毒影片，12时结束。当天下午4时，岳科在广播电台讲演，题为《肃清三害与振兴民族》，晚间并有幻灯讲演。6月1日上午9时至11时，民校联合讲演队六个大队，出发全市作露天讲演，下午5时50分起，在中央广播电台播唱除三害鼓词，晚7时半起，社会局通俗讲演团，在钓鱼台第四民校举行幻灯讲演等等。此外，展览会上还“印就花柳病及其预防方法”散发给参观的识字民众。[①] 形式多样的宣传，使民众对于三害的常识大为拓展，提高了自觉防范意识。

新运总会迁渝以后，对于宣传拒毒，仍不遗余力，“特绘制触目惊心之连环画匣”，以“鸦片之害”为题，“颁发直辖各市县新运会”；同时，使用“流动宣传车，沿路讲说，借以唤醒民众”。[②]

对于禁烟、戒烟，宋美龄积极参与倡导、执行。1934年10月，宋美龄随同蒋介石作西北之行期间，就邀请外国传教士与政府合作，而着手开展的工作，即是“戒除烟瘾、解放缠足、疗治沙眼三事”[③]。结束西北之行到北平后，她曾由黄孚的夫人沈曼云陪同，到北平市卫生局烈性毒品戒除所参观，“蒋夫人对于该所设置及戒毒情形，颇为满意”，并“捐助三千元”，“以资提倡”。[④] 针对四川、贵州及西南省份的烟毒泛滥，她认为，鸦片是导致这里民众贫穷的原因之一。“烟祸若不扫除，中华民族就要灭亡”，因此，她“无论到何处，都要大声疾呼扫除烟祸！设法训练民众，禁止吸烟”。在重庆，她和蒋介石曾经“劝告官吏将烟馆一律关闭”。她还设法使“妇女们也组织起来，共同来肃清烟祸”。[⑤] 这是1935年3月的事情。当时，宋美龄在重庆市，发现妇女烟民竟占烟民总数的1/6，便首捐大洋5000元，“召集同人，从事组织规

---

① 《民校联合讲演队今日出发全市作露天讲演》，见《中央日报》，1934年6月1日，第3张第2版。

② 萧继宗主编：《革命文献》第六十八辑，第344页。

③ 《蒋夫人对外记者谈以新运复兴中国》，见《中央日报》，1934年11月3日，第1张第2版。

④ 《蒋黄两夫人参观戒毒所慨捐巨款》，见《卫生月刊》第1卷第4期，1934年11月，第177页。

⑤ 宋美龄：《西南漫游》，见王亚权主编：《蒋夫人言论集》上集，第458页。

模略具之妇女戒烟疗养院”。4 月 10 日，疗养院正式成立，院址附设于重庆市五福宫市民医院内。疗养院成立之日，即“发出广告启示，开始收容瘾民”。所收瘾民，当经医生验血，验便，根据烟毒轻重，对症下药，病重之人，除按时服药外，并给打药针。施戒时间，以两星期为限，瘾脱后停止，服药三日，经检验无其他疾病发生，且烟毒已尽，可以具结出院。从开办之日，到 1936 年 9 月底截止，在 19 个月中，共收瘾民 513 名。其中，自投戒除者，332 人；公安局、各机关函送勒戒者，181 人；实际戒除瘾毒脱瘾出院者，502 人。① 取得的成绩是比较喜人的。此外，疗养院的设立还影响带动了该地区的戒烟工作，在它的带动下，“重庆职工俱乐部呈请重庆市政府设免费戒烟所，并取缔烟品”②。

至于禁止三害在各地的执行情况，由于全国幅员辽阔，各省情况又不相同，所以，各地的活动也有差异。在山东，由于日本人有特殊势力，所以这里吸食鸦片、毒品的现象比其他省份更为严重。省主席韩复榘在禁毒方面表现得较为坚决，所以，当新生活运动推行以后，他就在社会各阶层广泛提倡新生活运动，命令各机关部队率先厉行新生活。“他颁发了禁烟禁毒的种种条令，如《山东省取缔吸食鸦片人犯暂行办法》《山东省取缔贩卖鸦片人犯暂行办法》等，规定：凡吸食、开灯售烟供人吸食、匿藏或贩运大烟的，轻者罚款，重者枪决，烟具一律焚毁；凡吸食毒品者，第一次发现，在左臂上刺字，勒令戒绝，倘若再犯，即行枪决；凡贩卖毒品者，无论初犯、再犯，一律枪决。”所以在济南被韩复榘枪决的烟犯、毒犯屡见不鲜。③

对于赌博之害，韩复榘指出，“赌博之为害，倾家荡产，耗钱丧志”，不仅如此，赌者往往“不顾法纪，铤而走险”，严重“影响社会治安”。为“纳人民于轨物之中，俾闾阎有安赌之象”，他

① 《指导长所首创之妇女戒烟疗养院一瞥》，见《妇女新生活月刊》第 2 期，1936 年 12 月出版，第 21—22 页。

② 《宋美龄在渝》，见《中央日报》，1935 年 11 月 23 日，第 2 版。

③ 吕伟俊：《韩复榘传》，第 200 页。

经常派侦缉队或令各县派县警下去侦探，遇有赌博者，轻者罚金，重者科苦役。他尤其反对公务员赌博，因聚赌被他申戒或撤职的公务员不计其数。①

对于禁娼，山东省虽不像禁烟、禁赌那么雷厉风行，但还是做了相关的规定：禁止公务员和军队嫖娼；禁止工商业者在娼寮内接洽生意；对于自愿改业的妓女，政府予以保护和救济；限定乐户，集中地点；禁止乐户虐待妓女；对妓女疾病加以检验；设立“女子习艺厂”，从职业入手对妓女进行改造；当妓女有一定技艺之后，令其择配等等。②

贵州也是禁毒成绩比较好的省份。贵州地理环境特殊，人们吸食鸦片习以为常。其流毒所及，直接影响着这里人的体质和健康。1935 年春季，蒋介石到贵州时，最苦痛最惭愧的事就是“到处都看见罂粟花，到处都看到鸦片烟馆。一般同胞几乎多是面黄肌瘦，精神体格都是衰弱不堪”③。为此，抗战前，贵州制定了“四年禁绝鸦片计划”，1938 年四年到期，取得了一些成绩。尤其是 1937 年底，吴鼎昌莅临贵州主政后，为开发建设贵州，使之成为后方的粮食基地和兵源供应站，积极实行禁政。他采取了一系列措施：规定产烟最多的黔西 22 县禁种，“订定黔西等廿二县禁种鸦片后农业生产抵补办法大纲，通令施行”；严厉禁吸，自 1938 年 3 月起，“各县售吸所按月递减，至十二月底完全禁绝。有私设售吸所的并依法严办”；注重公务员带头示范作用，“公务员吸食鸦片，更是绝对禁止——有检举即调验，调验属实即依法严办，期可禁烟先自公务员起，树一楷模”；从 1940 年 7 月 1 日起，“烟民登记执照失效，凡吸烟者一律依法治罪”。④ 多头并举的政策措施，使禁烟取得了较为显著的成绩。1943 年春蒋介石再次来到贵

---

① 吕伟俊：《韩复榘传》，第 203 页。

② 吕伟俊：《韩复榘传》，第 204 页。

③ 蒋介石：《训示贵州各界要实行新生活运动——三十二年三月二十二日出席贵州各界扩大总理纪念周讲》，见新生活运动促进总会编：《新运十年》，新生活运动促进总会 1944 年版，第 99 页。

④ 吴鼎昌：《花溪闲笔正续集》，第 19—22 页。

州考察时，“所见的一切，都是有秩序，有条理，到处都表现着蓬蓬勃勃的气象”，在黔西所见到的情况与1935年相比，有天壤之别：“沿途遇到的民众，一个个都是身体健康，精神饱满”，尤其使他感到快慰的，“就是遍地都种着黄色的菜花，尤其是桃花李花，到处都盛开着”。这种熙熙攘攘的情形，说明“政府治理贵州的政策已经获得初步的成功”。“今后还要更进一步，各处都要实行新生活运动”，“同心一德，切实努力”，“完成建设新贵州的使命”。① 蒋介石的讲话虽然不无夸耀溢美之处，但他对两次贵州考察所作的比较仍可为我们的评判提供重要参考。

在安徽，新运会会同省党部组织缉私委员会，并通过各县新运会，认真查缉走私活动，蚌埠、芜湖、合肥等地，成绩突出。由于该省将1936年年终定为消毒限期，所以，不仅在禁烟日各县新运会组织宣传，而且，省新运会会同各机关扩大宣传一个月，影响颇大。②

在福建，1934年，新运会禁止“台籍浪民开赌花会”；禁止“福州日本侨民开赌花会，禁止民众进入日商烟馆吸毒”，以激励民众的爱国自尊心。已成瘾者由省新运会会同省禁烟委员会责其限期登记戒绝，并在6月3日禁烟纪念日，发动学生到乡村进行禁烟禁毒宣传。③ 此外，省新运会制发戒烟拒毒宣传标语，派员出席省会各界清毒大会，并派出席代表讲演《清毒与推行新运》等。④

四川省新运会认为，当时社会“风气之败坏”，“由不正当娱乐之蔓延，与娼赌之不禁”，故而该会拟就“提倡正当娱乐，实行禁娼赌意见书”函请省府核办，得到允许后通令遵照。⑤ 针对该省烟毒泛滥，社会黑化，而“瘾民尤以劳工居多”之状况，省新运

---

① 蒋介石：《训示贵州各界要实行新生活运动——三十二年三月二十二日出席贵州各界扩大总理纪念周讲》，见新生活运动促进总会编：《新运十年》，第99—101页。

② 萧继宗主编：《革命文献》第六十八辑，第369页。

③ 王宜祜、萨福简：《福建的“新生活运动”》，见中国人民政治协商会议福建省委员会文史资料研究委员会编：《福建文史资料》第12辑（内部发行），第177、174页。

④ 萧继宗主编：《革命文献》第六十八辑，第371页。

⑤ 萧继宗主编：《革命文献》第六十八辑，第374页。

会在渝时，与各团体协商，举行劳工戒严募捐游艺大会，“筹得经费七千元，合立劳工戒烟所，月可戒脱瘾民四百余人，兼注意其身心之训练与修养”，“所费甚少，而效果不为不巨”。[①]

绥远省，由于该省民众吸食鸦片甚多，甚至以鸦片招待客人，关系民族健康前途甚巨，新运会“与省府会订禁烟办法，对民众剀切劝导”[②]。

湖南省，“禁止当街吸烟”[③]。湖北省，新运会组织“戒毒运动”“禁烟拒毒运动”。[④]

其他如妇女缠足、溺女等风气习俗，新生活运动促进会也都积极推动其改革。在山东，韩复榘三令五申，禁止妇女缠足。1936年6月制定的《山东取缔妇女缠足办法》规定：女子在20岁以下者不准缠足，已缠者，应即解放，违者处家长两月拘役或1至10元之罚款；男子不得同20岁以下之缠足女子结婚，违者处两个月拘役或200元以下之罚款；各乡、镇、坊长对辖内新婚女子要厉行检查，违者处以100元以上之罚款。同时，通令各县一律成立“放足会”，负责督促、检查。[⑤] 政府的强力推进，使该省城市的放足工作取得了较大成绩。济南市，从1934年8月到1935年5月，初步调查各区缠足妇女有1843人，其中经劝告已经解放者有1660人，未解放的183人，各辖公安分局将其家长照章处罚并勒令解放。[⑥] 其他一些省份，新运会将妇女戒缠足的活动推广到僻处边陲、文化晚开、民智故塞的乡间，如在绥远，针对“一般民众大都狃于旧习，仍给女儿缠足”的状况，各级新运会“向乡民宣传缠足之害，并派女检查员赴民户劝导查禁，使一部分民众觉悟自行禁止”。在甘肃省，新运会令饬“各区县会切实办理”放足运

---

① 新生活运动促进总会编：《民国二十四年全国新生活运动》（下），第683页。

② 萧继宗主编：《革命文献》第六十八辑，第379页。

③ 萧继宗主编：《革命文献》第六十八辑，第386页。

④ 萧继宗主编：《革命文献》第六十八辑，第391页。

⑤ 吕伟俊：《韩复榘传》，第205页。

⑥ 吕伟俊：《韩复榘传》，第206页。

动，并协助妇女工作委员会加紧推行。[1]

由于传统的重男轻女思想余毒，绥远省“溺女之风颇炽”，各地新运会“一面请政府严厉禁止，一面多方宣传，设法劝导”，对该省社会风气的转变产生了促进作用。[2]

① 萧继宗主编：《革命文献》第六十八辑，第379、413页。
② 萧继宗主编：《革命文献》第六十八辑，第379页。

结　语

晚清至民国时期是近代中国社会急剧转型的时代，社会呈现出纷繁复杂的样态，但在喧嚣的背后始终有一种不绝如缕的声音：复兴民族，振兴国家。在这一旗帜下，不同的人们根据自己的角色定位以及对中国社会的思考，提出了各自的救国方略。新生活运动是蒋介石等站在国家统治者的层面所给出的解决中国问题的一剂药方。宋美龄通过倡导、助推这一运动，而展开她的社会改造活动，对中国社会产生了一定的影响。

第一，利用传统的道德条目构建公民文化，有利于确立个体对社会、国家的义务观念，强化公民的国家认同。国家政权的稳定，国民的归属与认同是基础。南京国民政府建立以后，忙于对各地方势力进行整合，其社会文化心理建设是相对滞后的。新生活运动正是在“内忧外患”逼迫之下，南京政府试图进行文化建设的一次努力——以“礼义廉耻”来进行国民精神的动员。前文已经述及，对于礼义廉耻，蒋介石和宋美龄有着不同的期待：蒋介石主要从稳定国家政权的政治层面上来考虑，无论是“明耻教战”，构筑对日战争的精神防线，还是赢得国民对南京政权的合法认同，最终的落脚点都在于稳定国家政权——强固南京国民政府的统治。与此不同，宋美龄对礼义廉耻的理解，主要是从现代公民的权利、义务观念出发，特别看重作为现代公民应该具有的“公共意识”的养成。但蒋宋二人又殊途同归，以构建“服务”和“奉献”为核心的公民文化来体现“礼义廉耻”的文化旨归——这就是新生活运动的推动方式：以各种劳动服务（抗战时的各种战时服务）来展示现代公民对国家的尽职与忠诚。这样一来，礼义廉耻这些传统的道德条目就被赋予了新的时代内涵——公民文化的培育。而公民文化建设正是现代国家建设的一个不可或缺的组成部分。

在此，我们有必要剖析一个矛盾的现象：蒋介石一直认为，新生活运动是“复兴民族”的运动，而一些人则认为新生活运动与救国没有什么必然联系。胡适就曾指出，“我们不可太夸张这种新生活的效能。‘须知’小册子上的九十六条，不过是一个文明人最低限度的常识生活，这里面并没有什么救国灵方，也不会有什么复兴民族的奇迹”①。为什么会有这种认识上的差别呢？简单地说，就在于新生活运动是由内在核心——礼义廉耻，与外在表现——衣食住行，所构成的一项较为复杂的社会运动，如果我们仅仅看到了该运动对于衣食住行的规范和要求，而没有深入到其外表之下所涵盖的文化建设内核，那么，对它的理解不免会陷于肤浅。衣食住行的合规范只是外在的形式刷新，更重要的在于由此引发的精神刷新和气象更新，这一点，无论是在战前还是在战争期间，蒋介石都始终如一地加以强调。1935 年元旦他在浙江省府委员就职典礼的讲演中指出，中华民国二十四年，意味着国家已经成长到二十四岁。就像一个普通人一样，到了二十四岁，国家“应该已经长大成为一个年富力强的新国家，能够自强自立奋发有为”，并以新生活运动的精神勉励大家，“去年兄弟发起的新生活运动，就是要使全国国民，都能涤除旧污，刷新精神，以复兴我民族而建设现代的国家”。1935 年是“彻底实行新生活的一年。从今天元旦起，大家要立志革故鼎新，将过去生活上，社会上，政治上以及各方面一切的缺点，统统彻底革除，我们一切的思想，言论，行动，都要照着新生活运动的道理从新更始，不仅形式上要能够刷新，尤要在精神上做到表里如一，务使一切真能合乎

---

① 胡适：《为新生为新生活运动进一解》，见《独立评论》第 95 号，第 18 页。

‘礼义廉耻’。如此，才可以使我们的政治社会以及整个的国家能够有新的气象，发生新的精神，也必须如此，才可以完成我们革命的事业”。[①] 观测这种新气象、新精神的重要指标就是一般国民，是否都受到现代国民的训练，而成为符合时代潮流要求的现代国民。不同时期，不同场域，对现代国民的要求也会有所不同，当外敌入侵时，“凡是薄弱，虚浮，耐不住艰难，经不起磨砺，而要互相责难怨望的，根本不能作战时的国民”，战时的国民，是敢于担当的国民，是国家至上的国民，“在国民方面，一到对外战争的时候，也就应该立刻觉悟到国家的安危，就是个人的安危，不待政府督促，都能自动奋发，承受一切的艰难困苦，抛弃个人的自由与安乐，绝对的负责守纪，克己奉公，加紧劳动，加紧生产，加紧服务”，“在战时只有国家的利害，没什么个人的利害，只有军事的成败，值得关切，绝对没有什么个人的得失，值得比较”。每个人都要“时刻不忘奋斗，随时准备牺牲”，“贡献小我一切的所有，发扬民族固有的正气和伟力”。为此，蒋介石将 1942 年新生活运动总会的工作，做了规定：“以推广服务为中心，我们不仅应对战士及其家属服务，对受难同胞服务，还要为重要生产交通的员工服务，为回国侨胞与边远同胞服务，乃至为盟邦的战友侨民服务，我们要从服务中养成亲爱互助的精神，更可于对同胞服务之中，劝勉大家厉行战时生活，以裨利全国总动员的实施”。[②] 个体小我服从国家大我，讲服务，讲奉献，这既是公民文化建设的课题，也是国防精神建设的重点。正因为如此，所以蒋介石多次强调，“新生活运动”，是抗战取胜的“精神上无形的基本武器”[③]。

第二，在妇女的组织、训练方面，新生活运动取得的成绩也

① 蒋介石：《民国廿四年为彻底实行新生活的一年》，见萧继宗主编：《革命文献》第六十八辑，第 39—40 页。

② 蒋介石：《新生活运动八周年纪念告全国同胞书》，见萧继宗主编：《革命文献》第六十八辑，第 87—89 页。

③ 蒋介石：《新生活运动九周年纪念广播词》，见萧继宗主编：《革命文献》第六十八辑，第 95 页。

是比较显著的。女公务员服务团、妇慰会、战时儿童保育总会、“妇指会”等组织的建立及其活动，体现了妇女界的组织与联合。正是这种有目的的组织、训练，不仅将妇女分散的个体聚合起来，积极投入到社会服务、抗战建国等各项事业中，而且利用训练的妇女，发挥她们的“酵母”作用，将更多的妇女动员起来，支援前线后方。妇女们在服务社会、国家的同时，提升着自己在国家中的地位与作用，改变着人们对妇女的看法和观念。而这些成绩的取得与宋美龄的支持与关怀密不可分，“蒋夫人不但深切认识干训工作的重要，而且还以实际的行动表示她对这项工作的关怀。在本会历届干训班的运筹谋划上以至每一个实际的训练节目上，她都曾费去不少的心血和时间，以极大的毅力和决心克服每一件困难，常对负责人说‘不要畏缩，没有什么困难可以难倒我们的！’这种坚强的直接领导和热诚的关怀，奠定了本会干训工作的基础”①。妇女干部的训练是动员、组织妇女大众的基础，对此，宋美龄有着深刻的认识。她指出：“中国妇女力量正和中国的资源一样，蕴藏得非常丰富，只是还未开发出来。因为大多数的妇女大众还没有动员和组织起来。所以不能发挥最大的力量。因此现在我们最大的责任，便是把全中国的妇女大众动员和组织起来，把这些伟大的潜伏力量开发出来，运用到抗战中去。”② 妇女不仅要动员、组织起来，更要克服门户之见，团结一致，争取抗战建国的胜利。1941 年 7 月 1 日，为纪念“妇指会”改组三周年，宋美龄告诫妇女同胞们，“过去妇女团体散漫，现在组织已渐趋统一，可惜一部分同志尚未能切实认识我们国家真正的需要，未能把握我们为整个国家利益服务的初衷，因此，或不免引起内部步调意见的不一致，这是必须以统一意志来克服的。”③ 宋美龄以政

① 《训练组两年来的工作》，见《妇女新运月刊》第 2 卷第 6、7 期合刊，1940 年 7 月出版，第 23 页。

② 寄洪记录：《发掘伟大的妇女力量——蒋夫人在招待重庆界大会上讲》，见《妇女生活》第 6 卷第 12 期，1939 年 1 月 16 日出版，第 2 页。

③ 宋美龄：《中国妇女抗战的使命》，见王亚权主编：《蒋夫人言论集》下集，第 740 页。

治家的胸怀，站在民族国家的立场上，整合着妇女界的力量，凝聚着妇女界的团结，使女性为抗战作出了巨大贡献。

第三，禁止赤膊，讲究着装的整齐，以及吃饭、行动上的各种“规矩”，体现了文明社会对公民的基本要求。新生活运动中，以简单、具体的条目要求，让人们知道哪些行为是文明的，哪些行为是过时的、不合时代要求的，让每一个人都努力学做现代文明人。“一个民族的日常生活应该有一个最低限度的水准”，新生活运动使“大家勉力学一点最低限度的文明人样子，这是值得鼓励的”。[①]

第四，提倡个人、家庭、公共行业以及社会的公共卫生，进行防疫注射，改造厕所，净化饮用水，多种形式的卫生知识宣传等，有助于人们树立现代的卫生意识；一些城镇大规模的清洁、卫生运动，有利于改变该区域的卫生环境状况。在改变学校教育内容方面，新生活运动也有所贡献。我们知道，新生活运动中，学生既是新生活运动的积极行动者，也是推行新生活运动的主要力量，这样，学校就自然地强化了对学生卫生知识的教育。例如在江西，省会南昌各小学开展“校园卫生运动联合表演”，其中第四区各小学的表演节目有《夏季卫生歌》《健康的途径》《怎样讲究卫生》《大扫除》《口的卫生》《卫生习惯》等等。[②] 学校的卫生教育与社会的卫生教育形成合力，有利于青年人养成良好的卫生习惯。

此外，宋美龄支持工合运动、领导妇女组织生产。她倡导的以“独立人格”培养为特点的儿童教育，以节约为原则的婚丧礼节仪式及其他社会风俗的改革等，也都应该得到认可和肯定。

我们在肯定成绩的同时，也必须看到新生活运动作为一项社会改造运动，其局限所在。

第一，强制的推行手段。新生活运动是社会运动，社会运动

---

① 胡适：《为新生活运动进一解》，见《独立评论》第95号，第18页。

② 《四区小学校园卫生表演定今日举行》，见《江西民国日报》，1935年5月25日，第5版。

要靠宣传、劝导、说服等教育的方法，让大众理解、领会该运动的思想、观念，并把这种理解内化为各自的自觉意识，再外化为自觉行动，并逐渐将这些行动变成一种生活行为习惯，从而形成社会的良风美俗。在新生活运动推行过程中，虽也一再强调，要“重感化，不强制”，但由政府靠行政权力来推行的运动方式本身，就已经在一定程度上决定了要求民众执行的强制性。同时为了快速取得成效，也不得不动用强制的手段。如 1934 年的 4 月，蒋介石下令：“车船码头之下，必须宪警事前到场督促，‘勒令’一般乘客顾客站队”；同年 5 月，新运促进会，“做好用彩色纸糊的高帽子多顶，上书‘违反新生活游街示众’，由公安局将一批违反新生活的‘犯’者，押到各处，鸣锣游街示众”。[①] 再如，为严禁市民赤膊，江西省公安局发出告示，凡赤膊者，一经察觉，“即送至市政委员会，罚充苦工役，仍以所得工资，购买背心，以备服用”[②]。再如有市民不遵守新生活运动的相关规定，当街吸烟、随地吐痰、纽扣没有扣好等，被罚令打扫街道或厕所。江西省公安局认为，“少数市民，狃于习惯，劝诫不悛，任意当街吸烟，或不扣纽扣，或行路不靠左走等事，非但有碍观瞻，而且于推行新运大相违背”，遂会同新运总会，商定严厉处罚办法，“嗣后街市如再发现违反上项行为，决罚充打扫厕所及扫街或解送充当近郊筑路苦役，以示惩戒”[③]。这样的强制做法，可能会对民众起到一时的震慑作用，使他们的行为在一定时期内符合要求，但由于不是发自内心的去对自我行为进行规范，势必造成反复，亦即“日久玩生”，影响运动的效果。

第二，推行过程中存在着机械呆板的做法，形式主义严重。如对于衣服要扣好纽扣的规定，如果是遇有重大活动，或是在一些公共服务行业，衣服扣好纽扣，是一种文明礼貌的标志，但不分青红

---

① 陈贻琛：《国民党新生活运动拾零》，见中国人民政治协商会议江西省委员会文史资料研究委员会编：《江西文史资料选辑》第一辑（内部发行），1983 年版，第 96 页。

② 《公安局布告禁止赤膊》，见《江西民国日报》，1935 年 5 月 22 日，第 6 版。

③ 《公安局严厉取缔当街吸烟等恶习》，见《江西民国日报》，1935 年 4 月 2 日，第 3 版。

皂白地要求民众在所有场合都扣好纽扣，就不合现实生活的要求。试看人力车夫，在酷暑盛夏的劳作场景，“黄包车夫也曲着身子，向前急跑，不住地嚷着，戴着破旧的草帽，穿着一件青号褂，汗水直从额角上流下来，毒辣的太阳晒得他们的皮肤发痛，他们往往将青号褂的纽扣解开，披在身上，有时许多车子更拼在一起，吵闹，嘈杂，这是犯了新生活的‘首戒’，我们干涉他们，但一见他们狼狈的情形，心里又有所不忍了”①。试想，作为劝导者，已经起恻隐之心，说明这些规定是不符合现实实际的。正因为如此，不少民众进行消极抵抗，影响运动的深入与持久。再如，江西省公安局布告收买鼠蝇：“本局为预防疫病起见，自五月一日起，定价收买鼠蝇，死鼠一头，给价铜元二枚，苍蝇一两，给价铜元八枚，每日不拘多少，均可随时送往就近公安分局，照数给价收买，汇集本局焚烧掩埋，除令行外，合行布告全市民众，一体周知。”② 这样的规定，除招来利禄之徒的奔竞外，难以起到实质性的作用。

第三，新生活运动是一个包罗宏富的社会改造方案，过多的工作内容，使得任何一项都只能浮光掠影，难以深入。新生活运动最初以“规矩”“清洁”为主要内容，但运动的程序是“由简要之事作起，再及其次”，“由不费钱不费时不费力之事作起，再行其余”，“由机关团体，及公共场所，如学校，公署，车站，码头，戏院，公园，会场……等作起，再求之于全体之社会”。③ 因之，1935 年起，活动的内容逐步拓展。“三化”推行方案颁布后，几乎所有的纲目都囊括无疑，如生活军事化方面，分别对政府公务员、学校师生和普通市民三大类提出要求 38 条；生活生产化方面，内容涉及国民日常生活、社会习俗改良、政府应酬活动等，共五类 39 条；生活艺术化方面，推行纲目最多，达四大类 118 条。④ 这样，新生活运动各项目便不得不以“短平快”的方式展

① 胡青溪：《假期服务杂记》，见《江西教育》，1934 年第 4 期，第 130 页。
② 《公安局布告收买鼠蝇》，见《江西民国日报》，1934 年 4 月 24 日，第 2 版。
③ 新生活运动促进总会编：《民国二十三年新生活运动总报告》，第 133 页。
④ 《新生活运动促进总会会刊》第 18 期，1935 年 3 月印行。

开。1935 年 4 月至 12 月，围绕“三化”运动推行方案，新运总会开展的工作如下表：

与“三化”相对应的各项工作情况

类别	对应运动名称	情形		
		时间	目的	其他
生活军事化	省会公民训练	1934 年 6 月—1935 年 4 月	利用保甲组织，训练公民，以养成现代的公民	总共办理三期，受训人数 27898 人
	朝会运动	1935 年 8 月	振奋公务员精神	省会各机关均于清晨 7 时举行
	江西公民分业训练	1935 年 6 月	增进业务，养成合于新生活规律	以社会各种职业人或职业群为实施对象
	防空演习	1935 年 10 月	灌输市民防空知识	前后四天，由青年服务团各校组织宣传队
生活生产化	提倡国货运动	1935 年 10 月	拯救国民经济	从商店公务人员教职员学生做起
	节约储蓄	1935 年 12 月	提倡俭德，充实国民经济	由各机关学校管制职员学生之生活
	守时运动	1935 年 9 月	利用时间	公务人员无论因公宴会集会必须遵守所定时间
	朝早运动	1935 年 10 月	利用时间	规定各商号开门时间及注意事项
	集团结婚	1935 年 6 月	力求经济化	共举行两届

（续表）

类别	对应运动名称	情　形		
		时间	目的	其他
生活艺术化	普及简易教育运动	1935 年 4 月	使失学民众获受教机会	劳动服务团的主要任务
	礼俗改良	1935 年 10 月	促进人们生活合理化	改良戏剧歌曲、民间婚仪
	捐衣救灾运动	1935 年 10 月	救济灾民	公务员、教职员、学生、市民一致参加
	读书运动	1935 年 5 月	提倡读书风气增加国民知识	名人讲演、书店减价
	民众识字运动	1935 年 5 月	增加识字机会	青年劳动服务团、保甲长、受训公民一律参加

资料来源：温波：《重建合法性——南昌市新生活运动研究》（1934—1935），第92—93 页。

由上表可知，仅八个月的时间，新运总会就进行了 14 个项目的运动。由于项目众多，每一项目只能在有限的时间内去开展，这样做的结果，使得各项运动都只停留在表面的宣传，成为应景的装点，看上去好似热热闹闹，实际上难以取得什么成果。正如陶行知所言，急待改造的事体很多，“我们倘能把种种问题用大刀阔斧来同时解决，岂不痛快!”“无如天下事没有这样容易，我们的精力也很有限，要想把一切问题同时解决，结果必定是一个问题也不能解决”。①

第四，新生活运动推行过程中，对于新生活过于理想化的渲染，使之与现实生活形成了强烈的反差，让一般民众觉得这种生活距离自己过于遥远，可望而不可即，从而降低了民众对这种新生活的追求动力，影响了实施的效果。我们来看一下新生活运动

① 陶行知：《社会改造之出发点》，见华中师范学院教育科学研究所主编：《陶行知全集》第1卷，第 430 页。

中推出的“模范家庭”。1934 年 6 月，南昌举办新生活运动展览，其中的“模范家庭”引人瞩目：“家庭住房布置有七室（卧室、餐室、书室、会客室、盥洗室、储藏室、佣人卧室）、两房（厨房、门房）、六电（电灯、电话、电扇、电炉、电扫帚、电铃），满屋红木家具，外加地毯。”① 既然是“模范”，也就是要为民众树立学习的标杆。但现实社会中的情况又是如何呢？我们看一下南昌市安济渡的贫民住宅。下面是来自一位青年假期服务团团员的描述：

> 几片竹篱，组织成了一个个鸟笼似的房棚，屋檐比人高不了多少；两只肮脏的母猪在进门的栏棚里酣睡；“这是猪牢呀！哪里是厕所？”我们这才明白这里幸而不是厕所，然而也是个猪牢呀！啊！真脏！猪粪，猪溺，布满了栏杆之内，溢出栏杆以外，受了火般的气温蒸发，臭气更充满了整个巷子的氛围。同时，我们却发见（现）这猪牢的门上，竟也钉有“××”号门牌，猪牢怎么会有门牌？一定不单是猪牢吧！我带着怀疑的心理忍受着秽气踏进猪牢里去，探首一望，这猪牢左边的角落里，真的有一张架铺，床铺上竟躺着一个七十多的老妇人，头发半脱了，头顶结成一块黑斑，黄瘦的脸孔衬着突（凹）进去的眼睛，断续地发出凄惨的呻吟声，若不仔细望去，真会以为这不是人呢！猪牢后面架着一个破炉子，锅盖上原有的污垢加上了一些灰尘，恐怕至少几天没有起火了。
>
> 侧面一条年久失修的阴沟，是这巷子通水的孔道。每当黄昏时候，附近人家在这前面不远的厕所倾倒了粪便后，不约而同的回到这阴沟旁洗马桶，污水堵积在沟里，变化成一股臭气，弥漫了这全巷子，成了“臭气世界”。
>
> 猪牢，人家，毛（茅）厕，“三位一体”，处处暴露出了

① 陈贻琛：《国民党新生活运动拾零》，见中国人民政治协商会议江西省委员会文史资料研究委员会编：《江西文史资料选辑》第一辑（总第 12 辑），第 91 页。

臭酸，凄惨，悲哀，苦痛……①

两相对照，模范家庭和现实社会有着天壤之别！如果说这是贫民窟，不足以代表当时一般民众的生活，那么，我们再看一个“标准家庭”的情况。这家的户主是南昌市某国货商店的账房，老婆和两个孩子，一家四口人。其居住情况大致如下：一座不高不低的平房，有三四间那么大。进门是一个小厅堂，上面的中央安放一个香几，陈列着祖牌、香炉之类；厅正中放着一个圆桌，两旁排列着几对椅子茶几，非常干净；地面上既没有地板，也没有地毯，只是泥地里混合了些三合土，铺得很平整。书房卧室同处一室，一张小小的书桌，墙壁间有几张照片，床边挂了几件土布衣服。一间狭长的厨房，左角一个小灶，墙壁虽是乌黑，却没有什么灰尘，烹饪用具，比较干净，没有什么油垢。这样的整齐、清洁、简单，可以做一般家庭的标准。②

由此可见，新生活运动对于民众生活的改造，严重脱离了当时民众生活的实际，难以与民众形成思想上的共鸣，结果只能成为一种棚架的运动，宣传轰轰烈烈，效果乏善可陈。

第五，新生活运动的开展存在着区域的不平衡，南昌、南京、重庆等地，因是新运总会所在地，以及蒋介石的经常巡视和不断催促，运动开展得较为广泛、深入，其他一些大城市虽也成立有新运领导机构，但大多停留在贴标语、开大会的宣传层面，偶尔也会以“运动周”的形式进行大扫除以及其他项目的活动，但应景的成分更多，实际效果不佳。至于广大的农村地区，几乎没有波及。就这一层面而言，新生活运动的效果与其预期有着很大的距离。

社会改造是一个长期的过程，不可能一蹴而就。每一项社会改造运动都只能在某些方面给予这个社会一定的影响，这些点滴

① 胡青溪：《假期服务杂记》，见《江西教育》1934年第4期，第114—115页。
② 胡青溪：《假期服务杂记》，见《江西教育》1934年第4期，第120—121页。

影响的不断积累，社会风气与习尚逐步得以改善。这其中的发展模式，更多地表现为一种量变，而不是质变、飞跃：新旧并存是一个常见景观，但新旧并存背后涌动着一股潜流，新的因素不断增长、强大，旧的因素逐步削减、灭亡。就这一意义而言，一种社会改造运动不存在成功、失败这种非此即彼的绝对评价。

参考文献

一、档案及资料汇编

1. 《新生活运动档案》，南昌市档案馆藏。

2. 王亚权编：《蒋夫人言论集》上、下集，台北：“中华妇女反共联合会”，1977 年。

3. 《蒋夫人言论汇编》编辑委员会编：《蒋夫人言论汇编》卷四，台北：中正书局，1956 年。

4. 蒋中正、蒋宋美龄合著：《蒋委员长西安半月记　蒋夫人西安事变回忆录》，台北：“中央文物供应社”，1977 年。

5. 萧继宗主编：《革命文献》第六十八辑，台北：中国国民党中央委员会党史委员会，1975 年。

6. 秦孝仪主编：《先“总统”蒋公思想言论总集》卷十一、十二，台北：中国国民党中央委员会党史委员会，1984 年。

7. 黄自进、潘光哲编：《蒋中正“总统”五记·爱记》，台北“国史馆”，2011 年。

8. 周美华编注：《蒋中正总统档案：事略稿本》第 2 册，台北“国史馆”，2003 年。

9. 秦孝仪主编：《中华民国史料初编——对日抗战时期》第四编，台北：中国国民党中央委员会党史委员会，1988 年。

10. 杨睿熙编：《杨永泰先生言论集》，台北：文海出版社，1989 年。

11. 新生活运动促进总会编：《民国二十三年新生活运动总报告》，1934 年。

12. 张枬、王忍之编：《辛亥革命前十年时论选集》第 1 卷，生活·读书·新知三联书店，1960 年。

13. 吴鼎昌：《花溪闲笔正续集》，台北：文海出版社，1972 年。

14. 中共中央马克思、恩格斯、列宁、斯大林著作编译局研究室编：《五四时期期刊介绍》第 1 集（上、下），生活·读书·新知三联书店，1978 年。

15. 中国妇女杂志社编：《马克思、恩格斯、列宁、斯大林论妇女解放》，中国妇女杂志社，1958 年。

16. 陈真编：《中国近代工业史资料》第四辑，生活·读书·新知三联书店，1961 年。

17. 上海社会科学院经济研究所经济史组编：《荣家企业史料》上，上海人民出版社，1962 年。

18. 卢广绵、寿祝衡、齐福霖编：《回忆中国工合运动》，中国文史出版社，1996 年。

19. 中共中央文献研究室第二编研部编：《邓颖超书信选集》，中央文献出版社，2000 年。

20. 中华全国妇女联合会妇女运动历史研究室编：《中国妇女运动历史资料》（1937—1945），中国妇女出版社，1991 年。

21. 秋瑾：《秋瑾集》，上海古籍出版社，1979 年。

22. 梁启超：《饮冰室合集》，中华书局，1989 年。

23. 宋庆龄：《宋庆龄选集》，中华书局，1966 年。

24. 李华兴、吴嘉勋编：《梁启超选集》，上海人民出版社，1984 年。

25. 生活·读书·新知三联书店编辑：《陈独秀文章选编》上、中、下册，生活·读书·新知三联书店，1984 年。

26. 鲁迅：《鲁迅全集》第 1 卷，人民文学出版社，1981 年。

27. 华中师范学院教育科学研究所主编：《陶行知全集》第 1

卷、第2卷，湖南教育出版社，1983年。

28. 中国文化书院学术委员会编：《梁漱溟全集》第1卷、第2卷，山东人民出版社，2005年。

29. 宋恩荣主编：《晏阳初全集》，湖南教育出版社，1989年。

30. 凌耀伦、熊甫编：《卢作孚文集》，北京大学出版社，1999年。

31. 金宏达、于青编：《张爱玲文集》第4卷，安徽文艺出版社，1992年。

32. ［美］埃德加·斯诺：《斯诺文集·为亚洲而战》，宋久、柯楠、克雄译，新华出版社，1984年。

33. 黄仁霖：《黄仁霖回忆录》，台北：传记文学出版社，1984年。

34. 史良：《史良自述》，中国文史出版社，1987年。

35. ［新西兰］路易·艾黎：《艾黎自传》，路易·艾黎研究室译，甘肃人民出版社，1987年。

36. 姚灵犀编：《采菲录》，上海书店出版社，1998年。

37. 秦孝仪主编：《蒋夫人宋美龄女士与近代中国学术讨论集》，台北：财团法人中正文教基金会，2003年。

38. 胡春惠、陈红民主编：《宋美龄及其时代国际学术研讨会论文集》，香港：珠海书院亚洲研究中心，2009年。

39. 中华全国妇女联合会编：《抗日烽火中的摇篮》，中国妇女出版社，1991年。

二、研究著作

1. 新生活运动促进总会编印：《新运十年》，1944年。

2. 新生活运动促进总会编：《新生活运动》，1934年。

3. 孙白玉编：《新生活唱歌集》，上海儿童书局，1935年。

4. 黄尊生：《中国问题之综合的研究》，启明书社，1935年。

5. 江西省妇女指导处编：《妇女职业问题讨论集》，江西泰和，1941年。

6. ［美］尼姆·威尔士：《中国为民主而建设》，肯尼·威尔士出版有限公司，1941 年。

7. 新运妇女指导委员会编印：《工作八年》，新运妇女指导委员会，1946 年。

8. 时事问题研究会编：《抗战中的中国经济》，中国现代史资料编辑委员会，1957 年。

9. （汉）司马迁：《史记》第 1 册，中华书局，1959 年。

10. 赵守正：《管子注释》上册，广西人民出版社，1982 年。

11. 杨天宇：《礼记译注》下册，上海古籍出版社，2004 年。

12. （宋）黎靖德编，王星贤点校：《朱子语类》第一册，中华书局，1986 年。

13. （清）焦循撰，沈文倬点校：《孟子正义》，中华书局，1987 年。

14. （清）顾炎武：《日知录》卷十三。

15. ［美］罗比·尤恩森：《宋氏三姐妹——宋霭龄、宋庆龄、宋美龄》，赵云侠译，世界知识出版社，1984 年。

16. ［美］埃米莉·哈恩：《宋氏家族——父女·婚姻·家庭》，李豫生、靳建国、王秋海译，新华出版社，1985 年。

17. ［美］汉娜·帕库拉：《宋美龄新传——风华绝代一夫人》，林添贵译，台北：远流出版事业股份有限公司，2011 年。

18. ［美］斯特林·西格雷夫：《宋家王朝》，丁中青、于永安、张益庭、戴树乔等译，中国文联出版公司，1986 年。

19. 石之瑜：《宋美龄与中国》，台北：商智文化事业股份有限公司，1998 年。

20. 王丰：《美丽与哀愁——一个真实的宋美龄》，团结出版社，1998 年。

21. 刘巨才：《世纪传奇宋美龄》，台北：风云时代，2002 年。

22. 林荫庭：《寻找世纪宋美龄——一个纪录片工作者的旅程》，台北：天下远见出版股份有限公司，2004 年。

23. 佟静：《宋美龄大传》上册，团结出版社，2006 年。

24. 简洁、孟忻编著：《蒋介石和宋美龄》，吉林文史出版社，1989年。

25. 尚明轩主编：《宋庆龄年谱长编》上，社会科学文献出版社，2009年。

26. 伊斯雷尔·爱泼斯坦：《宋庆龄——二十世纪的伟大女性》，沈苏儒译，人民出版社，2008年。

27. ［德］恩格斯：《家庭、私有制和国家的起源》，人民出版社，1954年。

28. 温波：《重建合法性——南昌市新生活运动研究》（1934—1935），学苑出版社，2006年。

29. 朱英：《辛亥革命时期新式商人社团研究》，中国人民大学出版社，1991年。

30. 喻本伐、熊贤君：《中国教育发展史》，华中师范大学出版社，1999年。

31. 王奇生：《中国留学生的历史轨迹》，湖北教育出版社，1992年。

32. 张开沅、马敏、朱英主编：《中国近代史上的官绅商学》，湖北人民出版社，2000年。

33. "从五四运动到人民共和国成立"课题组：《胡绳论"从五四运动到中华人民共和国成立"》，社会科学文献出版社，2001年。

34. 郑大华：《民国乡村建设运动》，社会科学文献出版社，2000年。

35. 胡伟：《政府过程》，浙江人民出版社，1998年。

36. ［西德］王安娜：《中国——我的第二故乡》，李良健、李希贤校译，生活·读书·新知三联书店，1980年。

37. ［美］明恩溥：《文明与陋习：典型的中国人》，舒杨、舒宁、穆娣译，书海出版社，2004年。

38. 林语堂：《中国人》，郝志东、沈益洪译，学林出版社，1994年。

39. 李世涛主编：《知识分子立场——民族主义与转型期中国的命运》，时代文艺出版社，2000 年。

40. 陈纳德：《陈纳德将军与中国》，陈香梅译，台北：传记文学出版社，1978 年。

41. 葛兆光：《中国思想史》第一卷，葛兆光：《七世纪前中国的知识、思想与信仰世界》，复旦大学出版社，2005 年。

42. 黄金麟：《历史、身体、国家：近代中国的身体形成》（1895—1937）新星出版社，2006 年。

43. 陈东原：《中国妇女生活史》，上海书店，1984 年。

44. 计荣主编：《中国妇女运动史》，湖南出版社，1992 年。

45. 谈社英编著：《中国妇女运动通史》，上海书店，1936 年。

46. 任芬：《中国妇女运动史》，北方妇女儿童出版社，1989 年。

47. 丁卫平：《中国妇女抗战史研究 1937—1945》，吉林人民出版社，1999 年。

48. 孔飞力：《叫魂——1768 年中国妖术大恐慌》，陈兼、刘昶译，上海三联书店，1991 年。

49. 胡铭、秦青主编：《民国社会风情图录》（服饰卷），江苏古籍出版社，2000 年。

50. 吕伟俊：《韩复榘传》，山东人民出版社，1997 年。

51. 王维堤：《衣冠古国——中国服饰文化》，上海古籍出版社，1991 年。

52. 郑永福、吕美颐：《近代中国妇女生活》，河南人民出版社，1993 年。

53. ［美］罗芙芸：《卫生的现代性：中国通商口岸卫生与疾病的含义》，向磊译，江苏人民出版社，2007 年。

54. ［美］费约翰：《唤醒中国——国民革命中的政治、文化与阶级》，李恭忠、李里峰、李霞、徐蕾等译，生活·读书·新知三联书店，2004 年。

55. 费正清、刘广京编：《剑桥中国晚清史》上、下卷，中国社会科学院历史研究所编译室译，中国社会科学出版社，1993 年。
56. 郭廷以：《近代中国史纲》上、下，中国社会科学出版社，1999 年。
57. 严昌洪：《中国社会生活变迁史》，人民出版社，2007 年。
58. 吴擎华：《陶行知与民国社会改造》，山东大学博士学位论文，2008 年。
59. 鞠萍：《民国时期审美观与上海女性美容妆饰》（1927—1937），华中师范大学硕士学位论文，2008 年。
60. 高艳妮：《民国贵州新生活运动研究》，贵州师范大学硕士学位论文，2009 年。
61. 班忠玉：《新生活运动与民国社会生活》，苏州大学硕士学位论文，2005 年。

三、报纸杂志

《江西民国日报》（1934 年 2 月—1935 年 12 月）、《中央日报》（1934 年）、《新华日报》《大公报》《申报》
《新生活运动促进总会会刊》（第 1—33 期）、《新运月刊》《新运导报》《妇女新生活月刊》《妇女新运》《妇女月报》《广西妇女》《湖南妇女》《上海妇女》《福建妇女》《女子月刊》《工业合作月刊》《西北工合》《工合通讯》《大众生活》《群众》《新经济》《独立评论》《卫生月刊》《家》《海外月刊》《新生路月刊》《江西省政府公报》《江西教育》《新潮》《江西文史资料选辑》《南昌文史资料》《文史资料选辑》《武汉文史资料》《福建文史资料》《中国近代经济史研究资料》《工商经济史料丛刊》《南京文史集萃》《近代中国》《民国档案》《史学月刊》